Brandenburgisches Verlagshaus

Liebe Leserinnen und Leser!

Leider hat sich beim Druck der *Deutschen Gebirgstruppen* der Fehlerteufel eingeschlichen, was wir sehr bedauern. Durch einen Konvertierungsfehler im Endsatz hat sich ab Seite 169 die Seitenanordnung und die Ausrichtung der Bildunterschriften verschoben; dementsprechend steht ab dem Kapitel „Dienstbluse M1955/56" bei den Bildunterschriften stets „Links", wenn es „Rechts" heißen muss, und umgekehrt.
Wir bitten um Ihr Verständnis und wünschen Ihnen trotz dieser Verwechslung ein informatives Lesevergnügen!
Für weitere Nachfragen stehen wir jederzeit per E-Mail zur Verfügung: info@edition-lempertz.de

Antje Heel
Brandenburgisches Verlagshaus

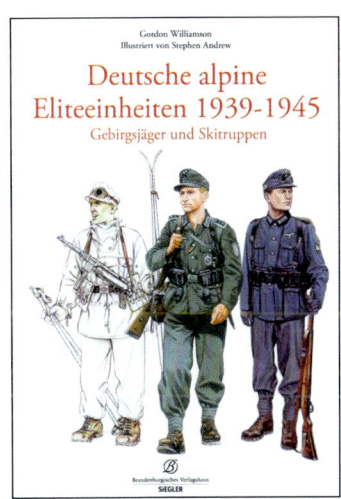

Deutsche alpine Eliteeinheiten 1939-1945
ISBN: 978-3-941557-33-8
VSB: 656088
€ (D) 12,99, € (A) 13,40

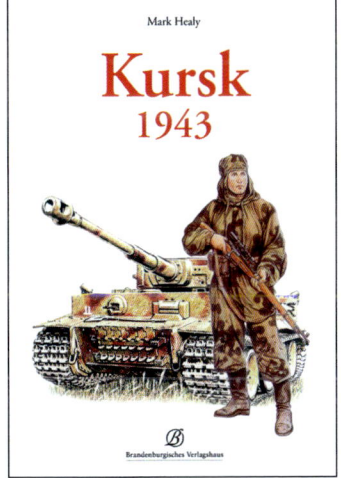

Kursk 1943
ISBN: 978-3-939284-67-3
VSB: 656193
€ (D) 12,99, € (A) 13,40

Kampf um den Rhein
ISBN: 978-3-939284-42-0
VSB: 656176
€ (D) 12,99, € (A) 13,40

Math. Lempertz GmbH · Hauptstr. 354 ·53639 Königswinter · Tel.: 02223-900036 ·Fax: 02223-900038
Homepage: www.edition-lempertz.de · E-Mail: info@edition-lempertz.de

Dr. Peter Schwarzmann
Panzerketten
ISBN: 978-3-943883-00-8, VSB: 656549
€ (D) 29,99, / (A) 30,80

Robert M. Jurga
Befestigungsanlagen und Bunker im Dritten Reich
ISBN: 978-3-939284-62-8, VSB: 656188
€ (D) 19,99 / (A) 20,60

Robert M. Jurga
Mittelalterliche Kriegsgeräte und Waffen
ISBN: 978-3-939284-65-9, VSB: 656191
€ (D) 19,99 / (A) 20,60

Dr. Veit Didczuneit und Thomas Jander
Netze des Krieges – Kommunikation 1914/1918
ISBN: 978-3-943883-75-6, VSB: 656232
€ (D) 16,99 / (A) 17,50

Math. Lempertz GmbH · Hauptstr. 354 ·53639 Königswinter · Tel.: 02223-900036 ·Fax: 02223-900038
Homepage: www.edition-lempertz.de · E-Mail: info@edition-lempertz.de

Thomas Müller / Gerd M. Schulz

DIE DEUTSCHEN GEBIRGSTRUPPEN

Geschichte • Ausrüstung • vom Alpenkorps bis Afghanistan

Brandenburgisches Verlagshaus

IMPRESSUM

Math. Lempertz GmbH
Brandenburgisches Verlagshaus
Hauptstr. 354
53639 Königswinter
Tel.: 02223 / 900036
Fax: 02223 / 900038
info@edition-lempertz.de
www.edition-lempertz.de

Autoren: Dr. Thomas Müller, Gerd M. Schulz

Printed and bound in Czech Republic

ISBN: 978-3-939284-37-6

Bildnachweis
Falls nicht anders verzeichnet:
Farbige Bundeswehr-Fotos: Privatbesitz der Autoren / Gebirgspionierbataillon 8, Ingolstadt
S/W-Bundeswehr-Fotos: Stiftung Deutsche Gebirgstruppe
Übrige S/W-Fotos: Bayerisches Armeemuseum, Ingolstadt

Inhaltsverzeichnis

Geleitwort des Bayerischen Armeemuseums

2014 jährt sich zum einhundertsten Male der Beginn des Ersten Weltkrieges. Ohne diese grauenhaften fünf Jahre hätte es in Deutschland keinen Sturz der deutschen Monarchien (1918), keine Hyperinflation (1923), keinen ersten - gescheiterten - Versuch einer freiheitlichen Demokratie (1919 bis 1933), kein Drittes Reich (1933 bis 1945) und Zweiten Weltkrieg (1939 bis 1945), keine Ost/West-Blockkonfrontation (1946 bis 1989/90) und kein bis zum 3. Oktober 1990 erneut geteiltes Deutschland gegeben. Und sehr wahrscheinlich auch keine deutschen Gebirgstruppen in der heutigen Form. Im Frühjahr 1915 schlug sich das Königreich Italien endgültig auf die Seite der Entente (Frankreich, Großbritannien, Russland) und erklärte seinem bisherigen Verbündeten Österreich-Ungarn - nicht aber dem Deutschen Reich! - den Krieg. Zu groß waren die verlockenden territorialen Angebote der gegnerischen Koalition. Die Italiener (zumindest diejenigen im Norden) sahen sich damit vor dem Abschluss der „risorgimento", der „Wiedererstehung" eines geeinten italienischen Nationalstaates samt den „unerlösten" Gebieten des deutschsprachigen und deutschgeprägten, gleichwohl von Italien beanspruchten Südtirols. Das Deutsche Reich, das bis dahin einfach keinen Bedarf an speziellen, für den Krieg im Gebirge bzw. Hochgebirge ausgebildeten und ausgerüsteten Truppen hatte - schließlich war man nur von Freunden umgeben -, sah sich vor dem Hintergrund der neuen außenpolitischen Lage spätestens jetzt gezwungen, umgehend gebirgskriegtaugliche Formationen aufzustellen.

Dieses Buch versteht sich als ein weiterer in einer langen Reihe von Katalogen zu den Sammlungen des Bayerischen Armeemuseums. Es will dem Leser, umrahmt und eingebettet von der Ereignisgeschichte der deutschen Gebirgstruppen, zeigen, wie sich im Lauf von rund 100 Jahren das äußere Erscheinungsbild des Gebirgssoldaten gewandelt hat. Auf seine Bewaffnung wird aus Platzgründen nicht eingegangen, denn spezielle, gebirgsjägertypische Handfeuerwaffen gab und gibt es nicht - zumindest nur sehr bedingt. Das frühere Sturmgewehr G3 der Bundeswehr in der Version mit einschiebbarer Schulterstütze war zwar die typische „STAN-Waffe" des Gebirgsjägers, aber eben nicht nur seine. Insofern wäre es eine angesichts des verlagstechnisch bedingt begrenzten Rahmens dieses Buches Platzverschwendung, zum wiederholten Male auf den Karabiner 98, das Maschinengewehr MG 42 (resp. MG1/MG3) oder die Pistole P38 (P1) usw. einzugehen. Wirklich interessant wäre zwar ein ausführlicher Blick auf die Gebirgsartillerie, denn hier gab es sehr wohl nur in der Gebirgstruppe anzutreffende Geschütze, aber auch hier gilt: Der Seitenumfang ist begrenzt. Abgesehen davon ist die Literaturlage zu diesem Aspekt der Gebirgstruppengeschichte recht befriedigend. Da zu den vier Kernaufgaben eines Museums auch das Präsentieren des jeweils im Fokus eines (Fach-)Museums stehenden Kulturgutes steht, vieles aber aus mancherlei Gründen nicht ausgestellt werden kann, übernimmt ein Katalog gewissermaßen diese Aufgabe und stellt den Menschen, die eine öffentliche Einrichtung wie ein Museum mit ihren Steuern finanzieren, auch Dinge vor, die sie ansonsten nie zu Gesicht bekommen würden (Museumsdepots sind aus konservatorischen und Sicherheitsgründen für die Allgemeinheit in der Regel nicht zugänglich).

Einen Schwerpunkt bildet die Bestellung von Konrad Krafft von Dellmensingen zum ersten „Führer des Deutschen Alpenkorps". Während dem Interessierten eine große Auswahl an lesenswerter Literatur zu den Gebirgstruppen der Wehrmacht und Waffen-SS zur Verfügung steht - eine ausführliche Darstellung somit lediglich eine Wiederholung wäre -, ist die Historiographie „Gebirgstruppen im Ersten Weltkrieg" recht dünn, zum Teil veraltet oder seit langer Zeit vergriffen. Die Umstände um die Aufstellung des „Deutschen Alpenkorps", ferner die Art und Weise, wie Krafft v. Dellmensingen, salopp gesprochen, zu seinem „Job" kam und wie es dann weiterging, sind außerhalb des überschaubaren Kreises der Fachhistoriker kaum bekannt und darüber hinaus in ihrem Verlauf keineswegs als ein folgerichtiger Automatismus zu sehen. Auch damals „menschelte" es an allen Ecken und Enden, und manche Entscheidung - auch eine in der Sache richtige und logische wie eben die Bestellung Kraffts - war mehr ein Ausfluss persönlicher Animositäten und Befindlichkeiten als das Ergebnis strukturierter Prozesse.

„Gebirgstruppen" genannte Formationen hatte die Reichswehr aufgrund des Verbots im Versailler Vertrag offiziell nicht. Selbstverständlich wurden ihre Soldaten aber im Gebirgs- und Winterkampf ausgebildet. Zudem führten einige Reichswehr-Verbände die Tradition von Gebirgsformationen der „Alten Armee" weiter.

Die Autoren berühren aufgrund des selbstgestellten Rahmens Kriegsverbrechen, die von deutschen Gebirgssoldaten oder an deutschen Gebirgssoldaten begangen wurden, nur am Rande.

Die ehemalige Nationale Volksarmee (NVA) der 1990 untergegangenen DDR - die zweite deutsche Armee nach dem Zweiten Weltkrieg - hatte keine eigenen und als solche ausgewiesenen Gebirgsformationen. Gleichwohl wurden die „mot. Schützen" (motorisierte Schützen) im Schifahren und Winterkampf ausgebildet. Ein Angriff des „Warschauer Paktes" gegen die NATO wäre schließlich auch durch die deutschen Mittelgebirge vorgetragen worden.

Ich wünsche dem Buch eine möglichst breite Leserschaft, dem Leser viele neue Erkenntnisse und vor allem Spaß beim „Schmökern" - und in der Folge „Appetit" auf einen Ausflug nach Ingolstadt ins Bayerische Armeemuseum.

In diesem Sinne und gemäß dem Motto der alten Königlich Bayerischen Armee:

„In Treue fest!"

STIFTUNG DEUTSCHE GEBIRGSTRUPPE
VOM ALPENKORPS ZUR BUNDESWEHR

Über fast 100 Jahre hinweg haben die Gebirgsjäger in ihren Stationierungsorten entlang des Alpenrandes das Bild des bayerischen Soldaten geprägt. Sie sind damit zu einem die Einwohner verbindenden Element und „Markenzeichen" bayerischen Soldatentums geworden. Hunderttausende unserer Mitbürger oder deren Vorfahren haben bei ihren „Jagern" gedient.

Mit der Aufstellung des Deutschen Alpenkorps im Mai 1915 holte das Deutsche Reich eine militärische Entwicklung nach, die die anderen Alpenländer schon Jahrzehnte vorher eingeleitet hatten, nämlich die Zusammenführung, Neuaufstellung und organisatorische Zusammenfassung von Spezialtruppen für den Kampf im Gebirge.

Sein Kern bestand aus bayerischen Truppen, unter anderem aus dem Königlich Bayerischen Infanterie Leibregiment, dessen III. Bataillon von dem mit dem Militär-Max-Joseph-Orden ausgezeichneten Major Heinrich Prinz von Bayern geführt wurde.
Unter ihrem Kommandeur, dem bayerischen Generalleutnant Konrad Krafft von Dellmensingen, erwarb sich dieser Großverband, der trotz der Bezeichnung „-korps" eine verstärkte Division war, bereits bei seinem ersten Einsatz in den Dolomiten den Ruf einer Eliteformation.

Bis zum Ausbruch des 2. Weltkrieges rekrutierte sich die 1. Gebirgsdivision der Wehrmacht, der Stammdivision aller weiteren Gebirgsdivisionen, mit ihren am Alpenrand dislozierten Friedensstandorten vornehmlich aus bayerischen Soldaten, die aufgrund ihrer „zivilen" Bergerfahrungen beste Voraussetzungen für die militärische Ausbildung zum Kampf im alpinen Gelände, im Hochgebirge und unter extremen klimatischen Bedingungen mitbrachten. Naturverbundenheit, Liebe zu den Bergen und zu ihrer bayerischen Heimat waren dabei die bestimmenden und den Geist dieser Truppe prägenden Wesenmerkmale.

Auf Weisung des Bundesministers der Verteidigung, Dr. Franz Josef Strauss, stellte die Bundeswehr im Dezember 1956 die 1. Gebirgsdivision auf. Die Division knüpfte an die den Gebirgsjägern eigenen Merkmale hinsichtlich Geist und innerer Haltung an und entwickelte sich, auch aufgrund des Rekrutierungsraums ihrer Soldaten und ihrer Standorte, zur „Bayerischen" Division der Bundeswehr. Seit Juni 2001 werden die Gebirgstruppenteile der Bundeswehr nach der Auflösung der 1. Gebirgsdivision im Zuge der Neuausrichtung der Bundeswehr durch die Bad Reichenhaller Gebirgsjägerbrigade 23 geführt.
.
Mit Aufbau und Entwicklung der Gebirgstruppe in Bayern wird die bayerische Militärgeschichte vom 1. Weltkrieg bis auf den heutigen Tag fortgeschrieben.
So ist es nur schlüssig, dass das Bayerische Armeemuseum in Ingolstadt damit begonnen hat, eine „Abteilung Deutsche Gebirgstruppe" aufzubauen, die die Geschichte und Tradition unserer Gebirgssoldaten unter besonderer Berücksichtigung ihres bayerischen Charakters und mit Schwerpunkt Bundeswehr darstellen wird.

Unterstützt wird das Bayerische Armeemuseum dabei durch die „Stiftung Deutsche Gebirgstruppe", die dafür ihre über Jahrzehnte hinweg gesammelten Ausstellungsobjekte sowie Geldmittel einbringt und es deswegen auch besonders begrüßt, dass mit dem vorliegenden Buch eine wichtige Lücke hinsichtlich der Dokumentation der Ausrüstung unserer Gebirgstruppenteile geschlossen wird.

Winfried Dunkel
Generalmajor a.D. und Stiftungspräsident

Die deutschen Gebirgstruppen

Die deutschen Gebirgstruppen bis zum Frühjahr 1915

Bereits im Frieden fordern alpine Gebirgsregionen, unter gewissen Umständen aber auch schon Mittelgebirgslandschaften, bereits alles von Menschen, die sich nur von A nach B bewegen wollen. Erst recht gilt das im Krieg, wenn zu den natürlichen Belastungen und Schwierigkeiten wie der dünneren Luft, plötzlichen Wetterumschwüngen und dem von vornherein schon ungleich raueren Klima als in den Ebenen (zumal im Winter) zusätzlich noch Lawinen, Geröllabgänge, Temperaturstürze, Schneemassen, Gletscherspalten und Muren dazukommen. Weitere Probleme bereiteten den (Gebirgs-)Soldaten das damals noch ausgesprochen dünne Verkehrsnetz bis hin zur völligen Wegelosigkeit und natürlich die physischen und psychischen Belastungen sowie die taktischen, operativen und logistischen Zwänge einer Gefechtstätigkeit. Oberhalb der Vegetationsgrenze fehlen zudem – zumindest reduzieren sich – die Möglichkeiten zur Tarnung von Mensch und Material. Der Fels potenziert obendrein noch die Splitterwirkung einschlagender Artilleriegeschosse, und ein Eingraben ist hier nicht möglich! Nicht umsonst schieden die Alpen in Mitteleuropa als Kriegsschauplatz aus. Der erste, sozusagen „namentlich" bekannte, im Gebirge durch Gewalteinwirkung (einen Pfeilschuss) ums Leben gekommene Mensch, der „Ötzi" († ca. 3.200 v. Chr.), war jedoch kein Kriegsopfer.

Oben rechts: Gebirgsjäger (hier der Wehrmacht)

Unten links: Zu den psychischen Anforderungen des Kämpfens kommen im Hochgebirge noch die physischen hinzu!

Unten rechts: Die körperlichen Herausforderungen für den einzelnen Gebirgssoldaten sind geblieben, vielleicht sogar noch gestiegen. Dieser Soldat trägt auf dem Rücken zusätzlich noch einen Panzerabwehrlenkflugkörper MILAN

Schon wesentlich näher am Thema war die zumindest jedem Lateinschüler bekannte Alpenüberquerung des karthagischen Feldherren Hannibal Barkas (247 v. Chr. – 183 v. Chr.) im Jahre 218 v. Chr. im Rahmen des Zweiten Punischen Krieges (218 v. Chr. – 201 v. Chr.) – und zwar mitten im Winter! Mit anfänglich circa 50.000 Soldaten, 9.000 Reitern und 37 Kriegselefanten, allesamt völlig unerfahren darin, was „Gebirge" eigentlich bedeutet, marschierte er über einen heute nicht mehr genau zu bestimmenden Pass nach Oberitalien ein. Dieses äußerst gewagte Unternehmen ist damit die erste allgemein bekannte Erwähnung einer, wenn man es recht weit fassen will, „Gebirgskriegführung" in der Militärgeschichte. Der Karthager nutzte die Alpen aber nicht als Kriegsschauplatz bzw. Operationsgebiet, in dem eine Schlachtentscheidung fallen sollte, sondern im Sinne einer taktisch-operativen Überraschung „nur" als Durchmarschgebiet, da er auf diesem Weg Rom aus einer völlig unerwarteten Richtung anzugreifen gedachte. Fazit: Die Hälfte seines Heeres sowie alle Elefanten gingen verloren. Bis zum Beginn des 18. Jahrhunderts beschränkte sich der Kampf im Gebirge dann auch nur auf die Verteidigung von respektive den Angriff auf strategisch wichtige(n) Täler(n) oder Passstraßen. Eines der bekannteren Beispiele ist der Überraschungs-Coup des kaiserlichen Feldherren Prinz Eugen von Savoyen (1663 – 1736), der zu Beginn des Spanischen Erbfolgekrieges (1701 – 1714) mit 29.000 Mann auf Wegen, die er dazu erst anlegen lassen musste, unter Umgehung der französischen Stellungen durch Tirol über die Lessinischen Alpen nordwestlich des Gardasees zog und am 9. Juli 1701 im Raum Mincio – Etsch die Franzosen unter Marschall Catinat in der Schlacht bei Carpi besiegte.

Zwei Jahre später, ebenfalls im Zuge dieses Krieges, kam es in Tirol zu Ereignissen, die diejenigen des weit bekannteren Tiroler Volksaufstandes von 1809 unter Andreas Hofer in mancher Hinsicht vorwegnahmen. Im – reichlich verharmlosend benannten – „Boarischen [Bayerischen] Rummel" wurde Tirol zum Kriegsschauplatz. Mit dem Kriegseintritt des Kurfürstentums Bayern unter Maximilian II. Emanuel (1662 – 1726) auf Seiten der Franzosen sahen sich die habsburgischen Truppen plötzlich in die Zange genommen. Kufstein, Rattenberg, Hall und Innsbruck fielen trotz des gut ausgebildeten Landesverteidigungssystems der Tiroler zunächst in die Hände der nach Süden vorstoßenden Bayern, die sich mit den in der Poebene dislozierten Franzosen vereinigen wollten. Dieser Zangenangriff schien das weitere Schicksal Tirols angesichts der hier nur schwachen österreichischen militärischen Kräfte zu besiegeln. Im Etsch- und Eisacktal sowie im oberen Inntal formierte sich allerdings der Widerstand der Bevölkerung gegen die Eindringlinge. In Bozen und Meran sammelte sich der Landsturm. Am 27. Juni rückten ca. 3.000 Landsturmmänner aus dem Vinschgau im

Umgestürzter Bv 206 „Hägglund" der Bundeswehr

oberen Etschtal gegen den Jaufenpass, den Übergang von Meran nach Sterzing, vor und vertrieben mit kleinkriegsartigen Überfällen und „hit-and-run"-Unternehmen die bayerischen Vorposten. Die Bayern wichen daraufhin bis auf den Brennerpass zurück und bezogen jenseits der Passanhöhe am Lueg neue Verteidigungsstellungen. Hier kam der Vormarsch der Tiroler Verteidiger dann auch fürs Erste zum Stehen, da die bayerischen Feldbefestigungen nicht sofort zu nehmen waren. Im Gegenzug begannen nun die Bayern mit wiederholten Angriffen, um ihren Vormarsch in Richtung Süden fortzusetzen. Diese konnten aber allesamt abgewehrt werden. Beim Vorstoß ins obere Inntal wurden allerdings 300 bayerische Soldaten am Reschenpass, dem Übergang vom Inntal in den Vinschgau – von den Oberinntaler Landstürmern in eine Falle gelockt – mittels Steinlawinen dezimiert, woraufhin sie bis Imst ausweichen mussten. Diese Kämpfe sowie die Nachricht, dass der Südtiroler Landsturm am Brenner stehe, ermutigten nun auch die Unterinntaler zum Aufstand gegen die Bayern. Dadurch wurden die Kräfte der Bayern an verschiedenen Schauplätzen gebunden, so dass ihre Angriffe gegen Süden und Westen an Stoßkraft verloren. Ein letzter Durchbruchsversuch der Bayern am Brenner misslang am 17. Juli 1703. Nach Verstärkung des Tiroler Landsturmes mit regulären österreichischen Truppen gelang es diesen, den Feind bis nach Innsbruck zurückzudrängen. Die Bayern zogen sich daraufhin aus Tirol zurück.[1]

Gut 100 Jahre zogen dann wieder ins Land, bis die Alpen wieder zum Kriegsschauplatz wurden – und dieses Mal auch wirklich zum „theatre of war". Das von Napoleon und seinen Verbündeten im Dritten Koalitionskrieg (1805) geschlagene

1   Nach Reichl-Ham, Claudia, Der Spanische Erbfolgekrieg. In: Truppendienst, Folge 337 (1/2014), www.bmlv.gv.at/truppendienst/ausgaben/artikel/php?id=1662, Zugriff vom 30. April 2014.

Österreich musste im Frieden von Pressburg (26. Dezember 1805) die gefürstete Grafschaft Tirol an das mit Napoleon verbündete Bayern abtreten. Dieses erhielt mit Wirkung vom 22. Januar 1806 die Besitzrechte über Tirol. Nur drei Wochen später, am 11. Februar, wurde das Land offiziell von französischen Offizieren dem bayerischen Hofkommissär übergeben. Übereifrige, gegenüber der Tiroler Volksseele, Mentalität und Tradition völlig verständnislose, von ihrer Mission der Modernisierung aber zutiefst überzeugte, seit dem 1. Januar 1806 nicht mehr kurfürstlich bayerische, sondern königlich bayerische Beamte machten sich denn auch umgehend an die Arbeit, das ihrer Meinung nach rückständige Land „auf Vordermann" zu bringen. Ihr unsensibles, bisweilen rigides Vorgehen sowie eine Vervielfachung der Steuerlast brachten 1809 das Fass des Unmutes über die neuen Herren zum Überlaufen. Unter der Führung Andreas Hofers wurde das Land im Frühjahr 1809 von der bayerisch-französischen Besatzung zunächst befreit und bis zum Herbst verteidigt. Erst im November und Dezember 1809 konnten die alliierten Truppen Tirol erneut besetzen und ihre Herrschaft wieder festigen. Die Zeit der Kämpfe dazwischen war geprägt von Hinterhalten, Partisanenkrieg und religiösem Fanatismus. Hier aber von einem „Gebirgskrieg" sui generis zu sprechen wäre falsch. Der Krieg – eher ein Volksaufstand – fand zwar in wesentlichen Teilen im Gebirge statt, weil Tirol nun einmal in den Alpen liegt, aber wesentliche Elemente eines „richtigen" Krieges fehlten eben, unter anderem das Aufeinanderprallen regulärer Armeen oder die bewusste Miteinbeziehung des Raumes als Operationsgebiet im Rahmen einer Gesamtstrategie.

Im Allgemeinen mieden die Menschen jener Epoche das Hochgebirge. Es war lebensfeindlich, man konnte dort nichts anbauen und ernten, und die Waffentechnik war noch nicht soweit, um hier taktisch sinnvoll kämpfen zu können. Vorderladermusketen hatten um 1800 eine Kernschussweite von etwa 70 bis 80 Metern, oder anders ausgedrückt: Die Trefferwahrscheinlichkeit auf diese Entfernung lag bei ca. 75%! Feldgeschütze konnten nur sehr begrenzt eingesetzt werden, leichte, gar zerlegbare Gebirgsartillerie gab es nicht. Die bis weit ins 19. Jahrhundert übliche Kolonnentaktik der Napoleonischen Kriege ließ sich aufgrund dessen in einem solch ungünstigen Gelände einfach nicht umsetzen, schon gar nicht die Tercio- und Lineartaktik des 17. oder 18. Jahrhunderts. Eine Gebirgskriegführung scheiterte aber bereits an der Unmöglichkeit, eine solche logistisch zu organisieren und zu unterstützen. Alles in allem hatten die Menschen jener Zeit einfach kein Interesse am (Hoch-)Gebirge. Warum auch? Andererseits kamen die Armeen früherer Jahrhunderte auch ohne eigene Gebirgstruppen ganz gut zurecht, und aus den genannten Gründen wurden Gebirgsregionen ohnehin, wo und wann immer möglich, gemieden. Standen die Berge aber tatsächlich einmal im Weg, trachtete man danach, sie so schnell wie möglich zu durchqueren. Kam es im Zuge einer solchen Operation zu Kampfhandlungen – Hinterhalte oder Begegnungsgefechte –, versuchten die herkömmlichen Truppen den Feind unter der Führung von Ortskundigen zu umgehen und so die Heerstraßen in den Tälern wieder freizubekommen. Noch in der Mitte des 19. Jahrhunderts waren somit auch alle gegen Italien gerichteten Festungen Österreichs in den Tälern angelegt.[2] Und dennoch gab es zumindest Ansätze einer für den Kampf im Gebirge spezialisierten leichten

2   Vgl. Heyl, Alpenkorps, S. 13.

Infanterie. Als Vorläufer der deutschen Gebirgstruppen können die bayerischen Gebirgsschützen
angesehen werden. Um die Südgrenze des Königreiches zu Tirol und Vorarlberg vor österreichischen Übergriffen zu schützen, wurde 1813
zur Verteidigung der Gebirgsausgänge ein Ge-
birgsschützen-Korps aufgestellt, dessen Vorge-
schichte bis 1492 zurückreicht. Ähnlicher den
Tiroler Standschützen als regulären Einheiten rekrutierte es sich vornehmlich aus Jagd- und
Forstpersonal. Am 16. Februar 1814 wurde dieses aus lediglich fünf Kompanien bestehende
„Korps", „ohne nennenswerten Nutzen gestiftet
zu haben", schon wieder aufgelöst.[3] Als teilweise
private Traditionsverbände bestanden sie aber
fort. Einen direkten Übergang von diesen „Alpen-
kriegern" hin zu den modernen Gebirgstruppen
wie in Österreich gab es im Deutschen Reich
demnach nicht. Obwohl Bayern im Süden von den
Alpen begrenzt wird (und Österreich oft genug
als feindlicher Nachbar betrachtet wurde) und
sich diverse Mittelgebirge durch das ehemalige
Königreich ziehen, gab es bis zu den wenigen
Schneeschuhverbänden und dann dem „Alpenkorps" des Ersten Weltkrieges keine „echten"
deutschen Gebirgssoldaten.

Ab etwa der Mitte des 19. Jahrhunderts, dem
„bürgerlichen Jahrhundert", kam es indes zu
einem langsamen, aber stetigen und immer
deutlicheren Wandel im Verhältnis des Menschen
zur Natur. Die Bewohner der Städte, vor allem der
boomartig expandierenden Großstädte mit ihren
noch durch keinerlei Umweltschutzgesetze in
Zaum gehaltenen Industrieanlagen, sehnten sich
zunehmend nach unberührter, ursprünglicher
Natur. Mehr und mehr entwickelten sie einen
Blick für die Schönheit der Berge. In der wilden
Urwüchsigkeit des Gebirges sahen sie die Erfüllung ihres Wunsches, „zurück zur Natur" zu kommen – zumindest dann, wenn man die Möglichkeit
und vor allem die finanziellen Mittel hatte, Urlaub
zu machen, ein bis dahin weitgehend unbekanntes Wort. Der allmählich aufkommende Touris-
mus – noch weit, weit entfernt von den
Massenreisewellen unserer Zeit – ging einher mit
dem Ausbau der Verkehrsinfrastruktur: Schutz-
hütten, Klettersteige, bessere Wege, sogar die
ersten „richtigen" Straßen, Hütten für Wanderer,
die ersten Seil- und Zahnradbahnen entstanden
peu à peu. Das Gebirge wandelte sich so vom
„Feind" des Menschen zu einem seiner Lebens-,
Freiheits- und Sehnsuchtsräume, dazu zu einem
Raum für Naturforscher aller Fakultäten. Die damals nahezu vorbehaltlos und unbedarft-hem-
mungslos fortschrittsgläubigen und
zukunftsoptimistischen Ingenieure waren zutiefst davon überzeugt, die Herausforderungen
des Gebirges mit Hilfe ihrer neuen naturwissen-
schaftlichen Erkenntnisse und technischen Möglichkeiten meistern zu können. Bald erlaubte der
Schilauf dem Menschen, sich auch während der

Oben: Auch das gehört(e) zur infrastrukturellen Er-schließung

Mitte: Eine schon etwas komfortablere „Hütte" (ca. 1938)

Unten: Fast ohne die heute üblichen Sicherungen schlängelten sich die dama-ligen Straßen die Gebirgstä-ler entlang

3   Vgl. Hebert, S. 5.

9

Oben: Zuerst mühselig gebaut, binnen Sekunden im Gebirgskrieg zerstört: Brücken sollen eigentlich verbinden …

Unten: Frühe Skitouristen (links Wilhelm Paulcke) (Bild: Deutsches Skimuseum Planegg)

So ergriff der Krieg schließlich auch vom Gebirge Besitz. Im Zuge dieser Entwicklung gerieten die Alpen also mehr und mehr in den Fokus der Generalstäbe. Aus einem lebensfeindlichen, unwirtlichen, für militärische Operationen völlig ungeeigneten Raum wurde zunehmend ein mögliches und somit in die Planungen unbedingt einzubeziehendes Kampfgebiet. Italien und Frankreich zogen als erste die Konsequenzen aus dieser Entwicklung und schufen mit den 1872 aufgestellten „Alpini" - der ersten regulären Gebirgstruppe im modernen Sinn überhaupt - und den später, 1914, in den Vogesen für die Deutschen recht unangenehm agierenden „Chasseurs alpins" die ersten, speziell für den Gebirgskrieg geschulten und ausgerüsteten Sonderformationen. Die Armeen dieser beiden Nachbarstaaten - der eine potenzieller „Erbfeind", der andere (zumindest auf dem Papier) ein Verbündeter - machten sich die zunehmende Begeisterung der Menschen für die neuen Trendsportarten Bergsteigen und Schilaufen zunutze, gaben sie doch dadurch vielen Wehrpflichtigen und jungen Offizieren die Möglichkeit, die Freude an ihrem Sport mit dem Wehrdienst zu verbinden, denn keine Gebirgstruppe ist ohne sportliches Engagement und ohne einen eigenen, von tiefer Kameradschaft geprägten Korpsgeist denkbar. Die Integrierung des freien Sportsgeistes in das geschlossene militärische System von Befehl und Gehorsam ist jedoch nicht leicht, und so steckt in dem Satz von Mathias Zdarsky, dem Pionier des alpinen Schisports in Österreich-Ungarn und Schi-Instruktor der k.u.k. Armee, sehr viel Wahrheit: „Es ist leichter, aus Soldaten Schiläufer zu machen als aus Schiläufern Soldaten". Diese Wahrheit hat sich bei der Entstehung der deutschen Gebirgstruppe dann auch wiederholt bestätigt. Nur mit halbem Herzen folgte das Deutsche Reich dieser Entwicklung, denn vor dem Ersten Weltkrieg bestand für die vier deut-

langen Gebirgswinter im Hochgebirge mehr oder minder frei zu bewegen. Aber: Wenn dadurch die Alpen ihren bisherigen Schrecken für die Menschen verloren, mussten sie folglich auch für das Militär einen neuen Stellenwert gewinnen. Denn wohin Alpinisten und Schifahrer in immer größeren Scharen gelangen konnten, dahin konnten auch entsprechend ausgebildete und ausgerüstete Truppen kommen - und das nicht nur, um diese Räume, wie einst Hannibal oder Prinz Eugen, zu durchqueren. Solche Truppen, immer besser ausgestattet mit leichten (Gebirgs-)Geschützen und Maschinengewehren, konnten für eine im Gebirge operierende Armee eine ganz neue Gefahr bedeuten, da konventionelle Verbände weiterhin an die wenigen, in den Haupttälern verlaufenden und ihre Bewegungen kanalisierenden Verkehrswege gebunden waren.

schen Kontingentsheere aus militärischer Sicht trotzdem keine zwingende Notwendigkeit, eine eigene Gebirgstruppe aufzustellen. Der schmale Alpenanteil in Südbayern bot zudem nur geringe Verteidigungsmöglichkeiten. Es war daher vorgesehen, bei einem eventuellen Angriff aus dem Süden den Gegner auf die schwäbisch-bayerische Hochebene vordringen zu lassen, um ihn dann hier mit „normalen" Truppen zum Kampf zu stellen. Und die auf dem Vogesenkamm verlaufende Grenze zu Frankreich war, so die vorherrschende Meinung, auch mit herkömmlichen Truppen zu verteidigen, die nur einer gewissen, auf den Krieg im Gebirge abgestimmten Bekleidung und Ausrüstung, sicher aber nicht einer spezialisierten Gebirgsausbildung bedurften. Vor diesem Hintergrund wurde ab 1892 im Rahmen von Truppenversuchen (s. u.) bei den Jäger-Bataillonen Nr. 8 in Schlettstadt im Unterelsaß und Nr. 10 in Goslar (im heutigen Niedersachsen) neben der regulären jägerspezifischen Ausbildung auch eine Schiausbildung durchgeführt. Man war also auf deutscher Seite durchaus nicht blind gegenüber dieser Entwicklung und hat auch nicht versäumt, den Schilauf militärisch nutzbar zu machen. Allerdings dachten die Generalstäbe und Kriegsministerien nicht an einen geschlossenen infanteristischen Einsatz größerer Verbände in einem Gebirgskrieg, sondern an einen vom Gelände unabhängigen Sicherungs- und Aufklärungsdienst, falls die Schneelage die Verwendung der sonst für diese Aufträge vorgesehenen Divisionskavallerie oder Infanterie unmöglich machte.

Noch vor der bayerischen begann allerdings die preußische Armee Anfang der 1890er Jahre im Harz, in den Vogesen und in Ostpreußen mit den ersten Versuchen, Patrouillen Schibeweglich zu machen. Das Kriegsministerium in München erfuhr davon aber nicht durch offizielle Mitteilungen aus der preußischen Partner-Behörde, sondern allein aus den Angeboten von Schiherstellern, die die bayerische Armee gerne als Kunde gewonnen hätten und mit der preußischen Armee als Referenz für sich warben. Erst als die

Preußen 1897 die Ausrüstung der Jägerbataillone mit je zwölf Paar „Schneeschuhen", wie die Schier in der Armee bezeichnet wurden, und die Ausbildung einiger Patrouillen im Schneeschuhlauf verfügten und der königlich bayerische Militärbevollmächtigte in Berlin den Erfolg der preußischen Versuche bestätigte, entschloss sich das bayerische Kriegsministerium 1898 zu einem entsprechenden Versuch bei den beiden eigenen Jägerbataillonen. Die von diesen Verbänden eingereichten Erfahrungsberichte ermutigten die oberste Militärbehörde dazu, bei Prinzregent Luitpold die Ausrüstung „mit einer bemessenen Zahl von Schneeschuhen" zu beantragen, da die Erprobung ergeben habe, „daß die Ausstattung einzelner Patrouillen mit diesen [Schneeschuhen] unter gewissen Voraussetzungen für die Aufklä-

Links: Aus Schiläufern werden Soldaten ...
(Bild: Immanuel Voigt, Jena)

Rechts: ... oder umgekehrt.
(Bild: Immanuel Voigt, Jena)

Unten: Schibewegliche Patrouille um 1905

Oben: Pause während eines Bergmarsches

Unten: Schneeschuhausbildung bei Garmisch-Partenkirchen (Januar 1915)

Sport nicht betreiben", während schifahrende Offiziere und Mannschaften angesichts der Zunahme des Schisportes ausreichend zur Verfügung standen. Das bayerische Kriegsministerium hat aus fiskalischen Erwägungen das außerdienstliche Schifahren indes nicht gefördert, um Schadenersatz- oder gar Pensionsansprüche nach Schiunfällen gar nicht erst aufkommen zu lassen. Aus diesem Grund genehmigte das Ministerium dem in Kempten in Garnison liegenden II. Bataillon des k. b. 20. Infanterieregiments erst 1912 die Durchführung freiwilliger Schikurse unter der Leitung von Offizieren bei gleichzeitiger Anerkennung von Schiunfällen als Dienstbeschädigung. Dem kurz vor Kriegsausbruch gestellten Antrag desselben Bataillons um bevorzugte Zuweisung der vielen jungen Schifahrer des Allgäus zur Ableistung des Wehrdienstes im Bataillon lehnte das Ministerium aber mit der Begründung ab, dass unter „den derzeitigen Verhältnissen [...] ein dienstliches Bedürfnis für eine erhöhte Ausbildung der bayer. Inf.[anterie] im Schneeschuhlaufen nicht anerkannt werden" könne. Diese Zurückhaltung des Kriegsministeriums findet ihre Erklärung in einer Stellungnahme des Generalkommandos des bayerischen I. Armeekorps von 10. Januar 1913 zu dem Vorwurf des „Clubs Alpiner Schiläufer München", dass seiner Meinung nach die bayerische Armee den militärischen Schilauf unzulänglich fördere: „Bei aller Anerkennung [...] glaubt das Generalkommando doch dem Schilauf eine höhere Bedeutung als militärischen Ausbildungszweig nicht zuerkennen zu können, da die Verwendung militärischer Schiläufer auf den für Bayern in Betracht kommenden, voraussichtlichen Kriegsschauplätzen kaum wird erfolgen können". Der Einsatz der Masse der bayerischen Armee in Lothringen zu Beginn des Ersten Weltkriegs sollte dem Generalkommando zunächst recht geben. Der Krieg nahm 1914 im Westen bekanntlich nicht den erwarteten schnellen Verlauf, den sich v. Schlieffen und seine Nachfolger so sehnlich erhofft hatten. Man rief von der Vogesenfront für den Aufklärungs- und Sicherungsdienst im kommenden Winterfeldzug nun doch nach Schneeschuhläufern, die Kriegsministerien mussten jetzt reagieren. Für die in den Vogesen zwischen dem Hartmannsweilerkopf und dem Judenhut fechtenden württembergischen Landwehrtruppen stellte die zuständige Behörde beim Ersatz-Bataillon des Infanterie-Regiments Nr. 124 in Baienfurt bei Weingarten die „Württembergische Schneeschuh-Kompanie Nr. 1" auf. Die Einheit umfasste drei Züge mit insgesamt sechs Offizieren, 210 Unteroffizieren und Mannschaften und 22 Maultieren sowie einen MG-Zug mit einem Offizier, 45 Unteroffizieren und Mannschaften und 18 Maultieren. Die Einheit sollte in Bekleidung und Ausrüstung möglichst den bayerischen Schneeschuhtruppen angeglichen werden. Mitte Februar 1915 erhielt die Kompanie einen vierten Zug. Nach dem Ende der Winterkämpfe in den Vogesen erfolgte die Umbenen-

rung und Sicherung - namentlich im bergigen Gelände - und für die Nachrichten- und Befehlsübermittlung Vorteile zu bieten vermag". Des „Königreiches Bayern Verweser" genehmigte diesen Antrag am 4. Juni 1901. Mit der 1911 erfolgten Erlaubnis, einige Unteroffiziere der Telegraphentruppe beim k. b. 1. Jägerbataillon im Schilaufen schulen zu lassen, um ihnen bei Schneelage die Revision der Fernsprechleitungen zu ermöglichen, schloss sich der kleine Kreis der aus dienstlichen Gründen im Schilauf ausgebildeten Angehörigen der Bayerischen Armee. Außerdienstlich dagegen hatte der Schilauf unter den Angehörigen der bayerischen Armee zahlreiche Anhänger gefunden, und die erwähnte Schulung von Angehörigen der Telegraphentruppe war nur deshalb auf die Unteroffiziere beschränkt worden, „weil diese vorwiegend den Bevölkerungsschichten entwachsen sind, die derartigen

Vorpostendienst auf Schneeschuhen

nung in „Württembergische Gebirgs-Kompagnie Nr. 1", und am 1. Oktober 1915 die Umgliederung zum „Württembergischen Gebirgs-Bataillon" mit einer Erweiterung auf sechs Kompanien und sechs Gebirgs-MG-Züge mit insgesamt 39 Offizieren, 1.620 Unteroffizieren und Mannschaften und 258 Pferden.[4]

Das bayerische Kriegsministerium griff die vom Deutschen Ski-Verband vorgetragene Anregung zur Bildung eines „Freiwilligen Skiläuferkorps" auf und formierte am 21. November 1914 in München aus des Schilaufens kundigen Offizieren, Unteroffizieren und Mannschaften sowie aus Freiwilligen das k. b. Schneeschuhbataillons Nr. 1. Der Verband erhielt unter seinem ersten Kommandeur, Major Alfred Steinitzer, in einem Schnellverfahren in Neuhaus bei Schliersee seine militärische Ausbildung. Das Bataillon rückte im Januar 1915, jetzt bereits mit Maultieren ausgerüstet, in Stärke von vier Kompanien als Armeetruppe an die Armee-Abteilungen Gaede und Falkenhausen an die Vogesenfront ab, wo es der 51. gemischten Landwehr-Brigade unterstellt wurde. Im Zuge einer Operation mit dem Ziel, sich in den Besitz der taktisch günstigeren Linie Hilsenfürst - Sengern zu setzen, kam es am 13. Februar 1915 bei Hilsen zu einem Gefecht zwi

schen der 1. und 3. Kompanie dieses Bataillons mit französischen Kräften. Zugweise „bretterten" die Soldaten mit hoher Geschwindigkeit die steilen Hänge hinunter und warfen den völlig überraschten Gegner nach kurzem Feuerkampf, der daraufhin die Ortschaft räumte.

Noch im Dezember 1914 wurde das preußische Schneeschuh-Bataillon Nr. 2 unter Hauptmann d. R. Wilhelm Paulcke formiert, das Ende Januar 1915 mit sechs Kompanien in Kurland und in den Karpaten als Armeetruppe in den Einsatz ging. Ersatztruppenteil für die beiden Schneeschuhbataillone war die in München aufgestellte Schneeschuh-Ersatzabteilung.

Mit dem Ende des Winters war die Frage zu entscheiden, was nun mit den Schneeschuhtruppen geschehen sollte. Die Truppen bestanden aus Schiläufern, von denen viele zugleich Hochtouristen waren. Major Steinitzer sah von vornherein sein Schneeschuhbataillon Nr. 1 als Gebirgstruppe, und so stellte er bereits im Februar 1915 den Antrag, das Bataillon auch nach dem Winter als Gebirgstruppe bestehen zu lassen. Ihr sollte künftig in den Hochlagen des Gebirges der Aufklärungs- und Sicherungsdienst übertragen werden. Steinitzer erwartete darüber hinaus, dass sein Bataillon gleichsam zum Nukleus einer späteren, mehrere Verbände umfassenden und der herkömmlichen Infanterie hierarchisch gleichgestellten Gebirgstruppe werden sollte. Unterstützt von den Armee-Abteilungen Gaede und Falkenhausen leitete das bayerische Kriegsministerium diesen Antrag an den Chef des Generalstabes des Feldheeres weiter, der sofort zustimmte. So konnte das Ministerium bereits am 19. März 1915 verfügen, „daß mit Eintritt der wärmeren Jahreszeit das Schneeschuhbataillon Nr. 1 in eine Gebirgstruppe für die Dauer des Feldzuges umgewandelt wird. Organisation, Bekleidung etc., Bezeichnungen bleiben wie bisher". Die Schneeschuh-Ersatzabteilung hatte die Gebirgsausbil-

Links: Originalunterschrift auf dieser Postkarte: „Vorpostendienst auf Schneeschuhen"

Rechts: Unterkunftsbau in den Vogesen

Unten: Man hat es sich gemütlich (?) gemacht (Bild: Immanuel Voigt, Jena)

---

4   Am 3. Mai 1918 Umgliederung und Umbenennung in „Württembergisches Gebirgs-Regiment" mit zwei Bataillonen.

Oben: links: Skibewegliche Patrouille 1914/15

Oben rechts: Skibewegliche Patrouille um 1910

Unten links: Aus Mangel an viel besser geeigneten Gebirgsgeschützen wurden vielfach herkömmliche Feldgeschütze eingesetzt

Unten rechts: Skibewegliche Patrouille im Feuerkampf (gestelltes Ausbildungsfoto) (Bild: Immanuel Voigt, Jena)

dung zu übernehmen. Wenig später folgten Württemberg und Preußen, letzteres unter gleichzeitiger Aufteilung des Schneeschuhbataillons Nr. 2 in die Bataillone Nr. 2 und Nr. 3. Aber nicht nur Teile der Infanterie wurden „gebirgstauglich" gemacht. Noch im November 1914 wurden im Bereich des für die Vogesen zuständigen Generalkommandos des XV. Armeekorps die ersten Gebirgsartillerie-Batterien aufgestellt. Diesen folgten im April und Mai 1915 die für den Einsatz in den Vogesen bestimmten bayerischen Gebirgsartilleriebatterien Nr. 7 und 8, für deren Ersatz die gleichzeitig in Sonthofen aufgestellte Gebirgsar-

tillerie-Ersatzabteilung zu sorgen hatte. Ebenfalls für den Einsatz in den Vogesen bestimmt waren die im Frühjahr 1915 in Bayern formierten Gebirgsmaschinengewehr-Züge und -Kompanien, für die eine Ersatz-Gebirgsmaschinengewehr-Kompanie der Schneeschuh-Ersatzabteilung angegliedert wurde. Wegen ihrer Gebirgsausrüstung galt die um die Jahreswende 1914/15 für die Vogesenfront aufgestellte k. b. 8. Reserve-Division ebenfalls als Gebirgstruppe, die übrigens im Mai 1915 unter Berufung auf ihre bisherige Gebirgserfahrung den (allerdings vergeblichen) Antrag auf eine Verwendung in Tirol stellte.

Die Aufstellung des Alpenkorps[5]

Krafft wird „Führer des Alpenkorps"[6]

Szenenwechsel. Westfront. Frühjahrsschlacht bei La-Bassée und Arras („Loretto-Schlacht"), von den Franzosen als „Bataille de l'Artois" bezeichnet. Blicken wir auf die Wochen vor dem Kriegseintritt Italiens und der Ernennung Krafft v. Dellmensingens zum „Führer des Alpenkorps" zurück. Wie schon die Besetzung des Postens „Generalstabschef der 6. [also bayerischen] Armee" bei Kriegsausbruch im Sommer 1914 mit Krafft, so war auch diese Personalmaßnahme kein einem Naturgesetz folgender, quasi gottgegebener Selbstläufer, sondern Ergebnis politischer Ränke und Machenschaften sowie persönlicher Vorlieben und Abneigungen.[7] Der „Wettlauf um die Flanke" vom Herbst 1914 (im Anschluss an die Marne-Schlacht) beendete den operativen Bewegungskrieg und führte zum Stellungskrieg. Der Krieg entartete endgültig zu einem Menschen und Material vernichtenden Gemetzel, wie man es nicht für möglich gehalten hatte. Allein auf deutscher Seite waren in dieser Schlacht ca. 80.000 Mann gefallen, verwundet oder vermisst! Die Schuld an dem Debakel schoben die „Schlieffen-Jünger" unter den deutschen Militärs allein Erich v. Falkenhayn, dem Nachfolger des glücklosen v. Moltke („dem Jüngeren") als Chef der OHL zu. Falkenhayn wurde immer erbitterter angefeindet und bekämpft, und nicht selten grenzte der um sich greifende Hass auf den menschlich schwierigen v. Falkenhayn – er galt als arrogant und zynisch – mitunter schon ans Pathologische. Zum Glück für diesen waren sich aber auch seine Gegner untereinander nicht sonderlich „grün".[8] Dem Reigen der immer unverhohlener agierenden Kritiker schloss sich noch im Herbst 1914 auch Konrad Krafft v. Dellmensingen an, der Generalstabschef der 6. Armee

und damit de facto der bayerischen Armee, die nicht ohne Geschick und Erfolg im August 1914 in Lothringen gekämpft hatte[9] und seit dem 9. Mai 1915 gegen die schweren englisch-französischen Angriffe bei Arras-La Bassée im Feuer stand. Krafft, ein Ausnahmeoffizier, fühlte sich zeit seines Lebens dem bayerischen Herrscherhaus zutiefst verbunden. Dies kam besonders im ausgesprochen persönlichen Verhältnis zu seinem Armee-Oberbefehlshaber, dem Kronprinzen Rupprecht, zum Ausdruck. Kraffts Kritik wurde immer massiver und war bald von kaum noch zu überbietender Schärfe, wähnte er doch durch das Verhalten v. Falkenhayns den „Geist unseres großen Lehrmeisters aus [der Führungskunst] verbannt – kein Wunder, [...] mit einem ehrgeizigen Dilettanten an ihrer Spitze. [...] Die Falkenhayn'sche Lösung war Schlieffen'schen Gedankengängen durchaus zuwiderlaufend."[10] Krafft lastete die Schuld für das Scheitern der Offensiven allerdings nicht allein v. Falkenhayn an, mit-

---

5   Nach Hebert, S. 13 - 30 sowie Heyl, Alpenkorps, S. 13 - 28. Zitate sind diesen Werken entnommen und dort zu verifizieren.
6   Nach Müller, S. 388 - 404.
7   Vertragsgemäß sollte ein Preuße im Kriegsfall Generalstabschef der im Frieden selbstständigen, im Mobilmachungsfall aber unter das gemeinsame Oberkommando des Deutschen Kaisers tretenden bayerischen Armee werden, der „friedensmäßige" bayerische Generalstabschef dagegen zu einem preußischen AOK gehen. Der als Oberbefehlshaber der 5. Armee vorgesehene v. Eichhorn erkrankte indes, sein Ersatz wurde der Deutsche Kronprinz. Dieser akzeptierte den ihm unbekannten Krafft jedoch nicht als Generalstabschef, sondern bestand auf seinem vertrauten Taktiklehrer von der preußischen Kriegsakademie, General Schmidt v. Knobelsdorf. Somit war Krafft wieder „frei", so dass es Kronprinz Rupprecht in zähen Verhandlungen mit v. Moltke gelang, seinen Friedens-Generalstabschef auch im Krieg zu behalten.
8   Vgl. Afflerbach, S. 214 - 216 sowie S. 442 u. 445.

9   Für diese herausragende Führungsleistung war Krafft am 20. August 1914 in den „Militär-Max-Joseph-Orden" - die höchste bayerische Tapferkeitsauszeichnung - aufgenommen worden.
10   Bayerisches Hauptstaatsarchiv, Abt. IV (Kriegsarchiv [KA]), HS 2643 (Eintrag vom 1. Oktober 1914).

Links: Der bayerische Kronprinz Rupprecht (Oberbefehlshaber der 6. Armee) und sein Generalstabschef Krafft von Dellmensingen im Frühjahr 1915 an der Westfront
Bild: Bayerisches Hauptstaatsarchiv, Abt. IV (Kriegsarchiv)

Rechts: Krafft um 1950
Bild: Bayerisches Hauptstaatsarchiv, Abt. IV (Kriegsarchiv)

Unten: Krafft als Kadett (1881)
Bild: Bayerisches Hauptstaatsarchiv, Abt. IV (Kriegsarchiv)

verantwortlich machte er ebenso strukturelle wie personelle Defizite. Unter den Kritikern des preußischen Generalstabschefs nahm die Spitze des AOK 6 im Frühjahr 1915 eine herausragende Stellung ein, umso mehr, als der Nachfolger v. Moltkes mit jeder seiner Maßnahmen in ihren Augen wiederholt seine fachliche Inkompetenz offenkundig machte. Falkenhayn hatte sich mit seinem gescheiterten Ypern-Unternehmen (Erste Flandern- bzw. Ypernschlacht; 20. Oktober bis 18. November 1914) nach Ansicht nahezu aller im AOK 6 nicht nur in der offensiven Operationsführung als unfähig erwiesen, auch in der noch ungewohnten Situation der Defensive, in der sich das deutsche Heer im Westen unversehens wiederfand, führten Rupprecht und Krafft die horrenden Opfer auf dessen „Besessenheit" und

„Fanatismus [...], jeden Fuß breit feindlichen Geländes zu behaupten"[11], zurück: „Hier wirken sich die Falkenhayn'schen Verteidigungsthesen sehr nachteilig aus."[12] Wurde die Amtsübernahme v. Falkenhayns anfänglich durchaus recht positiv aufgenommen, gründete in jener blutigen Schlacht der unüberbrückbare und mit geradezu bewundernswerter Halsstarrigkeit gepflegte Gegensatz zwischen v. Falkenhayn einerseits und dem Führungsduo Rupprecht/Krafft andererseits, auf dessen 6. Armee er doch seine größten Hoffnungen gesetzt hatte, die sie aber nicht hatte erfüllen können.[13] Diese persönliche Abneigung aber beruhte auf Gegenseitigkeit und war aus der Perspektive v. Falkenhayns sogar durchaus berechtigt. Kraffts „Ia" v. Mertz berichtete beispielsweise viele Jahre nach dem Ersten Weltkrieg, dass Rupprecht lange Zeit nicht imstande war, v. Falkenhayn gegenüber offen aufzutreten. Stattdessen redete er hinter dessen Rücken schlecht über ihn und machte ihn, wo immer möglich, bei den anderen Offizieren madig. Davon erfuhr der neue Generalstabschef jedoch über Dritte und reagierte mit verständlicher Verachtung, aber auch mit Zynismus und Ungeschicklichkeiten wie dem wiederholt geäußertenehrabschneidenden Vorwurf an den Kronprinzen und dessen Generäle, es ermangele diesen an persönlichem Mut im Gefecht. So nahm die Auseinandersetzung zwischen ihm und dem bayerischen Kronprätendenten immer brüskere und menschlich immer verletzendere Formen an[14]. Zu einer offenen Konfrontation zwischen den beiden Männern kam es jedoch noch nicht, vielmehr erschöpfte sie sich zunächst in versteckten Spitzen hier und Boshaftigkeiten dort. Ähnlich unaufrichtig, wenn auch nicht in dem Maße wie der bayerische Kronprinz, verhielt sich auch Krafft. Auf taktischer bzw. operativer Ebene führte er zwar manchen, gelegentlich sogar geharnischten Disput mit v.

11 KA, Nachlass v. Krafft [NL], Nr.152 (Eintrag vom 6.Januar 1915).
12 Ebd., Eintrag vom 15. Januar 1915.
13 Vgl. Janßen, S. 29.
14 Vgl. Janßen, S. 29 - 30.

Falkenhayn, andererseits finden wir gleichwohl auch Fälle domestikenhafter Unterwerfung, die seine Umgebung nachgerade peinlich berührten. Aus Anlass des Verlustes von Neuve-Chapelle während der Loretto-Schlacht verlangte v. Falkenhayn beispielsweise von Krafft eine Erklärung, wie es dazu hatte kommen können. Ein Offizier im Stab der 6. Armee hielt die sich darob abspielende Szene in seinem Tagebuch fest: „Abends spricht der General mit Falkenhayn und entschuldigt sich wie ein Schulbub wegen des Unglücks bei Neuve-Chapelle. Mertz und ich schämen uns."[15] Neben den im Zwischenmenschlich-Psychologischen zu verortenden Aversionen waren es aber in erster Linie die fachlichen Differenzen, die das Feuer der Antipathie in Krafft schürten. Er steigerte sich so sehr in seine Ablehnung gegen „seinen größten Feind" hinein, dass er jede Maßnahme v. Falkenhayns bereits a priori verdammte. Es reichte schon, wenn ein Dokument dessen Unterschrift trug! Egal, was die 2. OHL unternahm, deren Chef konnte es Krafft einfach nicht recht machen. Kümmerte sie sich nicht genügend um die Sorgen der Bayern, mokierte sich Krafft darüber, mischte sie sich - seiner Meinung nach - zu viel ein, „ertötet [das] jede Freude an der Sache."[16] Und: „Keine Vorgesetzteneigenschaft ist übler als die, daß man seine Führer nicht selbsttätig arbeiten lassen kann."[17] Diese Inkonsequenz ist aber mit das deutlichste Indiz für das vollkommen gebrochene Verhältnis zu v. Falkenhayn, denn seine Abneigung, sein blanker Hass gegenüber dem Preußen beeinträchtigte sogar sein sonst im Wesentlichen nüchternes Urteil. Das aber waren lediglich die Auswirkungen des „Bevormundungssystems"[18] v. Falkenhayns, wie der Bayer dessen Führungsstil und Vorgehensweise empfand, denn dieser war, so Krafft, „stets bestrebt, sich nach allen Seiten so abzusichern, dass man die Schuld eines Misserfolges auf den Ausführenden abladen konnte. Das entsprach ganz dem intriganten Charakter dieses Mannes."[19] Misstrauen und Verdächtigungen bis hin zu mehr oder weniger kindischen Spekulationen von Seiten des AOK 6 über ein Komplott Preußens gegen Bayern beherrschten die Atmosphäre in diesen Monaten, als im Frühjahr 1915 im Zuge der Schlachten von Ypern und La Bassée-Arras aus dem kalten Krieg zwischen den deutschen Generälen schließlich ein heißer wurde, dessen prominentestes Opfer Krafft hieß. Zwei Tage vor dem berüchtigten ersten deutschen Gasangriff bei Ypern am 22. April traf v. Falkenhayn im Armeeoberkommando 6 ein, um über offensive Maßnahmen parallel zum eigentlichen Angriff sowie über die Ausgliederung mehrerer Regimenter aus dem Armeeverband zu sprechen. Schon im Vor-

Die Trostlosigkeit eines Schützengrabens

feld dieses Frontbesuches drängte Krafft den Kronprinzen dazu, v. Falkenhayn bei seinen Besuchen des VII. und XIV. Armeekorps auf keinen Fall aus den Augen zu lassen und „überall hin mitzufahren [...], sonst läge es sehr nahe, daß hinter unserem Rücken die Dinge sehr einseitig dargestellt und über uns hinweg Anordnungen getroffen werden."[20] Während der Unterredung im Hauptquartier entspann sich ein Dialog zwischen v. Falkenhayn und General v. Claer, dem Kommandierenden General des VII. Armeekorps, der Kraffts Misstrauen, das AOK 6 würde von den Preußen perfide übergangen und ausgetrickst, zu bestätigen schien. Zum endgültigen Eklat kam es zwei Wochen später. Krafft war trotz seiner zügellosen Antipathie darauf bedacht, einer offenen Konfrontation zwischen dem bayerischen Generalstab und der OHL aus dem Weg zu gehen; er ahnte wohl, dass der eigentlich Leidtragende er selbst sein würde. Die nervliche Belastung infolge des alliierten Angriffs bei La Bassée in der zweiten Maiwoche hinterließ aber auch bei ihm ihre Spuren. Da seiner Ansicht nach der Krieg, die Politik, überhaupt alles in globo auf das schuldhafte Versagen v. Falkenhayns zurückzuführen war, reagierte er auf die Kritik eines Vorgesetzten fast so empfindlich wie vor Jahren, als er noch ein nahezu unbekannter Subalternoffizier war. Falkenhayn war mit dem Verlauf der nördlich von Arras tobenden Schlacht selbstverständlich äußerst unzufrieden und beabsichtigte, einen Emissär der OHL direkt, also unter Umgehung des AOK 6, zu einem der der 6. Armee unterstellten Kommandierenden Generäle zu entsenden, um ein möglichst ungefiltertes Lagebild über die Vorgänge um die Loretto-Höhe zu bekommen. Das wäre unter Umständen noch hinzunehmen gewesen. Der Rubikon war allerdings überschritten, als v. Falkenhayn unmittelbar in die Operationsführung der 6. Armee eingriff. Natürlich konnte und durfte er dies als preußisch-deutscher Generalstabschef, und doch war dieser Verstoß gegen die Grundsätze der

15   KA, HS 2309 (KTB Xylander, Eintrag vom 13. März 1915).
16   KA, HS 2643 (Eintrag vom 26. Oktober 1914).
17   Ebd.
18   KA, NL v. Krafft, Nr.152 (Eintrag vom 15. Mai 1915).
19   KA, HS 2643 (Nachtrag zum Eintrag vom 15. Oktober 1914).

20   KA, NL v. Krafft, Nr.152 (Eintrag vom 21. April 1915).

Oben: Das zerstörte Dorf Arabba

Unten: Blick von den deutsch-österreichischen Höhenstellungen auf die Marmolata

Ebene verkehrte, hatte – so mag er wohl gedacht haben – Besseres zu tun, als sich mit einem bayerischen General herumzuschlagen. Die schweren Kämpfe am 11. und 12. Mai zwangen die 6. Armee, ihre Führungsstrukturen entsprechend anzupassen. Im Zuge dieser Maßnahmen empfahl v. Falkenhayn, die Führung einer neu zu bildenden Armeegruppe einem „mit den lokalen Verhältnissen vertrauten General", und zwar, angesichts der ernsten Lage, „ohne Rücksicht auf Alters- oder sonstige Verhältnisse"[21] zu übertragen. Dieser mit den örtlichen Gegebenheiten vertraute General sollte nach Ansicht Rupprechts und Krafts der bayerische General der Infanterie und Kommandierende General des I. Reservekorps, Ritter v. Fasbender sein, der die aus dem XIV. Korps und dessen eigenem Korps formierte Armeegruppe Fasbender übernehmen sollte. Falkenhayn indes schwebte der Kommandierende des preußischen VII. Korps, General der Infanterie v. Claer, vor, dessen besonderen „Glauben an den Erfolg und Interesse an der Sache" er schätzte.[22] Krafts Reaktion auf dieses Telegramm war vorhersehbar cholerisch:

„Das ist ganz unerhört. Besonders der Schlußsatz ist eine haarsträubende Taktlosigkeit gegen die Führer, die mitten im Kampfe stehen und seine größte Last bisher getragen haben. Besonders grotesk ist auch der Vorschlag des Generals v. Claer, der weder mit den örtlichen Verhältnissen vertraut, mit seinem Korps ebenfalls an bedrohter Stelle, also unabkömmlich und zudem keineswegs der geeignete Mann ist. Dieser Vorschlag ist um so unverständlicher, als der Kronprinz dem General Claer soeben erst in besonderer Qualifikation die Eigenschaften abgesprochen hat, unter schwierigen Verhältnissen als höherer Führer zu dienen. Darum wirkt dieser Vorschlag für den Kronprinzen wie ein Schlag ins Gesicht."[23]

Auch bei den anderen Angehörigen des bayerischen Armeeoberkommandos „erregte der ,echt preußische Vorschlag' teils Gelächter, teils Entrüstung".[24] Krafft und Rupprecht, die in ihrer Geisteshaltung immer mehr zu einer Art siamesischer Zwillinge verschmolzen, sahen im Vorschlag v. Falkenhayns nicht nur einen nicht hinzunehmenden Eingriff in ihre Kompetenz, sondern darüber hinaus einen Beleg für die ständigen Versuche „der Preußen", sich hinterrücks Vorteile gegenüber „den Bayern" als solchen zu verschaffen. In v. Claer, einem Protegé v. Falkenhayns, vermuteten sie schlicht einen preußischen „Maulwurf" im AOK 6! Rupprecht schaltete jetzt erst recht auf stur und beauftragte v. Fasbender mit der Führung der neuen Armeegruppe und

Auftragstaktik unglücklich und ungeschickt und traf die Bayern an ihrer empfindlichsten Stelle – aber v. Falkenhayn empfand diesen Konflikt gar nicht als einen solchen, zumindest nicht in der Intensität und Tragweite, wie dies die Führung der 6. Armee tat. Der Konflikt mit der 6. Armee war für ihn ein Gerangel mit dem bayerischen Kronprinzen, nicht aber mit dessen Generalstabschef, denn für eine derartige persönliche „Anteilnahme" war Krafft für ihn einfach zu unwichtig. Da er aber von dem besonderen Vertrauensverhältnis zwischen Rupprecht und Krafft gewusst haben dürfte, färbte sein Missmut gegenüber dem Kronprinzen natürlich auch auf jenen ab. Während Krafft ihn persönlich hasste, blickte v. Falkenhayn auf ihn als einen von vielen Generalstabschefs mehr mit Verachtung herab. Er als jemand, der mit Kaisern, Königen und Politikern auf höchster militärischer und diplomatischer

21   KA, NL v. Krafft, Nr.152 (Eintrag vom 12. Mai 1915).
22   Nach Reichsarchiv VIII, S. 64 sowie KA, NL v. Krafft, Nr.152 (Eintrag vom 12. Mai 1915).
23   Ebd., Eintrag vom 12. Mai 1915.
24   KA, HS 2309 (KTB Xylander, Eintrag vom 12. Mai 1915).

eben nicht den „intrigierenden und Pour-Le-Mérite-süchtigen Nichtskönner Claer".[25]

Zunächst jedoch blieben die deutschen Maßnahmen ohne Erfolg, mehr noch: Das Dorf Carency „ging ruhmvoll verloren".[26] Erst im Lauf des Vormittags des 13. Mai stabilisierte sich die äußerst gespannte Lage ein wenig, als sich auf deutscher Seite die Verstärkungen, insbesondere die gesteigerte artilleristische Feuerkraft, allmählich bemerkbar machten. Dennoch blieben die Kräfte der 6. Armee aufs höchste gefordert, die Kampfkraft der angegriffenen Divisionen sank rasch merklich ab. Insgesamt hatten die beteiligten Großverbände in den wenigen Tagen vom 9. bis zum 13. Mai etwa 20.000 Mann an Gefallenen, Verwundeten und Vermissten zu beklagen. Umfangreiche Umgruppierungen und Ablösungen wurden erneut notwendig.[27] Dazu aber war das Einverständnis der OHL nötig. Die Anfrage aus dem AOK 6 um Genehmigung der Umgliederungen und nach Zuführung weiterer Truppen beantwortete v. Falkenhayn durchweg positiv und gestand der 6. Armee die erbetenen Kräfte anstandslos zu. Er wies ihr zusätzlich sogar noch mehrere andere Verbände zu, so dass dem bayerischen Armeeoberkommando nun praktisch die gesamte deutsche Heeresreserve zur Verfügung stand! Allerdings hatte seine Kulanz einen gewaltigen Pferdefuß: Er überstellte dem AOK 6 nämlich zusätzlich den Stab des Generalkommandos des preußischen III. Korps unter dem General der Infanterie v. Lochow, um v. Fasbender zu entlasten. Oder anders ausgedrückt: Der Preuße v. Lochow sollte ohne Rückfrage beim AOK 6 dem Bayern v. Fasbender vorgesetzt werden! Wut und Entsetzen machten sich darob im AOK 6 breit:

> „Als ich diesen Befehl am Fernsprecher aufnahm, sagte ich, dass der Kronprinz sofort sein   Kommando auf diesen Affront hin niederlegen müsse. [...] Der General [v. Krafft] war zuerst ganz wütend und stürzte zum Kronprinzen, dann kam bei ihm die schauderhafte Angst vor jedem Vorgesetzten, [...] die ihn beherrscht, seit er hier [im AOK 6] sein [Dienst-] Verhältnis hat. Mertz sagte, dass der Kronprinz neulich auf Falkenhayn einen sehr schlechten Eindruck durch seine Zerstreutheit gemacht habe. Drum glaubte der Gypskopf, sich wohl so etwas erlauben zu dürfen."[28]

Faktisch war die Maßnahme v. Falkenhayns sehr wohl zu vertreten. Sie ergab sich aus den schlechten Erfahrungen aus der lothringischen bzw. flämischen Vergangenheit, als Korps- bzw. Armeeführer sich mehr um ihre eigenen Verbände gekümmert hatten, als um die zusätzlich

unterstellten, und es immer wieder zu Reibereien gekommen war, zumal, wenn eine Verletzung des geheiligten „Anciennitätsprincips"[29] weiteren Konfliktstoff beisteuerte. Das musste auch Krafft zugeben. In diesem speziellen Fall aber witterte er umgehend einen „neuen Streich Falkenhayns".[30] Lochow und sein Stab trafen noch am Abend des 13. Mai beim AOK 6 ein, hatten es aber, was Krafft ihnen positiv quittierte, nicht besonders eilig, ihre Dienstgeschäfte zu übernehmen. Zur gleichen Zeit konzentrierte sich das französische Artilleriefeuer auf die Stellungen der 16. Infanterie-Division und der 52. Reserveinfanteriebrigade, die 6. Armee antwortete mit „counter-battery fire" (Bekämpfung der feindlichen Feuerstellungen), wie man heute sagen

Oben: Stellung bei Reims, April 1916

Unten: Schwere Feldhaubitzen vor Verdun im Feuerkampf (10.7.1916)

25 KA, HS 2309 (KTB Xylander, Eintrag vom 12. Mai 1915).
26 KA, NL v. Krafft, Nr.260/I (Krafft an seine Frau, 14. Mai 1915).
27 Vgl. Reichsarchiv VIII, S. 65 - 66.
28 KA, HS 2309 (KTB Xylander, Eintrag vom 13. Mai 1915).

29 Beförderung strikt nach dem Dienstalter, nicht nach der individuellen Leistung.
30 KA, NL v. Krafft, Nr.152 (Eintrag vom 13. Mai 1915).

Schützengraben vor Reims (April 1916)

Nadelstiche. Er kann darauf nichts antworten. [...] Wenn so geringe Unebenheiten Falkenhayn schon aus dem Gleichgewicht bringen [...] was soll man dann bei einem wirklichen Unglücksfall von ihm erwarten?!"[33]

Die Nacht blieb allerdings wider Erwarten ruhig, feindliche Angriffe fanden nur in beschränktem Umfang statt und konnten relativ mühelos abgewiesen werden. Das Artillerieduell hielt jedoch nahezu unvermindert an. Die Loretto-Kapelle auf dem Gipfel des umkämpften Höhenzuges war nur mehr ein etwa „fußhohes"[34] Trümmerfeld. Da man aber von diesem Gipfel bekanntlich bis weit ins gegnerische Hinterland blicken konnte, setzte v. Falkenhayn alles daran, die Kapelle zurückzuerobern. Krafft sah in ihrem Besitz oder Nichtbesitz indes einen lediglich „belanglosen Umstand".[35] Nun begannen sich im „Krieg mit der OHL"[36] die Ereignisse zu überschlagen. Offenbar hatten die führenden Militärs des Deutschen Reiches in einer aufs höchste gespannten Lage tatsächlich nichts Besseres zu tun, als einen Privatkriegsschauplatz zu eröffnen! Am Morgen des 14. Mai wurde Krafft davon unterrichtet, dass v. Falkenhayn beabsichtige, den Major v. Tieschowitz[37] zu v. Lochow als Verbindungsoffizier zu entsenden, woraufhin „der General dem Obstlt. v. Lossberg [gegenüber] doch sehr grob" wurde und ankündigte, „dass der Kronprinz sich über Falkenhayn beim Kaiser beschwere und, wenn das nicht helfe, sein Kommando niederlege."[38] Krafft legte dem Emissär der OHL „sehr nachdrücklich" nahe, dass das AOK 6 „eine sie umgehende Berichterstattung absolut nicht dulden"[39] werde. Daraufhin war v. Loßberg „doch etwas verblüfft und sichert[e] zu, für Abhilfe einzutreten. Es ist recht bedauerlich, daß man so auftreten muß, um sich das klare Befehlsrecht zu wahren!"[40] Man sieht, das bayerische Armeeoberkommando war von hohen preußischen Militärs förmlich umzingelt, angefangen bei v. Falkenhayn, der ihm via Telefon im Nacken saß, über v. Loßberg bis hin zu v. Lochow und zuletzt v. Tieschowitz. Das AOK 6 musste sich angesichts dessen einfach in die Ecke gedrängt fühlen, egal, ob die OHL dies bewusst beabsichtigte oder nicht.

Am Abend desselben Tages brachte ein Telegramm v. Falkenhayns das Fass endgültig zum Überlaufen. Es war die Antwort der OHL auf einen Antrag des AOK 6, auf das von v. Falkenhayn beabsichtigte Herausziehen von vier Regimentern, die für Neuaufstellungen im Osten benötigt würden, zu verzichten. Sollte dieser dennoch darauf

würde. Ein großer Feindangriff schien somit unmittelbar bevorzustehen, zumal das Wetter – Sturm, Regen und eine „rabenschwarze" Nacht – ideale Vorbedingungen für einen Überraschungsangriff boten. Die Lage war demnach immer noch kritisch. Am selben Abend noch führte Krafft ein Gespräch mit dem offenbar „sehr aufgeregt"[31] wirkenden preußischen Generalstabschef, in dem dieser ihm den Verlust von Carency heftig vorhielt[32], das trotz der immensen Verstärkungen nicht gehalten worden sei:

„Da konnte ich mich nicht halten und antwortete: ,Ich bedaure das ebenfalls sehr; aber E.E. werden ein Gleiches sicher noch öfters erleben; auch bin ich sicher, daß das auch bei anderen Armeen vorkommen wird!' Ich erinnerte ihn daran, daß die 6. Armee ihn immer wieder auf die unsichere Lage in der Carency-Ecke hingewiesen und deshalb auch gegen das Herausziehen eines zweiten Regiments [...] protestiert hat. Wir haben alles getan, um die schlechte Ecke zu halten; sie ist aber dem übermächtigen Ansturm erlegen. [...] Das war meine Vergeltung für seine

31   *Ebd.; dies wird auch von Xylander bestätigt: „Die O.H.L. ist sehr nervös wegen des Verlustes von Carency." (KA, HS 2309, KTB Xylander, Eintrag vom 14. Mai 1915).*
32   *Falkenhayn: „So etwas ist bei anderen Armeen nicht passiert. Das ist gerade jetzt äußerst unangenehm!" (Ebd.).*

33   *Ebd.*
34   *Ebd., Eintrag vom 14. Mai 1915.*
35   *Ebd.*
36   *KA, HS 2309 (KTB Xylander, Eintrag vom 14. Mai 1915).*
37   *Tieschowitz war der ehemalige Erste Adjutant v. Moltkes und jetziger Chef der Personalabteilung im Großen Hauptquartier.*
38   *KA, HS 2309 (KTB Xylander, Eintrag vom 14. Mai 1915).*
39   *KA, NL v. Krafft, Nr.152 (Eintrag vom 14. Mai 1915).*
40   *Ebd.*

bestehen, Verbände aus besonders gefährdeten Frontabschnitten abzuziehen, müsse er, Rupprecht, die Stellungen an der Loretto-Höhe aufgeben, wofür er dann nicht mehr die Verantwortung übernehmen könne.[41] Falkenhayn lehnte das Ansinnen des bayerischen Kronprinzen in allen Punkten ab. Ferner warf er ihm vor, mit den mehr als reichlich zur Verfügung stehenden Truppen nicht richtig umgehen zu können. Andere Armeen oder Armeeabteilungen, die in weit ungünstigerer Ausgangslage stünden, würden mit weniger Kräften bessere Ergebnisse erzielen. Außerdem sei der der 6. Armee gegenüberliegende Feind an Zahl und Qualität nicht überlegener als an anderen, ebenfalls bedrohten Fronten, die indes nicht pausenlos nach Verstärkungen riefen, wie dies die 6. Armee täte. Er, v. Falkenhayn, werde dem AOK 6 deshalb keine weiteren Verbände mehr zuführen, die Armee müsse mit dem auskommen, was sie habe. Als der Generalstabschef ungeschickterweise noch anfügte, die „Ansicht des Generals von Lochow würde dabei zu hören sein"[42], war der Kronprinz „so empört, daß er endgiltig [sic!] beschlossen hat, sich beim Kaiser über den General v. Falkenhayn zu beschweren"[43], denn die Schuld an den „mißlichen Ereignissen nördl. von Arras"[44] trug ihrer Ansicht nach einzig und allein die OHL, die die vor dem Einsturz stehende Front unverantwortlich schwächen wolle. Überhaupt enthielt das Telegramm ihrer Auffassung nach „beinahe so viele Unrichtigkeiten, als Worte" und „sämmtlich unbegründete Anschuldigungen".[45] „Das Armeeoberkommando muß sich [deshalb] unbedingt gegen die tückische Art Falkenhayns, mit vergifteten Pfeilen anzugreifen, verwahren, sonst wäre es auf die Dauer unmöglich, unter solchen Verhältnissen zu arbeiten. [...] Statt uns absichtlich zu ärgern und zu reizen, sollte die Heeresleitung im Gegenteil trachten, dem im schweren Kampf liegenden Armee-Oberkommando seine Aufgabe zu erleichtern [und] vertrauenerweckend auf uns einzuwirken."[46] Rupprecht sandte nun tatsächlich seine Beschwerde[47] an den Kaiser und ein „ziemlich lahmes Telegramm"[48] an v. Falkenhayn. Zudem brach gleichzeitig ein heftiger Streit zwi-

41 Vgl. Frauenholz, In Treue fest I, Eintrag vom 15. Mai 1915.
42 Zit. nach Reichsarchiv VIII, S. 68.
43 KA, NL v. Krafft, Nr.152 (Eintrag vom 14. Mai 1915).
44 Vgl. Frauenholz, In Treue fest I, Eintrag vom 15. Mai 1915.
45 KA, NL v. Krafft, Nr.152 (Eintrag vom 14. Mai 1915).
46 Ebd.
47 Allerdings ist fraglich, ob Rupprecht wirklich diesen Schritt unternahm; weder in seinen Aufzeichnungen (Frauenholz, In Treue fest I) noch im Tagebuch Kraffts findet sich ein Hinweis darauf. Lediglich v. Xylander spricht von einer „Beschwerde des Kronprinzen an den Kaiser" (KA, HS 2309, KTB Xylander, Eintrag vom 15. Mai 1915). Wir gehen deshalb davon aus, dass Rupprecht im Laufe des späten Nachmittags des 15. Mai, nachdem ein weiteres, im AOK 6 als Unverschämtheit empfundenes Telegramm Falkenhayns eingetroffen war, tatsächlich bei Wilhelm II. einen ersten Protest gegen den preußischen Generalstabschef einlegte.
48 KA, HS 2309 (KTB Xylander, Eintrag vom 15. Mai 1915). Der Text dieses Telegramms ist abgedruckt in Reichsarchiv VIII, S. 68.

schen dem Armeeoberkommando und v. Lochow aus. Obwohl dieser die Führung der Armeegruppe Fasbender noch nicht übernommen hatte, übermittelte er schon erste Anordnungen an sie und forderte obendrein drei zusätzliche Infanteriebataillone direkt bei der OHL an; auch äußerte er gegenüber v. Falkenhayn seine Bedenken über die Standfestigkeit der dem AOK 6 unterstellten Verbände. Dies war nun ein echter und eklatanter Verstoß gegen die Gepflogenheiten in einer Armee, eine Disziplinlosigkeit sondergleichen. Damit nicht genug, setzte auch v. Tieschwitz seine das bayerische Armeeoberkommando betreffende Privatkorrespondenz mit der OHL fort. Trotz allen berechtigten Ärgers über solche Zustände unternahm Krafft nichts. Er ließ es sich einfach gefallen, so drängt sich der Eindruck auf, der noch dadurch bestärkt wird, dass er und Rupprecht einen in scharfem Ton gehaltenen Entwurf v. Xylanders zu einem Protestschreiben an v. Lochow erheblich abmilderten. Ob dieser

Oben: Postenstand an der Tofana

Unten: Artilleriebatterie in Stellung

Gesprengte Isonzo-Brücke

chen Herren zu wahren."[51]

ganzen Entwicklung war Rupprecht verständlicherweise „ziemlich bedrückt".[49] Die Lage an der Front trug das ihre dazu bei, die Stimmung noch weiter zu verschlechtern, als es den Franzosen am 15. und den Engländern am 16. Mai gelang, auf einer Breite von 18 Kilometern an mehreren Stellen in die deutschen Linien einzubrechen. Gegenangriffe blieben zunächst erfolglos. Im Zwist zwischen der OHL und dem AOK 6 trat unterdessen eine Art Waffenstillstand ein, währenddem v. Falkenhayn einen Parlamentär in der Person des neuen Militärbevollmächtigten Bayerns zum AOK 6 schickte. General v. Nagel traf gegen Mittag des 16. Mai in Lille ein, um „in der Beschwerde-Angelegenheit des Kronprinzen einen Ausgleich auf privatem Wege zu vermitteln"[50],

„[e]r muß aber zugeben, daß dies nach dem Stand der Dinge unmöglich ist. Er meinte nur, man solle den Kaiser in dieser schweren Zeit nicht vor eine Kabinettsfrage für den Kronprinzen oder für Falkenhayn stellen - beides wäre gleich unangenehm. [...] Wenn die Beschwerde in den wesentlichen, ganz unanfechtbaren Punkten zugunsten des Kronprinzen entschieden und außerdem General v. Falkenhayn veranlaßt wird, einen höflichen Entschuldigungsbrief an den Kronprinzen zu schreiben, künftig dessen Befugnisse zu achten, seinen Beschwerdepunkten Rechnung zu tragen, überhaupt seinen Ton gegen das Armee-Oberkommando gründlich zu ändern, dann werde der Kronprinz sich zufrieden geben. Ich selbst hege nicht den Wunsch, die Dinge auf die Spitze zu treiben, bin aber verpflichtet, das Ansehen meines Oberbefehlshabers und königli-

Falkenhayn sollte auf der ganzen Linie kapitulieren und obendrein gedemütigt werden! Dieses Denken, in dem Kraffts Unfähigkeit und Unwille zu Kompromissen so unverblümt zum Ausdruck kommt, war typisch für den Generalstabschef der bayerischen Armee. Krafft vermutete hinter dem Vorgehen der OHL indes mehr als bloße persönliche Animositäten, sondern politische Absichten, die weniger gegen die Person des Kronprinzen gerichtet waren. Vielmehr sollte, wie es bei Kriegsbeginn vertragsgemäß eigentlich vorgesehen gewesen war, aufgrund des Wunsches des deutschen Kronprinzen nach einem ihm persönlich bekannten Stabschef aber nicht umgesetzt werden konnte, einem bayerischen Oberbefehlshaber ein preußischer Chef zur Seite gestellt werden. Krafft war „der gegenwärtige Zustand so zuwider, daß ich lieber heute als morgen alles hinwerfen möchte. Falkenhayn soll nur nicht glauben, daß ich an meiner Stellung klebe! Ich weiß genau, daß der mir die Beschwerde des Kronprinzen gegen seine Übergriffe nicht vergessen hat und alles tun wird, mich wegzubringen. Das merkt ja ein Blinder! [...] Lange wird es hier mit mir sicher nicht mehr dauern. Ich für meinen Teil werde froh sein, den Krieg von einer anderen Seite kennen zu lernen. Ich bin dankbar, daß es mir vergönnt war, unserem Kronprinzen in so ernster Tätigkeit zur Seite zu stehen."[52] Inzwischen nahm das Geschehen im AOK 6 schon beinahe groteske Züge an, als ein Düsseldorfer Kunstmaler namens Reusing („anscheinend ein guter Künstler, persönlich ein rechter Fatzke"[53]) mitten in der Schlacht damit begann, das bayerische Führungsduo auf eine Leinwand zu bannen! Gegen Mittag dieses 16. Mai musste das Modellstehen allerdings für kurze Zeit ausgesetzt werden, da alarmierende Nachrichten v. Lochows über starkes feindliches Artilleriefeuer auf die Loretto-Höhe Krafft und Rupprecht dazu veranlassten, umgehend an den bedrohten Frontabschnitt zu fahren. Nach seiner Rückkehr ins Armeehauptquartier rief Krafft umgehend v. Loßberg, an, um diesen nach seiner Meinung über eine eventuelle Räumung der Stellungen zu fragen. Dies nun war so ziemlich das dümmste, was Krafft in der gegenwärtigen Situation machen konnte, besser konnte er sich nicht vor der OHL bloßstellen: „Und da wundert man sich, wenn man wie ein Schuhputzer behandelt wird!"[54] Krafft setzte sich anschließend an seinen Schreibtisch und entwarf eine achtzehn Seiten lange Beschwerdeschrift über v. Falkenhayn. Jetzt war der Preuße wieder am Zug. Den bayerischen Kronprinzen konnte er nicht gut von seinem Posten ablösen, wiewohl ihm dies theoretisch möglich gewesen wäre, denn - Kronprinz hin oder her - Rupprecht war auch als Armeeoberbefehlsha-

---

49   Ebd., Eintrag vom 15. Mai 1915.
50   KA, NL v. Krafft, Nr.152 (Eintrag vom 16. Mai 1915).

51   Ebd.
52   Ebd., Eintrag vom 15. Mai 1915.
53   Ebd., Eintrag vom 4. Mai 1915.
54   KA, HS 2309 (KTB Xylander, Eintrag vom 17. Mai 1915).

ber v. Falkenhayns Untergebener. Eine andere Möglichkeit war jedoch die Entfernung seines Generalstabschefs, von dem allgemein bekannt war, dass der Wittelsbacher zum einen ein besonders enges Verhältnis zu diesem pflegte, zum anderen wusste der preußische Generalstabschef von Kraffts Qualifikation, auf die Rupprecht, von den Armeeführern aus den Herrscherhäusern zwar der fähigste, immer noch angewiesen war. Die politische Entwicklung in diesem Frühjahr kam ihm dabei gerade recht.

Seit Beginn des Jahres 1915 befürchteten die Mittelmächte zu Recht, dass das bislang trotz des „Dreibund"-Vertrages neutrale Italien auf der Seite der Entente in den Krieg eingreifen werde.[55] Österreich-Ungarn, das einerseits den territorialen und politischen Forderungen Italiens entgegenkommen wollte, suchte andererseits aber beim Deutschen Reich nach Zusicherungen, um im Falle eines Krieges mit dem Königreich Italien mit militärischer Unterstützung rechnen zu können. Aus dem Zweifrontenkrieg drohte nun ein Dreifrontenkrieg zu werden. Erich v. Falkenhayn hatte seinem österreichischen Amtskollegen, Franz Conrad v. Hötzendorf, auf entsprechende Anfragen aber ausweichend geantwortet, dass über „diese Möglichkeiten" erst im „konkreten Falle" entschieden werden könne. Offenbar glaubte man zu diesem Zeitpunkt noch, der Krieg mit Italien sei vermeidbar. Allerdings machten die Alliierten am 26. April 1915 im Londoner Protokoll für den Fall eines Sieges so weitgehende Versprechungen an Italien, dass Österreich passen musste. Eine Aussprache am 7. Mai im österreichischen Hauptquartier in Teschen brachte über die Frage der Unterstützung Österreich-Ungarns im Falle des immer wahrscheinlicher werdenden Kriegseintritts Italiens durch das Reich noch keine Entscheidung. Falkenhayn machte eine Woche später den Vorschlag, die Habsburger-Monarchie solle in Kärnten und in Krain gegen Italien die Deckung übernehmen, Deutschland wolle dasselbe in Tirol unter eigenem Befehl tun. Conrad v. Hötzendorf wiederum wollte die Verteidigung Tirols unter keinen Umständen aus der Hand geben. In einem Schreiben an v. Falkenhayn vom 18. Mai forderte er, „alle verfügbar zu machenden Kräfte vorerst ausschließlich gegen Italien zu verwenden." Bei einer weiteren persönlichen Aussprache zwischen den verbündeten Generalstabschefs in Teschen wurde vereinbart, dass - neben dem Einsatz von k.u.k.-Divisionen im Raum westlich von Agram (Zagreb) - Deutschland in Tirol dem dort einzu-

Rast während des Vormarsches

setzenden Landesverteidigungskommandanten, General der Kavallerie Viktor Dankl Frhr. v. Krasnick, einen neu zu formierenden Verband unterstellen werde. Diesem Wunsch Conrads folgend stellte dessen deutscher Amtsbruder noch am selben Tag den Verbündeten eine deutsche Division, die dafür von der Westfront abgezogen werden sollte, für den Einsatz in Tirol in Aussicht. Sie sollte sich aus Jägern, Schneeschuhbataillonen und herkömmlicher Infanterie mit Gebirgserfahrung zusammensetzen. Das bayerische Kriegsministerium war zwar von der deutschen Obersten Heeresleitung (OHL) zu diesen Planungen und Verhandlungen nicht herangezogen worden, gleichwohl hatte man in München die entsprechenden Informationen schon längst auf dem „Obergefreiten-Dienstweg" aus den Kreisen bayerischer Generalstabsoffiziere erhalten. Kurz darauf scheint der Name „Alpenkorps" bereits intern gebraucht worden zu sein, was die Österreicher zu der irrigen Annahme verleitete, die Deutschen würden sie in Tirol mit einem ganzen Armeekorps, also mit zwei bis vier Divisionen, unterstützen. Jedenfalls unterstellt dies Krafft v. Dellmensingen, aber auch der bayerische Militärbevollmächtigte beim Großen Hauptquartier, General Nagel v. Aichberg, scheint etwas läuten gehört zu haben, denn in einem Bericht an das AOK 6 - ebenfalls vom 18. Mai 1915 - erwähnt er den möglichen Einsatz bayerischer Truppen in Tirol. Letztlich wurde aber über den Einsatz bayerischer Truppen in Tirol in Berlin entschieden, und zwar ohne bayerische Beteiligung. Jedenfalls ist die hiesige Regierung nicht gefragt worden, was sie vom Einsatz ihrer Soldaten gegen einen Staat halte, mit dem sie sich gar nicht im Kriegszustand befand. Auch in den Unterlagen des bayerischen Kriegsministeriums finden sich keine Spuren einer früheren Unterrichtung. Das war die Lage, als am 19. Mai 1915, abends um 19.30 Uhr, im bayerischen Kriegsministerium ein als „streng geheim" eingestuftes Schreiben aus dem

---

55   Als „Dreibund" wird das geheime Defensivbündnis zwischen dem Deutschen Reich, Österreich-Ungarn und dem Königreich Italien bezeichnet. Italien trat am 20. Mai 1882 dem im Oktober 1879 geschlossenen „Zweibund" zwischen dem Deutschen Reich und Österreich-Ungarn bei. Der Zweibund blieb indes als eigenes Vertragswerk weiter bestehen. Der Vertrag verpflichtete die Unterzeichner zu gegenseitiger Unterstützung im Falle eines gleichzeitigen Angriffs zweier anderer Mächte oder eines unprovozierten französischen Angriffs auf das Deutsche Reich oder Italien.

*Der Durchbruch gelingt,
trotz mancher Hindernisse*

das Ministerium zumindest in diesem Fall weder gegen die Anmaßung, als die man das Schreiben empfinden musste, noch revidierte man die Rechtsauffassung, die in einem Krieg ohnehin nicht aufrecht zu erhalten gewesen wäre. Man passte sich eben an. Die formaljuristische Trennung zwischen dem bayerischen Feldheer, das laut den „Novemberverträgen" von 1870 mit dem Ausrufen der Mobilmachung dem Bundesfeldherrn, sprich: dem Deutschen Kaiser, unterstellt wurde, und dem bayerischen Kriegsministerium, das zusammen mit dem Ersatzheer und verschiedenen Einrichtungen nach wie vor ausschließlich dem König von Bayern unterstand, erwies sich als einigermaßen realitätsfern. Spätestens am 18. Mai beschlossen v. Falkenhayn und Conrad endgültig den Einsatz deutscher Truppen gegen die Armee eines Landes, mit dem sich zu diesem Zeitpunkt weder Österreich-Ungarn noch das Deutsche Reich im Krieg befanden, wenn dieser Einsatz auch nicht in Italien, sondern auf dem Territorium des Verbündeten stattfinden sollte. Alles in allem bietet der ganze Vorgang bezeichnende Einblicke in die politisch-militärische Entscheidungsfindung im zweiten Kriegsjahr.

Am Abend des 18. Mai erfuhr das AOK 6 damit erstmals, wenn auch inoffiziell, dass ein „Alpenkorps" aufgestellt werden sollte. Dazu hatte die 6. Armee zwei bayerische und zwei hannoveranische Jägerbataillone abzugeben. Der schon lange von Krafft gehegte Verdacht, dass der Kriegseintritt Italiens in Kürze bevorstand, schien sich damit zu bestätigen, insofern dürfte dieses Schreiben auch in München kaum überrascht haben, denn die Entwicklung der vergangenen Wochen ließ einen Kriegseintritt Italiens erwarten. In der Nacht zum 19. Mai wurde er um 1.00 Uhr aus dem Schlaf gerissen: „Herr General müssen sofort abreisen!"[56] Mertz zeigte ihm den soeben eingelaufenen Befehl der Heeresleitung mit der Aufforderung, unverzüglich ein gegen Italien gerichtetes „zusammengesetztes deutsches Alpenkorps" zu bilden, und weiter: „S.M. der Kaiser hält den General Krafft von Dellmensingen als Führer hierfür besonders geeignet. Wenn S.K.H. der Kronprinz keine Einwendungen habe, soll ich sofort nach Innsbruck abreisen."[57] Ungeachtet der katastrophalen Entwicklungen auf politischer Ebene und an der Front fand v. Falkenhayn also immer noch die Zeit, nach Lösungen für persönliche Animositäten zu suchen. Geschickt verbarg v. Falkenhayn seine Strafaktion gegen Rupprecht hinter einer (Weg-)Beförderung: Krafft wurde als Trostpflaster am 19. Mai zum Generalleutnant befördert und am 21. Mai zum „Führer des Alpenkorps" ernannt.[58]

„Das ist Falkenhayns prompte Antwort auf die vor wenigen Tagen ausgelaufene Beschwerde des Kronprinzen! [...] Ich habe

preußischen Kriegsministerium vom Vortag in München einlief, in dem es hieß: „Nach beifolgender Kriegsgliederung ist sofort ein Alpenkorps zu bilden. [...] Aufstellung veranlaßt das Königlich Bayerische Kriegsministerium. Der Kommandeur und die Generalstabsoffiziere werden nach Vereinbarung mit dem Bayerischen Kriegsministerium Allerhöchst durch Seine Majestät den Kaiser bestimmt". Die Aufstellung sollte bis zum 27. Mai 1915 abgeschlossen sein.

Obwohl man sich in München einiges darauf zugute hielt, nicht einmal der OHL zu unterstehen, geschweige denn, vom preußischen Kriegsministerium Befehle entgegenzunehmen, protestierte

56 KA, NL v. Krafft, Nr.152 (Eintrag vom 19. Mai 1915).
57 Ebd.
58 Vgl. Hebert, S. 15.

genau gewußt, daß es so kommen wird, daß ich, als der spiritus rector des Widerstandes gegen Falkenhayns Übergriffe, von meinem Posten entfernt werden würde. [...] Durch die getroffene Lösung werden mehrere Fliegen mit einer Klappe geschlagen: Man wird den widerhaarigen Kerl auf eine Art los, gegen die der Kronprinz schwer etwas einwenden kann, man stellt den Normalzustand wieder her, daß der bayerische Kronprinz einen Preußen als Generalstabschef erhält, der ihn mehr nach den Wünschen der Heeresleitung zu beeinflussen versuchen wird - politische Gründe sprechen da immer noch mit! [...] Für mich ist die Sache unzweifelhaft eine Absetzung. Aber sie ist in eine möglichst schonende Form gekleidet, kein Tadel ausgesprochen. Um die neue Stellung würden viele froh sein. Ich scheide gewiß mit Bedauern von der Seite meines Kronprinzen und Oberbefehlshabers, unter dem ich so vieles erlebt, unter dem es sich so gut und schön arbeiten ließ, aus der einflußreichen und ehrenvollen Stellung eines Armeechefs. [...] Für mich enthält der Wechsel die Gunst, daß ich den Krieg, den ich bisher vorwiegend am Schreibtisch führen mußte, nun viel unmittelbarer kennenlerne, an der Spitze eines ausgesuchten Korps [das jedoch nur eine verstärkte Division war, was er allerdings bereits ahnte] mit einer neuen, eigenartigen Aufgabe, auf dem Kriegsschauplatz meiner lieben Berge - das ist viel Glück auf einmal! [...] Falkenhayn schickt mich gewiß nicht dorthin, wo er glaubt, es mir leicht zu machen! Mir ist das aber gerade recht. Ich werde mich schon durchsetzen!"[59]

Dem ist eigentlich nichts mehr hinzuzufügen. Am frühen Morgen des 19. Mai wartete auf den Kronprinzen somit eine „sehr unliebsame Überraschung". Offenbar als Reaktion auf seine Beschwerde vom 17. Mai, so vermutete Rupprecht ganz richtig, hatte sich v. Falkenhayn am Führer der Frondeure persönlich gerächt und ihn obendrein seines wichtigsten Beraters beraubt. Krafft packte jetzt sofort seine Sachen zusammen, regelte die Übergabe der Dienstgeschäfte und fuhr noch am Morgen des 19. Mai nach München, wo er einen Tag später eintraf und sich umgehend ins Kriegsministerium begab. Von seinem Stab hatte er sich nicht mehr verabschieden können (oder wollen?). „Geschmerzt"[60] war Krafft über seine neue Dienststellung zunächst sicherlich, da er seine Versetzung als Karriereknick empfand. Außerdem sorgte er sich um seine „Ehre und Reputation"[61], da er befürchtete, in den Strudel der wahrscheinlich vor den Italienern zurückweichenden k.k. Landsturmverbände, denen er absolut nichts zutraute, hineingerissen zu werden. Nach dem Abklingen der ersten Aufregung arrangierte er sich aber - was blieb ihm auch anderes übrig? Immerhin, so redete er sich ein, hatte er „jetzt ein großes Kommando. Mir unterstehen, obwohl sie älter sind, zwei österr. Feldmarschalleutnants (Div.Kdre.) u. die Streitmacht von halb Tirol. Kann mich also über zu geringe Bedeutung meiner Stellung keineswegs beklagen."[62]

Kraffts Nachfolger als Generalstabschef der 6. Armee wurde der preußische Oberst Graf v. Lambsdorff, bislang Stabschef des X. Korps. Wenige Tage nach Kraffts Abreise, am 23. Mai - Pfingstsonntag, gleichzeitig der Tag der Kriegserklärung Italiens an die Habsburger Monarchie -, erhielt das AOK 6 zwei Briefe. Der eine war vom Kaiser, in dem dieser der Beschwerde des bayerischen Armeeoberkommandos in allen Punkten stattgab, der andere, den Rupprecht „sehr erfreut"[63] aufnahm, war ein Entschuldigungsbrief v. Falkenhayns, der hier sein Bedauern über die vergangenen „Mißverständnisse" zum Ausdruck brachte; angeblich, so v. Falkenhayn, beruhte die ganze Verwirrung um v. Lochow auf einem Schreibfehler in seinem Stab![64] Etwa sechs Wochen nach diesen Geschehnissen beorderte v. Falkenhayn Krafft nach Rosenheim, wo er sich mit dem neuen Führer des Alpenkorps treffen wollte. Recht wohl war Krafft dabei natürlich nicht, aber seine Sorgen waren indes unbegründet, denn die „gestrige Begegnung hat sich nur um sachliche Fragen gedreht, die die jetzigen Operationen betreffen. Äußerlich zeigte Herr v. F. sich, wie immer, sehr liebenswürdig. Aber ich kenne ihn ja genügend. Mir macht er nicht leicht etwas vor."[65] Und weiter: „Er wollte mir übrigens - das ließ sich so beiläufig einfließen - weisma-

Wenn nicht auf der Brücke, dann eben neben der Brücke ...

59 KA, NL v. Krafft, Nr.152 (Eintrag vom 19. Mai 1915).
60 KA, NL v. Krafft, Nr.260/I (Krafft an seine Frau, 2. Juni 1915).
61 Zit. nach Hebert, S. 18.

62 KA, NL v. Krafft, Nr.260/I (Krafft an seine Frau, 5. Juni 1915).
63 KA, HS 2309 (KTB Xylander, Eintrag vom 23. Mai 1915).
64 Nach KA, NL v. Krafft, Nr.152 (Eintrag vom 23. Mai 1915).
65 Ebd., Krafft an seine Frau, 10. Juni 1915.

chen, er hätte mich wegen meiner Kenntnis des Gebirges schon vom ersten Augenblick an f.[ür] d.[as] A.K. [Alpenkorps] ausersehen gehabt, sobald dessen Bildung in Frage kam. Das mag ja mitgewirkt haben. Aber der alleinige Grund war es schwerlich."[66] Das Reichsarchivwerk[67] beschreibt den ganzen Vorgang um die Bestellung Kraffts zum Führer des Alpenkorps naturgemäß etwas nüchterner, stützt aber das Empfinden im AOK 6: „Der verantwortliche Leiter der Gesamtoperationen hatte nach bewährten Führergrundsätzen nicht nur das Recht, sondern auch die Pflicht, in die Befehlsverhältnisse an der bedrohten Front einzugreifen, wenn er Gefahr im Verzuge glaubte. Es war dann seine Aufgabe, ausgleichend und helfend zu wirken, um den an der Front befehligenden verantwortlichen Persönlichkeiten, deren geistige, seelische und körperliche Kräfte ohnehin stark beansprucht waren, ihr Handeln zu erleichtern. Im vorliegenden Falle hatte das Eingreifen des Generals von Falkenhayn solchen Erwägungen nicht genügend Rechnung getragen; in der Form war es jedenfalls geeignet, die Führer an der Kampffront, die sich ohne Ausnahme bisher der äußerst schwierigen Lage voll gewachsen gezeigt hatten, zu verletzen."[68] Konrad Krafft v. Dellmensingen war ganz offensichtlich das Bauernopfer, das Rupprecht glaubte bringen zu müssen, um im Konflikt mit dem preußischen Generalstabschef, dessen Position nach den fehlgeschlagenen Intrigen des vergangenen Winters stärker war als je zuvor[69], nicht selbst ins Hintertreffen zu geraten. Letztlich wären damit auch Bayern und seine Dynastie zu Schaden gekommen. Der anderen Menschen gegenüber äußerst misstrauische Rupprecht nahm trotz des ausnehmend guten Verhältnisses zu seinem Generalstabschef dessen Versetzung aus diesem Grunde ohne jeden Widerspruch hin, um nicht selbst zwischen die Mühlsteine der innerdeutschen Militärdiplomatie und -konspiration zu geraten, zu eng erschien ihm bereits die in den zahlreichen Emissären resp. Kontrolleuren der OHL deutlich werdende „Einkreisung" Bayerns. Darüber hinaus musste im Umgang mit dem menschlich etwas problematischen Rupprecht sogar Krafft sehr vorsichtig sein und konnte nicht sofort lauthals gegen seine Versetzung protestieren, wollte er nicht seine Position gefährden, auf die er auch nach dem Ausscheiden aus dem AOK 6 Wert legte. Deswegen schied er auch so sang- und klanglos und ohne einen einzigen Protest zu äußern aus dem bayerischen Armeeoberkommando 6 aus, und deswegen blockte er auch alle Versuche seiner geltungs-

süchtigen Frau Helene ab, die es nicht verwinden konnte, dass ihr Mann, wie sie meinte, so tief gestürzt war. Sie forderte ihn auf, bei Rupprecht auf eine Verstärkung des Alpenkorps zu drängen, so dass Krafft zu einem wirklichen Kommandierenden General befördert und somit der Karriereknick bereinigt werde. Dies sicherte der Ex-Generalstabschef ihr auch zu, „nur darf man nicht gleich mit der Türe ins Haus fallen, sonst verdirbt man's sich mit dem Krpr. [Kronprinzen]. [...] Ich darf aber auch hier nicht zu plötzlich vorgehen, sonst würde ich es bei ihm, der ohnehin dazu neigt, schlecht von den Menschen zu denken, mir nur verderben. Habe also nur ein bisschen Geduld. Man muß die Frucht reifen lassen."[70] Krafft hatte große Mühe, seine vom Ehrgeiz zerfressene Ehefrau davon zu überzeugen, dass sein neues Kommando einen Aufstieg und keine Zurücksetzung bedeutete. Abgesehen davon wurde seine Gattin durch seine Beförderung zum Generalleutnant nun tatsächlich zur „Frau Exzellenz". Damit wollen auch wir es bei dem Streit zwischen Rupprecht, Krafft und v. Falkenhayn bewenden lassen.

Für das bayerische Kriegsministerium kam die Nachricht, dass ein spezieller Gebirgs-Großverband aufgestellt werden sollte, also völlig überraschend. Die Existenz des Alpenkorps wollte man aus diplomatischen Gründen durch diverse Verschleierungsmaßnahmen geheim halten. Bayern, das ansonsten stets Wert darauf legte, als möglichst unabhängig vom Reich zu gelten, fügte sich in diesem Fall erstaunlicherweise klaglos dem preußischen Befehl, obwohl es mit besagter Absprache im Osten regelrecht überfahren wurde. Das Alpenkorps selbst existierte zunächst nur auf dem Papier und sollte auf einem Kriegsschauplatz eingesetzt werden, auf dem v. Falkenhayn die Entscheidung nicht suchte. In seiner Auseinandersetzung mit der 6. Armee kam es ihm im übrigen gerade recht, dass er nun zwei Fliegen mit einer Klappe schlagen konnte: Einerseits wies er den hinter seinem Rücken nörgelnden bayerischen Kronprinzen Rupprecht elegant in die Schranken, indem er ihm seinen militärischen Adlatus wegnahm, andererseits wusste er offenbar von der Kompetenz Kraffts, was den Gebirgskrieg betraf, und so konnte er einen äußerst bergerfahrenen (aber des Schifahrens noch unkundigen) Kommandeur an die Spitze des neuen Großverbandes stellen.

---

66   Ebd.
67   Siehe Auswahlbibliographie.
68   Reichsarchiv VIII, S. 69. Bei dieser Feststellung ist allerdings zu bedenken, dass sie von ehemaligen bzw. in die Reichswehr übernommenen Offizieren geschrieben wurde, die während der Amtszeit v. Falkenhayns als Generalstabschef überwiegend zu dessen Kritikern gehört hatten.
69   „Mit dem Umstand, daß F. momentan Oberwasser hat, müssen wir uns abfinden." (Ebd., Krafft an seine Frau, 18. Juni 1915).

70   Ebd., Krafft an seine Frau, 2. Juni 1915.

Die Alpen als Kriegsschauplatz

Die Front befand sich zum größten Teil in gebirgigem Gelände und stellte somit besondere Anforderungen an die Menschen, das Material, also an die Kriegsführung an sich. So musste buchstäblich jede Wasserflasche, jedes Stück Feuerholz, jede Granate von Tragtieren bzw. menschlichen Trägern in die Stellungen geschleppt werden. Da ab dem Winter 1916/17 die Pferde und Maultiere aufgrund des Futtermangels dazu aber kaum noch in der Lage waren, wurden sie mehr und mehr durch elektrisch betriebene Seilbahnen ersetzt. Am Isonzo und in Richtung Triest war das Gelände eher hügelig und verkarstet und somit offen für Großangriffe. Demzufolge konzentrierten sich die italienischen Angriffe, insgesamt 11 bis zum Herbst 1917, immer wieder auf diesen Abschnitt. Vor allem die einzigen zwei österreichischen Brückenköpfe westlich des Isonzo, bei Tolmein und bei Görz, wurden mehrfach angegriffen. Hier zeigte sich dann im Oktober 1917 endgültig das militärische Ungeschick Cadornas, des italienischen Generalstabschefs. Österreich hatte bereits vor dem Krieg umfangreiche Festungswerke an der Grenze zu Italien errichtet. Der österreichisch-ungarischen Armeeführung war jedoch bewusst, dass diese Sperranlagen einem Beschuss mit moderner Belagerungsartillerie nicht standhalten würden. Die Geschütze und Besatzungen dieser Forts waren deshalb noch vor dem Kriegsausbruch bis auf eine minimale Restmannschaft – überwiegend Landwehr, die eine Vollbesetzung vortäuschte –, abgezogen worden. Zum Glück für die Österreicher stand ihnen in Cadorna aber kein v. Moltke (d. Ä.), v. Manstein oder Napoleon gegenüber, sondern ein nur mittelmäßiger, dafür umso mehr von sich überzeugter Traditionalist, der eine konservative, veraltete Angriffstaktik bevorzugte. So gingen seine Soldaten dicht gedrängt und gestaffelt vor, was alle anderen kriegsführenden Länder wegen der dabei eintretenden, außerordentlich hohen Verluste durch Maschinengewehrfeuer der Verteidiger mittlerweile vermieden. Außerdem war Cadorna zu zögerlich und verschenkte so des Öfteren bereits erkämpfte Anfangserfolge. Die Österreicher ihrerseits hatten mit Generaloberst Svetozar Boroeviç von Bojna einen ihrer fähigsten Kommandanten an die italienische Front entsandt. Vor allem die Defensive war eine Spezialität Boroeviçs, und so schaffte er es immer wieder, trotz deutlicher Unterlegenheit gegen einen bis zu dreimal stärkeren Gegner einen Durchbruch der Italiener zu verhindern. Sein Geschick trug ihm bald den Beinamen „der Löwe vom Isonzo" ein. Am 1. Februar 1918, nach dem Durchbruch bei Flitsch und Tolmein, wurde er von Kaiser Karl I. zum Feldmarschall befördert.

Nachschubkolonne während der 12. Isonzo-Schlacht (24.10.–12.11.1917)

Besondere Gefahren drohten den Soldaten beider Seiten durch die Naturgewalten: plötzliche Wetterwechsel, Lawinen, Gletscherspalten, tödliche Kälte. An manchen Frontabschnitten kamen mehr Soldaten durch Felsstürze und Unfälle ums Leben als durch feindlichen Beschuss. Erschwerend kam hinzu, dass es, im Gegensatz zur West- oder Ostfront, einerseits kaum möglich war, sich zum Eigenschutz einzugraben und andererseits abgesprengte Felsstücke die Splitterwirkung der Artilleriegranaten noch zusätzlich verstärkten. Aufgrund des schwierigen Geländes erlebte auch der Minenkrieg eine Renaissance: Feindliche Stellungen, zum Teil sogar ganze Berggipfel, wurden mit Stollen unterminiert und in die Luft gesprengt. Bekanntestes Beispiel ist der Col di Lana. Auch wurden durch Beschuss absichtlich Schnee- oder Steinlawinen über feindlichen Stellungen ausgelöst. Beide Seiten hatten aufgrund der ungeheuren Strapazen und Entbehrungen auch mit Disziplinproblemen bis hin zur Desertion zu kämpfen. In der k.u.k. Armee waren davon besonders die italienischen und tschechischen Einheiten stark betroffen. Der Nationalismus und die Propagierung eines eigenen tschechischen Nationalstaats durch die Entente begannen im Verlauf des Krieges Wirkung zu zeigen. Die schlechte Versorgungslage der Österreicher tat ein Übriges, um die Kampfmoral zu drücken.

Nach der Kriegserklärung Italiens an Österreich-Ungarn war die militärische Lage in den Alpen für Österreich zunächst äußerst prekär, denn die Hauptmacht der Vielvölker-Armee stand an der serbisch-russischen Front. Zum Schutz der Alpengrenze hatte man zwar vor dem Hintergrund eines gesunden Misstrauens gegen-

Oben: Stellungskrieg in den Alpen: Neubau einer Unterkunft

Unten: Blindgänger in einem Baum

gelang, den ersten Angriff der italienischen Armee zu parieren. Ähnlich den Finnen im Winterkrieg von 1940 gegen die Rote Armee kämpften zwar kärglich ausgerüstete und zahlenmäßig weit unterlegene, dafür aber hoch motivierte österreichische Soldaten aus Tirol, die ihre Heimat, ihre Höfe, Frauen und Familien verteidigten, gegen eine in weiten Teilen uninspirierte, lustlose Truppe, die keinen Sinn in diesem Krieg sah. Die Standschützen waren privilegierten Schützengilden nicht unähnliche Miliztruppen. Sie waren uniformiert und militärisch ausgerüstet, besaßen jedoch keine Maschinengewehr- und Versorgungseinheiten. Bei den italienischen Verbänden und Einheiten war oft der bis heute festzustellende Unterschied zwischen Nord- und Süditalienern der Hauptgrund zum Desertieren. Die Süditaliener nämlich betrachteten den Krieg häufig als einen „Krieg Roms und des Nordens", der sie nichts anging, denn sie fühlten sich vom Nachbarn weit im Norden weder bedroht noch war ihnen das politische Ziel des „risorgimento"[72] eine Herzensangelegenheit. Italien verfügte bei Kriegsbeginn über ein Heer von 900.000 Mann, das sich in vier Armeen sowie die „Karnische Gruppe" gliederte. Oberbefehlshaber war General Luigi Cadorna. Er war rhetorisch zwar hochbegabt, sein militärisches Geschick stand jedoch in keiner Relation dazu. Cadornas Operationsplan sah vor, mit der 2. und 3. Armee über den Fluss Isonzo in Richtung Laibach (Agram/Zagreb) vorzustoßen, um ein strategisches Zusammenwirken mit dem russischen und serbischen Heer zu ermöglichen. Die „Karnische Gruppe" hatte als Ziel Villach in Kärnten, die 4. Armee schließlich sollte Toblach angreifen. Die gegen Südtirol eingesetzte 1. Armee sollte sich defensiv verhalten. Cadorna scheute indes jedes Risiko, demzufolge auch eine rasche Offensive. Die Österreicher verlegten ihrerseits schließlich Verstärkungen von der serbischen und russischen Front an die italienische Grenze und schafften es so, bereits nach zwei Wochen eine geschlossene Verteidigung zu organisieren. Damit zeigte sich bereits in den ersten Wochen, dass die geplanten Operationsziele Cadornas völlig unrealistisch waren.

über den Italienern recht ordentliche Befestigungen errichtet, da man davon ausging, dass der Dreibund-Vertrag mit Italien nicht halten würde. Aber es fehlte an „man power", an regulären militärischen Verbänden. Für manche Frontabschnitte waren zu Beginn überhaupt keine k.u.k. Truppen verfügbar. Hier marschierten Freiwillige nachts von Gipfel zu Gipfel und täuschten durch viele Fackeln eine stärkere Besetzung als tatsächlich vorhanden vor. Einer alten Tradition folgend formierten sich deshalb Einheiten aus Tiroler Standschützen (eine Art „Landsturm"), die aus Jugendlichen und älteren Männern[71] bestanden und die nicht zu den wehrpflichtigen Jahrgängen gehörten. Sie bildeten eine überraschend schlagkräftige und effektive Truppe, der es sogar

---

71 So mancher war ein Veteran von 1866!

---

72 „Wiedererstehung": Eine weltanschaulich sehr heterogene politische und soziale Bewegung, die die (Wieder-)Vereinigung der damaligen jeweils eigenstaatlichen Fürstentümer und Regionen der Apenninen-Halbinsel in einem unabhängigen Nationalstaat Italien anstrebten. Das fast ausschließlich von Tirolern/Österreichern bewohnte Südtirol galt dieser Bewegung als „unerlöste" italienische Provinz.

Formierung des Alpenkorps in Lechfeld und Brixen

Nun war also der königlich bayerische General-leutnant Konrad Krafft von Dellmensingen Kommandeur einer neuen Formation, die zwar „Alpenkorps" hieß, aber nur eine Division war. Allerdings ähnelte das Divisionskommando hinsichtlich seiner Personalstruktur tatsächlich eher dem Generalkommando eines Armeekorps (s.u.). Die OHL versah Krafft mit dem Titel „Führer", eine Bezeichnung, die auf dieser Hierarchieebene zumindest ungewöhnlich war. Krafft fuhr Hals über Kopf noch mitten in der Nacht nach Innsbruck, wo er am 20. Mai ankam und schnell feststellte, dass alle Hektik und Eile verfrüht gewesen waren. Der Oberbefehlshaber („Kommandant") der Truppen in Tirol, Feldmarschallleutnant Ludwig v. Können-Horach, Edler v. Höhenkampf, erfuhr erst von Krafft von der Aufstellung eines Tiroler Armeekommandos unter Dankl. Über Stärke, Zusammensetzung und Eintreffen des Alpenkorps wusste der österreichische Offizier ebenso wenig wie der bayerische. In Tirol standen lediglich 20 Landsturmbataillone und 20 Artilleriebatterien zum Einsatz bereit, wie Können-Horach erklärte, wogegen die Italiener mit der Masse ihrer 9. Armee am Isonzo stünden und etwa vier Korps bereithielten. Man war in großer Sorge, überrannt zu werden und hätte das Alpenkorps am liebsten eher gestern als heute in die Front eingegliedert. Der bayerische Generalleutnant reiste deshalb sofort wieder ab und begab sich nach München, wo das bayerische Kriegsministerium seinen Großverband organisatorisch formierte. Aufgestellt wurde das Alpenkorps in Lechfeld. Trotz erheblichen Widerstands überzeugte Krafft die OHL von der Notwendigkeit, die marschbereiten Truppen notfalls auch ohne Gebirgsausrüstung nach Tirol zu transportieren. Bei der Gelegenheit gelang es ihm auch, zusätzliche Artillerie- und Pionierkräfte zugeteilt zu bekommen. Die schon vorhandenen Truppen verlegten bereits im Bahntransport nach Tirol, als die politischen Ereignisse den General dazu veranlassten, München zu verlassen und die Formierung des Alpenkorps in der Heimat nicht abzuwarten, denn am 23. Mai 1915 um 15.15 Uhr erklärte der König von Italien dem Kaiser von Österreich und apostolischen König von Ungarn, wie nicht anders zu erwarten[73], den Krieg. Nicht aber dem Deutschen Kaiser - mit pikanten Folgen für die deutschen Soldaten an der Alpenfront, denn theoretisch hätten die Bayern, Württemberger und Preußen, immerhin in den Stellungen aus Fels, Schnee und Eis Schulter an Schulter mit ihren verbündeten k.u.k. Kameraden, nur dann zur Waffe greifen dürfen, wenn sie unmittelbar von den Italienern

Oben: Bayerische Pioniere unterstützen k.u.k. Verbände beim Forcieren des Piave

Unten: Stabsfahrzeug aus dem Kommando des Alpenkorps

angegriffen wurden. Für das Alpenkorps in Tirol galt ferner der ausdrückliche Befehl Wilhelms II., nach dem bei allen Unternehmungen das Überschreiten der Grenze nach Italien streng untersagt worden war. Dieses zwar ehrenwerte Verhalten erwies sich in der Praxis aber als politisch erfolglos und militärisch hinderlich. Für viele waren solche juristischen Feinheiten aber noch lange kein Grund zur akademischen Differenzierung. Der „Abfall des einstigen, langjährigen Bundesgenossen", so die damals einhellige Meinung gegenüber den „treulosen Welschen", trieb noch einmal eine stürmische Welle patriotischen Schwungs über ganz Deutschland. Dennoch hielt der objektive Sachverhalt das Deutsche Reich klugerweise davor zurück, italienische Truppen offiziell anders als defensiv zu bekämpfen. Beim Alpenkorps versuchte man deshalb seit dem Eintreffen in Tirol im Sinne dieser „Allerhöchsten" Anweisung (und weil man ausrüstungs- und ausbildungsmäßig einfach noch nicht so weit war), die Anwesenheit deutscher Soldaten und deren Aktivitäten zu verschleiern, denn natürlich wurden die deutschen Soldaten in der Praxis ziemlich bald in Kämpfe mit Italienern verwickelt, lange vor der

---

73 *Italien hatte den Dreibund-Vertrag am 4. Mai gekündigt.*

<u>am Isonzo</u> o6.11.1917

Anbei sende ich Ihnen einige 1 ooo Italiener, wie sie
stündl. hier durchkommen. Dieselben sind der besten Stimmung, gut gelaunt und genährt, Alle möchten sie nach
Deutschland, nur nicht nach Österreich, das sie sehr has-
sen. Sie hoffen, daß der Frieden in nicht mehr zu großer
Ferne ist. So hoffen schließlich auch wir.
An großen Strapazen und Entbehrungen hat es hier nicht
gefehlt. ---
Vor der Offensive hatte unsere Truppe sehr viel zu tun
bei schlechtester Witterung. Jetzt gegenwärtig ist es
sehr schön hier, nicht kalt.----

Hochachtungsvollst grüßt Sie geehrter Herr Bayer
              Ihr ergebner Leo Fleischberger

(Auszug aus umseitigen Grüßen)

Kriegserklärung Italiens an das Deutsche Reich am 28. August 1916. Bald jedoch konnten Interessierte diesen Sachverhalt aus der Zeitung erfahren, denn es erschienen Todesanzeigen von deutschen Soldaten mit geographischen Angaben - aus den Alpen! Zudem bereisten zwei Schweizer Offiziere das Operationsgebiet an der österreichischen Südwestfront. Vor allem taktisch fühlte sich die Führung des Alpenkorps durch den kaiserlichen Befehl eingeengt und sah die Erfüllung des Auftrags gefährdet, weil ein Teil der Stellungen unmittelbar entlang der Grenze verlief. Es war also gar nicht möglich, dort deutsche Truppen einzusetzen und sie dennoch aus den Kämpfen zwischen k.u.k. und italienischen Verbänden herauszuhalten: „Wasch' mir den Pelz, aber mach' mich nicht nass!"

Das neue Kommando missfiel Krafft v. Dellmensingen, wie wir gesehen haben, zunächst, schließlich war er bisher für die Operationen einer ganzen Armee maßgeblich verantwortlich gewesen, jetzt nur noch für eine Division. Was war das anderes als ein Knick in seiner bislang makellosen Karriere? Jetzt kam auch noch die Aussicht hinzu, für die „Sünden" der Österreicher büßen zu müssen und dabei Ehre und Reputation zu verlieren. Offenbar waren sowohl deutsche als auch österreichisch-ungarische Offiziere im Mai 1915 überzeugt, Italien werde mit aller Wucht angreifen und die schwachen Kräfte der Verbündeten wegfegen - womit der Weg durch Tirol auch nach Bayern hinein offen gewesen wäre! Ungeachtet der Bemühungen der Donaumonarchie, in Tirol und Kärnten die Verteidigungskräfte zu verstärken, drängte Krafft deshalb darauf, das Alpenkorps schleunigst nach Tirol zu bringen, seine Kampfkraft und Beweglichkeit zu steigern und vor allem die Truppe zu befähigen, einen Krieg im Hochgebirge zu bestehen. Mit dem sich bildenden Stab machte der Führer des Alpenkorps sich an die Arbeit, die mit soviel Hast, falschen Vorstellungen und Verwicklungen ihren Anfang genommen hatte. Vom Brixener „Hotel Tirol" aus, dem ersten Hauptquartier, gingen seine Vorschläge und Wünsche über München an die OHL. Zwei Tage nach dem Aufstellungsbefehl des preußischen Kriegsministeriums beauftragte die bayerische Schwesterbehörde das stellvertretende Generalkommando des bayerischen I. Armeekorps mit der Zusammenstellung der eigenen Truppenteile, während man in Berlin die übrigen Truppen stellenden stellvertretenden Generalkommandos entsprechend anwies.

Bereits ab dem 24. Mai trafen die ersten Telegramme der jeweiligen Kommandobehörden in der Münchner Ludwigstraße 24 ein, wo sich in dem florentinischen Klenzebau mit den Pfeilerarkaden aus grünem Sandstein das vorläufige Hauptquartier des Alpenkorps befand. Im Gegensatz zu einer herkömmlichen Division verfügte dieser Großverband über einen Stab, der demjenigen eines Armeekorps angeglichen war

Schützengraben 1917

bzw. werden sollte, denn noch im Mai 1915 bestand dieser lediglich aus dem Hauptmann i. G. Franz Hörauf, den Krafft aus Lille hatte nachkommen lassen, sowie einigen Mitarbeitern aus der 6. Armee. In Brixen wuchs dann der Stab allerdings „immer mehr; alle möglichen Leute, auch ein Herzog v. Sachsen, werden uns geschickt"[74] - nicht unbedingt zu Kraffts Erbauung.[75] Sein Stabschef („Ia"[76]) wurde der preußische Major Frhr. v. Willisen, „den ich schon von früher her kenne, ein sehr gewandter u. tüchtiger Mann. [...] Im übrigen ist d. Stab so ungefähr zur Hälfte aus Bayern u. Preußen zusammengesetzt; es sind alle ganz nette Leute."[77] Sein laut Kriegsgliederung genehmigter zweiter Generalstabsoffizier, der kaum mittelgroße, schlanke und fast zierliche Hörauf mit der stets etwas vornüber gebeugten, fast unmilitärischen Haltung, war zu diesem Zeitpunkt 36 Jahre alt und stand im 19. Dienstjahr. Krafft scheint den Sohn eines kleinen Beamten aus der damals noch bayerischen Pfalz, der seit 1912 mit Unterbrechungen bei ihm Dienst tat, besonders geschätzt zu haben, denn er nahm ihn bei seiner Ernennung zum Führer des Alpenkorps aus der 6. Armee mit. Hörauf organisierte von München aus die gesamte Aufstellung und Weiterbeförderung der eintreffenden Truppenteile per Eisenbahn über den alten Truppenübungsplatz Lagerlechfeld bei Augsburg nach Tirol, deren Versammlung in Tirol am 16. Juni 1915 abgeschlossen war.

---

74   KA, NL v. Krafft, Nr. 260/I (Krafft an seine Frau, 19. Juni 1915).
75   „Was soll man mit solchen Leuten anfangen?" (Ebd.). Der sächsische Herzog - tatsächlich ein Prinz aus dem Hause Sachsen-Weimar, „ein älterer Herr, der in München lebt u. morganatisch [nicht standesgemäß] verheiratet ist, ich glaube, mit einer Künstlerin" - entpuppte sich aber bald als „ein recht angenehmer Mann, dabei sehr bescheiden u. militärisch. Ein ausnahmsweise angenehmer Zuwachs." (Ebd., Krafft an seine Frau, 8. Juli 1915).
76   Der Chef des Stabes, der „Ia" (heute: „G3" bzw., auf Verbandsebene, der „S3") eines Korps-(Divisions-)Stabes war verantwortlich für die Operationsführung und Truppenausbildung.
77   Ebd., Krafft an seine Frau, 27. Juli 1915.

Artilleriebeobachter mit ei-
nem Entfernungsmessgerät

Dass diese Vorgänge bereits wenige Tage nach der Aufstellung des Alpenkorps am 18. Mai 1915 derart in Fluss gekommen waren, war die Folge von v. Falkenhayns frühzeitiger fernmündlicher Instruktion des neuen Kommandeurs und dessen umsichtigen Handelns. Bereits seit Anfang 1915 gestaltete es sich immer schwieriger, Neuformationen aufzustellen. Der Chef der Armeeabteilung im preußischen Kriegsministerium, Oberst v. Wrisberg, hatte am 22. Februar v. Falkenhayn vorgeschlagen, aus den Divisionen das jeweils vierte Regiment herauszunehmen und damit neue Großverbände zu formieren, was dann in der Folge auch so geschah. Wrisberg, der das Schreiben vom 19. Mai unterzeichnet hatte, wird sicher schon geraume Zeit vorher informiert gewesen sein. Er hatte nun aber wieder eine Division nach bisheriger Gliederung, also mit wieder vier Regimentern, dazu mit verstärkter Artillerie und zahlreichen Sondereinheiten nach Südtirol zu entsenden. Den Soldaten, die dort dem k.u.k. Landesverteidigungskommando in Innsbruck unterstellt wurden, fehlten zu einem erheblichen Teil jedwede Ausbildung und Ausrüstung für den Gebirgskrieg - und ihren Führern klare Vorstellungen darüber, auf welche Weise sie ihre Aufgaben unter den ungewohnten Verhältnissen lösen sollten. Aber da der erwartete Angriff der Italiener im Bereich des Alpenkorps zunächst ausblieb, hatte Krafft v. Dellmensingen Zeit und relative Ruhe. Neuartige Organisationsformen wurden erprobt, Ausrüstung auf ihre Zweckmäßigkeit hin geprüft und die Soldaten den Erfordernissen des Hochgebirges gemäß ausgebildet. Das war auch bitter nötig, denn die Alpen-

korps-Männer waren mitnichten samt und sonders Kraxler und Bergfexe, sie mussten sehr wohl behutsam an die Gelände- und Witterungsbedingungen im Hochgebirge herangeführt werden. Sogar viele Angehörige der Schneeschuh-Verbände hatten zuvor noch nicht einmal im Mittelgebirge militärisch geübt. Sicherlich mit beeinflusst durch die Werke des damals sehr populären Romanciers Ludwig Ganghofer ging die bayerische Heeresführung in München offensichtlich von der Annahme aus, dass ein bayerischer Gebirgsbewohner quasi von Natur aus auch gleichzeitig ein „Klettermaxe" und begnadeter Schiläufer sein müsse. Das aber traf eben nicht zu, und so sah sich das bayerische Kriegsministerium noch Anfang August 1915 gezwungen zuzugeben, dass die „Schneeschuh-Bataillone zwar eine Anzahl Alpinisten [enthalten]. Aber diese haben versagt, als es galt, mehrere Tage hindurch in großer Höhe auszuhalten."[78] Ebenso natürlich war die Tatsache, dass durch die bloße „Taufe" auf den Namen „Alpenkorps" mit der neuen Division noch lange kein spezieller, gebirgskriegstauglicher Verband geschaffen war. Zum Glück für den „komplizierten Organismus"[79] des Korps zeigten sich die im Gegensatz zu den Deutschen hervorragend für den Gebirgskrieg ausgerüsteten Italiener in den ersten Kriegsmonaten aber weitgehend passiv[80], so dass die drin-

78   KA, Alpenkorps, Bund 58, Akt 2.
79   Ebd., Krafft an seine Frau, 4. Juni 1915.
80   „Zum Glück haben die Italiener [...] wieder ein paar Tage Ruhe gehalten. Es ist wirklich scheußlich, wenn man immer nur dastehen u. warten muß, was der Gegner tut! [...]. Man verlernt den Krieg ganz dabei!" (KA, NL v. Krafft, Nr.260/I

gend benötigte Zeit für die Ausbildung der Soldaten und die Erprobung neuer Ausstattung und Führungsstrukturen genutzt werden konnte, denn „die Gebirgsausrüstung u. Gebirgsgewöhnung ergeben sich erst allmählich. [...] Ich bin vorläufig ganz zufrieden, wenn mein Verein Zeit hat, sich hier zusammenzufinden u. auf die kommenden Aufgaben noch etwas vorzubereiten."[81] Krafft selbst nutzte seine persönliche Langeweile zwischen „den Angriffen der Italiani"[82] zu ausgedehnten Wanderungen.[83] Auch seine Autoleidenschaft konnte er nach den Restriktionen an der Westfront – es mangelte hier schon sehr bald an Gummireifen – wieder intensiver pflegen, ging damit aber mit schlechtem Beispiel voran, denn viele andere hochrangige Angehörige des Alpenkorps, überrascht und begeistert von den so zahlreich zur Verfügung stehenden Kraftfahrzeugen, missbrauchten diese zu mehr oder minder sinnlosen Unternehmungen, die nicht selten mit dem Totalverlust des Automobils endeten.[84] Obwohl das Alpenkorps in Tirol bald auch kämpfte, glich es in dieser Phase mehr einer Lehr- und Versuchstruppe als einem einsatzfähigen Großverband. Ein bayerischer Major berichtete zum Beispiel noch Ende August 1915: „Unsere Armee hat bis jetzt keine genügenden Erfahrungen, um die in den Alpen bestehenden Gelände- und Witterungsverhältnisse mit Sicherheit zu überwinden. Die bei der österreichischen Armee vorliegenden Erfahrungen scheinen nicht durchwegs ausgebaut."[85] Natürlich waren in diesen Kämpfen bald auch die ersten Gefallenen und Verwundeten zu beklagen. Bis zum 25. Juli 1915 hatten bereits fünf Offiziere und 79 Unteroffiziere und Mannschaften ihr Leben verloren; sechs Offiziere und 242 Unteroffiziere und Mannschaften waren verwundet worden.[86] Diese Verluste führte Krafft jedoch vor allem auf die mangelnden Fähigkeiten der Österreicher zurück, „die Stellungen [...] so auszubauen, wie es der moderne Schützengrabenkrieg"[87] erforderte. Da die Einheiten des Alpenkorps zum Leidwesen seines Führers vielfach als sogenannte Korsettstangen zwischen die „naturgemäß in weniger bedrohten Abschnitten"[88] eingesetzten Österreicher eingeschoben wurden, blieben Verluste unausweichlich.[89] Allerdings starb so mancher Deutscher weniger durch Feindeinwirkung als durch eige-

nes Verschulden, wie beispielsweise Oberleutnant v. Feilitzsch, der sich selbst beim Spielen mit einer Handgranate in die Luft jagte[90], oder ein Regimentskommandeur, der bei einer Bergtour abstürzte. Insgesamt war die Gefechtstätigkeit des Alpenkorps in dieser Phase eher gering. Die Division diente primär dazu, dem Verbündeten den Rücken zu stärken. Ohne die Einbindung des Deutschen Alpenkorps wäre jedoch ein italienischer Durchbruch im Dolomiten-Raum durchaus möglich gewesen.

Versorgungsseilbahn

(Krafft an seine Frau, 7. August 1915).
81   *Ebd., Krafft an seine Frau, 29. Mai 1915.*
82   *Ebd., Krafft an seine Frau, 4. September 1915.*
83   *„Mir persönlich geht es ausgezeichnet. Ich fahre in der wunderschönen Gegend fast den ganzen Tag herum u. könnte es als reicher Autoprotz im Urlaub nicht schöner haben." (Ebd., Krafft an seine Frau, 29. Mai 1915).*
84   *Vgl. Hebert, S. 28–29.*
85   *KA, MKr 13533, Bericht des Majors Zacheri zu den deutschen und österreichischen Truppen in Tirol.*
86   *(vgl. Hebert, S. 20).*
87   *KA, NL v. Krafft, Nr.260/I (Krafft an seine Frau, 10. Juli 1915).*
88   *Ebd., Krafft an seine Frau, 30. August 1915.*
89   *„Die jetzige Verwendung meiner Truppen paßt mir gar nicht" – „Mir bleibt für größere u. wichtigere Unternehmungen nichts in der Hand." (Ebd., Krafft an seine Frau, 30. August und 10. Juli 1915).*

90   *Nach ebd., Krafft an seine Frau, 25. Juli 1915.*

Die erste Kriegsgliederung

Dem Geheimschreiben des preußischen Kriegsministeriums vom 19. Mai war eine als „streng geheim" klassifizierte, mit der Hand gezeichnete Kriegsgliederung des Alpenkorps beigegeben. Die Bezeichnung „Alpenkorps" verdankte der Verband zum einen seiner beabsichtigten Verwendung in den Alpen, zum anderen seiner Kriegsgliederung: Da die Division als ein selbständiger Großverband zum Einsatz außerhalb eines normalen deutschen Korps vorgesehen war, wurden ihr Korpstruppen[91], darunter vor allem schwere Artillerie, Munitions-Kolonnen und Trains sowie eine eigene Feldfliegerabteilung zugeteilt. An der Spitze des Verbandes stand ein, zahlenmäßig allerdings verstärktes, Divisionskommando (aber eben nicht ein Generalkommando) mit einem Generalleutnant als Divisionskommandeur an der Spitze. Die Führung wurde im Schriftverkehr meist als Divisionsstab bezeichnet, um Verwechslungen mit dem Generalkommando eines „richtigen" Korps zu vermeiden. Später fungierte das „Kommando des Alpenkorps" indes wiederholt als Generalkommando, dem dann mehrere Divisionen unterstellt wurden. In dieser Zeit wurden, vornehmlich 1916 in Frankreich, die Truppen des Alpenkorps als „Alpenkorps-Division" bezeichnet. Das Alpenkorps behielt seine Bezeichnung während des gesamten Krieges bei, auch wenn es in seiner Einsatzgeschichte fallweise auch einem „echten" Korps unterstellt wurde – das Alpen-„Korps" war und blieb eben doch nur eine Division und eine bayerische Kommandobehörde. Dennoch wurden ihm Truppen aller deutschen Kontingentsheere mit Ausnahme der sächsischen Armee zugeteilt; rund die Hälfte stellte die bayerische Armee. Gemäß dieser Kriegsgliederung sollten zum Stab des Alpenkorps, den das bayerische Kriegsministerium als „Kommando des Alpenkorps" mit dem „Führer des Alpenkorps" Generalleutnant Konrad Krafft v. Dellmensingen aufzustellen hatte, ein Generalstabsoffizier (Stabsoffizier oder Hauptmann), ein Regimentskommandeur der Artillerie und ein Stabsoffizier der Pioniere treten. Dieses stets bayerische Kommando bildete ein ungewöhnliches Mittelding zwischen einem Divisionsstab und dem Generalkommando eines Armeekorps. Dieser Zwischenstellung entsprachen auch die beiden verstärkten Jägerbrigaden und die schwere Artillerie. Im Frühjahr 1915 besaß kaum noch eine deutsche Division zwei

Brigaden mit je zwei Regimentern, denn die vierten Regimenter waren den Divisionen genommen und zur Aufstellung neuer Formationen herangezogen worden (s.o.). Dem Divisionsstab unterstellt waren zwei Infanteriebrigaden, die bayerische Jäger-Brigade Nr. 1 unter Generalmajor Ritter v. Tutschek, mit dem Jäger-Regiment Nr. 1 und dem bayerischen Infanterie-Leibregiment, und die preußische Jäger-Brigade 2 mit Oberst v. Below als Brigadekommandeur. Das bayerische Jäger-Regiment selbst war eine Neuschöpfung und bestand aus dem 1. (Freising) und 2. Jäger-Bataillon (Aschaffenburg) – beides Verbände mit einer langen Tradition – sowie dem Reserve-Jäger-Bataillon Nr. 2. Wenn auch nicht das „erste Regiment der Christenheit", als das das preußische Regiment „Garde du Corps" in Potsdam galt, so wurde in Bayern das Infanterie-Leibregiment, die „Leiber", als das hervorragendste Elite-Regiment des Königreichs angesehen, das aus dem 1814 gegründeten Grenadier-Garde-Regiment hervorgegangen war und seit 1825 seinen Namen trug. Es war ferner auch nicht, wie sonst allgemein üblich, an die Musterungsbezirke der Generalkommandos gebunden. Und die Liste seiner Offiziere glich einem Auszug der bayerischen Adelsmatrikel. Einer der wenigen Bürgerlichen war sein letzter Kommandeur, Franz Epp, später „Ritter v. Epp". Der bayerischen Jäger-Brigade Nr. 1 waren zusätzlich noch zwei Radfahrer-Kompanien und eine Radfahrer-Ersatz-Kompanie unterstellt.

Verantwortlich für die preußische Jäger-Brigade 2 war das stellvertretende Generalkommando des XIV. Armeekorps in Karlsruhe. Der Brigade unterstanden das Jäger-Regiment Nr. 2 und das Jäger-Regiment Nr. 3[92]. Im Jäger-Regiment Nr. 2 waren das Großherzoglich-Mecklenburgische Reserve-Jägerbataillon 14, das Hannoversche Jägerbataillon 10 und dessen Reserve-Bataillon vereinigt. Das Hannoversche Bataillon, die „Goslarer Jäger", galt als Eliteeinheit. Problematischer war die Zusammensetzung des „multinationalen" Jäger-Regiments Nr. 3. Bereits im August 1915 stellte das preußische Kriegsministerium fest, dass in den Schneeschuh-Bataillonen zwar eine Anzahl Alpinisten dienten, die sich aber den geübten italienischen Alpini nicht gewachsen zeigten.[93] Außerdem standen sie in dem Ruf – das mag

---

91   Ein Korps setzt sich in der Regel aus zwei bis drei (damals in der Regel zwei) Divisionen zusammen. Die einer Division übergeordnete Führungsebene, eben das Korps unter einem Kommandierenden General (KG), verfügt(e) über eigene, ihm unmittelbar unterstellte Verbände. Dies waren/sind in der Regel Kampfunterstützungs-, Führungs- und Logistiktruppen, die der KG entsprechend der Lage seinen Divisionen direkt unterstellen oder auf Zusammenarbeit anweisen konnte/kann.

92   Das Jägerregiment 3 wurde im Mai 1915 für das deutsche Alpenkorps aus den bisherigen Schneeschuh-Bataillonen 1 und 2 aufgestellt. Es umfasste vier Jägerbataillone: 2 bayerische, 1 badisches sowie 1 preußisches. Das Jägerregiment 3 war damit das erste „gesamtdeutsche" Gebirgstruppenregiment und ist somit der „Urahn" der Gebirgstruppe der Bundeswehr.

93   „[Die Schneeschuh-Bataillone] haben versagt, als es galt, mehrere Tage hindurch in großer Höhe auszuhalten." KA, Alpenkorps, Bund 58, Akt 2.

gestimmt haben oder auch nicht –, „überall eine Extrawurst gebraten" haben zu wollen.[94] Auch der Jäger-Brigade Nr. 2 hatte man eine Radfahrer-Kompanie „spendiert". Alle Regimenter verfügten über Maschinengewehr-Kompanien, das Reserve-Jägerbataillon 10 hatte zudem eine Gebirgs-Maschinengewehr-Kompanie. Alle MG-Einheiten hatten jeweils ganze vier bis sechs Maschinengewehre. Das war allerdings kein Zeichen von Mangel, sondern symptomatisch für alle europäischen Armeen, die die Vernichtungskraft der (1915 indes nicht mehr ganz so) neuen Vollautomaten falsch einschätzten. Allerdings wurden im weiteren Verlauf seiner Geschichte dem Alpenkorps – wie auch allen anderen Divisionen – immer mehr Maschinenwaffen zugeführt.

Die Artillerieausstattung, die fast derjenigen eines Armeekorps entsprach[95], war indes von Beginn an mehr als ordentlich. Dem Divisionsartillerieführer des Alpenkorps, einem Artillerie-Regimentskommandeur, unterstanden die

- Garde-Fußartillerie-Batterie 104,
- preußische Fußartillerie-Batterie 101 (schwere Feldhaubitzen) mit leichten Munitionskolonnen,
- preußische Fußartillerie-Batterie 102,
- Garde-Feldartillerie-Abteilung[96] 204 (leichte Feldhaubitzen),
- preußische Feldartillerie-Abteilung 203 (Feldkanone 96 n/A) mit leichten Munitionskolonnen sowie die
- Gebirgs-Kanonen-Abteilung Nr. 2[97] mit einer württembergischen und zwei bayerischen Batterien sowie leichten Munitionskolonnen.

Angesichts des vorgesehenen Einsatzraumes verständlicherweise mager war Krafffts Kavallerie: Vom bayerischen 4. Chevaulegers-Regiment „König" wurde die 3. Eskadron[98] überstellt. Die Großherzoglich-Hessische Sanitäts-Kompanie 101 (später 201), die Signaltrupps Nr. 1 bis 4, die schwere Funkenstation Nr. 40, eine leichte Funkenstation, die Gebirgs-Fernsprech-Abteilung 29, die preußischen Gebirgs-Minenwerfer-Abteilungen 269 bis 272 sowie die preußische Pionier-Kompanie 101, die bayerische Pionier-Kompanie 102 und je ein preußischer (101) und ein bayerischer (102) Scheinwerfer-Zug vervollständigten das Korps und waren dem Divisionskommando unmittelbar unterstellt. Die Munitionskolonnen der Artillerie und Infanterie wurden führungstechnisch zusammenge-

fasst und dem preußischen Staffelstab 142 unterstellt. Der bayerische Staffelstab 143 führte die Feldlazarette 201 und 202, ferner die preußische Feldbäckereikolonne 201, das bayerische Pferde-Depot 201 und sechs Tragtierkolonnen. Alle sonst zweispännigen Fahrzeuge mussten mit vierspännigen Zügen ausgestattet werden. Diese Erstausstattung des Alpenkorps wurde im Lauf der Erprobung in Südtirol und später im Einsatz auf dem Balkan, vor Verdun und am Isonzo ständig modifiziert, so dass es sehr schwierig ist, eine Gliederungsgeschichte des Alpenkorps über einen längeren Zeitraum wiederzugeben. So schieden zum Beispiel im Jahr 1916 im Zuge der Neugliederung der Divisionen der Stab der Jägerbrigade Nr. 2 und das Jägerregiment Nr. 3 aus dem Alpenkorps aus. Der Bedeutung entsprechend, die man damals schon den vollautomatischen Waffen im Gebirgskrieg zumaß, war das Korps im Lauf seiner Geschichte mit elf Gebirgsmaschinengewehr-Abteilungen, darunter vier aus Bayern, reichlich ausgestattet, die einem eigenen Stabsoffizier der Maschinengewehrtruppen unterstanden. Bis zum 1. August 1915 wurden Truppenteile wieder aus-, andere oder zusätzliche dagegen eingegliedert. Hinzu kamen unter anderem eine zusätzliche Sanitätskompanie, die Feldflieger-Abteilung Nr. 9[99], eine Karten-Felddruckerei, ein Pferde-Lazarett, eine Kraftwagen-Kolonne und eine zweite Kavallerie-Eskadron; ganz wesentlich verstärkt wurden die Pionierkräfte des Korps: Aus den zwei Kompanien wurden zwei Bataillone.[100] Angesichts dieser ersten Gliederung war, zumindest auf dem Papier, die Kampfkraft des Alpenkorps sehr beachtlich. Möglicherweise war dies auch der Grund dafür, dass Krafffts Korps seinen Namen behielt, obwohl es im Grunde nur eine, wenn auch verstärkte, Division war. Insgesamt sind dies aber nur Momentaufnahmen, denn die Kriegsgliederung der einzelnen Formationen wechselte praktisch von Monat zu Monat. Dazu kamen dauernde und zeitweilige Zuweisungen und Abstellungen. Es ist daher nur annähernd möglich, die Stärken der Divisionen im Kriegsverlauf allgemeingültig festzulegen. Das Alpenkorps war in dieser Hinsicht keine Ausnahme, jedoch blieb die hier vorgestellte Kriegsgliederung für den Zeitraum der Aufstellung und Ausbildung zur Gebirgtruppe zwischen Mai und Oktober 1915 im Großen und Ganzen unverändert. Als der Großverband im Herbst 1915 nach Serbien verlegt wurde, hatte er eine Stärke von rund 26.000 Mann und 9.500 Pferden.[101]

---

94 Brief Krafffts an Kronprinz Rupprecht vom 1. 6. 1915 (Bayerisches Hauptstaatsarchiv [BHStA], Geheimes Hausarchiv, Nachlass Kronprinz Rupprecht).
95 Demgegenüber verfügte beispielsweise die K. B. 12. Infanterie-Division lediglich über das Artillerie-Regiment 21 und zwei Batterien des Artillerie-Regiments 94.
96 Die „Abteilung" entspricht dem heutigen „Bataillon".
97 Auch unter der Bezeichnung „K. B. Gebirgsartillerie-Abteilung Nr. 2" zu finden.
98 Die „Eskadron" entspricht der Führungsebene „Kompanie"/„Batterie".

99 Die Feldflieger-Abteilung Nr. 9 musste aber bereits im August 1915 in den Westen verlegt, da sie sich wegen der Schwierigkeiten im Gebirge und wegen des Verbots, die Grenze zu überfliegen, nicht entfalten konnte.
100 Vgl. Kaltenegger, Alpenkorps, S. 26f.
101 Vgl. Hebert, S. 85.

Das Edelweiß

Geachtet, begehrt, hart erworben: Das Heeresbergführerabzeichen

Untrennbar verbunden mit den deutschen Gebirgstruppen ist das Edelweißabzeichen am Ärmel bzw. an der Bergmütze. Mit Erlass vom 17. April 1915 gestattete das k.u.k. Kriegsministerium den österreichischen Landwehrgebirgstruppen, das schon seit geraumer Zeit getragene Edelweißabzeichen für die Dauer des Krieges nun auch offiziell anzulegen. Bald nach seinem Eintreffen in Tirol erhielt das Kommando des Alpenkorps vom Landesverteidigungskommando in Innsbruck 20.000 solcher Edelweißabzeichen zur Verteilung an die Truppe, „um ein aeusseres zeichen der zusammengehörigkeit der hier kämpfenden verbündeten truppen zu schaffen", wie es in einem Begleittelegramm hieß.[102] Die Ausgabe an die Truppe erfolgte ab dem 20. Juni 1915.

Dieser so einfach erscheinende Sachverhalt hatte unvorhersehbare Folgen, und bis Kriegsende hatten sich das bayerische wie das preußische Kriegsministerium und die Oberste Heeresleitung mit dem Edelweiß zu befassen. Es darf vorausgesetzt werden, dass Krafft von Dellmensingen bekannt war, dass das Anlegen des Edelweißabzeichens der „Allerhöchsten Genehmigung" bedurfte. Er mag etwas von den zu erwartenden Schwierigkeiten geahnt haben, denn er schuf zunächst vollendete Tatsachen und stellte erst nach drei Wochen die erforderlichen Anträge an die beiden Ministerien, als er sicher sein konnte, dass auch das letzte Abzeichen in der entlegendsten Höhenstellung ausgegeben war. Im Münchner Kriegsministerium war man durchaus geneigt, die erforderliche Genehmigung des Königs herbeizuführen, man wollte aber im Einvernehmen mit den übrigen Militärverwaltungen

vorgehen und beauftragte daher den stellvertretenden Militärbevollmächtigten in Berlin, im preußischen Kriegsministerium deshalb vorstellig zu werden. Hier war man sich offensichtlich der symbolisch-mythischen Bedeutung des Edelweißes für Gebirgsbewohner wie für Bergsteiger zu wenig bewusst, denn die Preußen ließen recht ungehalten verlauten, „der Kaiser habe sich wiederholt scharf gegen Eigenmächtigkeiten im Anzuge, wie sie zum Schaden der Mannszucht vielfach jetzt in Erscheinung treten, ausgesprochen".[103] Das Edelweißabzeichen sollte deshalb bis zu einer endgültigen kaiserlichen Entscheidung wieder abgelegt werden. Krafft sah sich daraufhin zu einer Stellungnahme veranlasst, in welcher er recht geschickt den Charakter einer Schenkung seitens des Landesverteidigungskommandos in Innsbruck besonders hervorhob, deren Ablehnung aus naheliegenden Gründen nicht möglich sei. Zudem würde der Befehl zum Ablegen von den Verbündeten als „unfreundlicher Akt" gewertet werden und die eigenen Leute demotivieren. Das preußische Kriegsministerium reagierte – nicht, und so ist anzunehmen, dass das Alpenkorps das Abzeichen vorläufig weiter getragen hat, nur eben ohne „Allerhöchste Genehmigung". Eine solche traf erst am 5. September 1915 ein. Daraufhin erteilten der König von Bayern, der Großherzog von Mecklenburg-Schwerin und der König von Württemberg für ihre jeweiligen Truppenkontingente im Alpenkorps ihr Einverständnis. Die Genehmigung war auf Kriegsdauer befristet.

Mit der Genehmigung des Kaisers und der Bundesfürsten waren jedoch noch lange nicht alle Schwierigkeiten aus dem Weg geräumt. Es erhob sich nämlich bald die Frage, ob auch der Nachersatz und die später zum Alpenkorps versetzten Soldaten das Edelweiß tragen durften, mit anderen Worten: Man musste sich die Frage stellen, als was das Edelweiß eigentlich gedacht war. In Österreich galt es als Abzeichen für alle im Gebirge eingesetzten Truppen, für das bayerische Kriegsministerium war es das Verbandsabzeichen des Alpenkorps, folglich durfte es jeder tragen, sobald er Angehöriger dieser Division war. Und das preußische Kriegsministerium wertete das Edelweiß als Kampfabzeichen für ausschließlich diejenigen, die 1915 in Tirol eingesetzt waren. Da aber der „Ober" den „Unter" sticht, mussten sich die Münchner den Berlinern beugen. Das Alpenkorps ließ jedoch nicht locker, zu sehr war das Abzeichen inzwischen zu einem identitätsstiftenden, geachteten und stolz getragenen Symbol geworden. Spätestens nach den erfolgreichen Feldzügen gegen Serbien und Rumänien – das Alpenkorps war mittlerweile zu

---

102 Zit. nach Heyl, Edelweiß, S. 9.

103 Ebd.

Angehörige des Alpenkorps posieren vor einer selbst gezimmerten Attrappe eines britischen „Mark IV"-Tanks. Deutlich ist das Edelweiß am Bug zu sehen. Mit solchen Konstruktionen übten die deutschen Soldaten die Bekämpfung von Panzern.

einer echten Elitedivision gereift – war das Edelweißabzeichen das Wahrzeichen einer echten Gebirgstruppe bzw. der deutschen Gebirgstruppe schlechthin. Zunächst allerdings nur informell, denn bis 1939 sollte es dauern, bis es als solches „offiziell" wurde. Die Kriegsministerien in München und Berlin missdeuteten jedoch die Eingaben des Alpenkorps dahingehend, dass mit dem Edelweiß eine Kriegsauszeichnung für das Alpenkorps als Formation gemeint sei. Sie lehnten in Übereinstimmung mit dem Chef des Generalstabes des Feldheeres den Antrag mit der Begründung ab, dass Auszeichnungen für Verbände als Belohnung für außergewöhnliche Leistungen während dieses Krieges nicht angebracht seien, da es kaum einen Verband geben dürfte, der nicht mit Recht ein solches Abzeichen für sich beanspruchen könne. Nach dem Willen des preußischen Kriegsministeriums blieb das Edelweiß ein Kampfabzeichen. Spätestens mit der Auflösung der Alten Armee 1919 verschwand das Edelweiß aus dem Heer. Die Reichswehr trug das Abzeichen nicht. Erst nach dem „Anschluss" Österreichs (1938) wurde 1939 das Edelweiß als Abzeichen für Hochgebirgstruppen eingeführt. 1957 übernahm es die neue Bundeswehr in einer leicht abgeänderten Form. Wie so manches im Umkreis des Alpenkorps ist auch das Edelweiß-Abzeichen also eher zufällig und ohne spektakuläre Absichten entstanden, in kurzer Zeit aber zu einer Tradition geworden. Aus der freundlichen Aufmerksamkeit der Tiroler, die

damit lediglich ihre Sympathie mit den Soldaten aus dem Nachbarland bekunden wollten, wurde schnell das symbolbehaftete Kennzeichen für eine Elitedivision. Später erwies es sich als Glücksfall für die noch junge Bundeswehr, dass das Edelweiß eines der wenigen politisch „unbelasteten" deutschen militärischen Symbole war, die auch im Zweiten Weltkrieg getragen wurden und dennoch in die neuen Streitkräfte übernommen werden durften. Obwohl der gültige Traditionserlass (Stand: 2012) der Deutschen Bundeswehr jegliche Traditionslinie zur Wehrmacht untersagt, ist (und bleibt?) das Edelweiß die symbolische Brücke der deutschen Gebirgstruppen vom Alpenkorps des Deutschen Kaiserreiches über die Wehrmacht hin zur (ehemaligen) 1. Gebirgsdivision resp. heutigen Gebirgsbrigade 23 (Stand: 2012). Eine ausgesprochene Seltenheit in einer Armee, die seit ihrer Aufstellung und vermehrt mit dem Ableben ihrer Gründer aus der Kriegsgeneration große Probleme mit ihrer Geschichte und Tradition hat.[104]

---

104 Vgl. Hebert, S. 36.

Das Alpenkorps wird „erwachsen"[105]

Nach seiner Rückkehr nach München ging Krafft mit der tatkräftigen Hilfe des Hauptmanns Hörauf umgehend daran, die ersten verfügbaren Truppen nach Tirol in Marsch zu setzen, notfalls auch ohne spezielle Gebirgsausstattung, aber tatsächlich sollte die Aufstellung wesentlich länger dauern. Das stellvertretende Generalkommando des V. Armeekorps in Posen meldete beispielsweise den Abmarsch der Tragtierkolonne 3 am 29. Mai, und die Tragtierkolonne 4 wurde vom stellvertretenden Generalkommando XIII (Stuttgart) erst am 30. Mai verladen. Krafft selbst begab sich jetzt erneut nach Tirol und traf bereits am Abend des 21. Mai als einer der ersten Deutschen überhaupt in Brixen ein, wo er, konservativ „bis auf die Knochen", ausgerechnet im „Hotel Elephant"[106], dem Zentrum der örtlichen Liberalen, seinen Divisionsstab einrichtete. Die Ereignisse in den folgenden Tagen spitzten sich zu, schnelles Handeln erschien Krafft deshalb immer angebrachter, um zu verhindern, dass die Österreicher überrannt wurden und damit die Entente von Süden her in das Reich einfallen konnte. Der erste Leidtragende wäre in einem solchen Falle Bayern gewesen.[107]

Krafft arbeitete unermüdlich am Aufbau seiner Division. Etwa 1.900 Eingaben und Verbesserungsvorschläge, die über das bayerische Kriegsministerium bei der OHL einliefen, sind dokumentiert. Ob dieser Flut reagierte v. Falkenhayn zunehmend ungehalten und sah sich bald gezwungen, Krafft darauf hinzuweisen, dass es außer der Italienfront noch andere Kriegsschauplätze gebe. Während der vier Monate, in denen das Alpenkorps unter relativ ruhigen Verhältnissen in Tirol eingesetzt war, ist es der Führung dann auch sehr wohl gelungen, aus einem bunt zusammengewürfelten Haufen eine aufeinander eingespielte Gebirgstruppe zu formen. Auf der anderen Seite standen sich Krafft und sein Stab bei dieser Aufgabe nicht selten aber auch selbst im Weg, wenn sie die einschlägigen Erfahrungen der mit den örtlichen Besonderheiten vertrauten Österreicher zunächst in den Wind schlugen und statt der geeigneten österreichischen Ausrüstung auf angeblich besseres preußisches Material zurückgreifen wollten, was sich manches Mal als Fehlentscheidung entpuppte. Dabei bestand nicht selten durchaus berechtigter Grund zum Argwohn, denn während bei Herbstbeginn das Alpenkorps schon zu einem Drittel mit „Pelzen u. Wollausrüstungen" ausgestattet war und der Rest innerhalb der nächsten Tage eintraf, besaßen

„viele der armen Österreicher noch nichts als 2 leinene Hemden u. manchmal keine Wollsocken, obwohl die doch ihr Klima kennen müßten. Auch ihre Verpflegung ist schlechter, weniger reichlich u. einförmig, u. das ist natürlich sehr bedauerlich, wenn der eine zusehen muß, wie es der andere besser hat; das trägt nicht zur Hebung der Zufriedenheit bei. Ich habe auch schon manchen Schritt getan, um das zu bessern. Die armen Kerls liegen auch noch oben auf den höchsten Höhen mit nur einer Decke, ohne Strohsack. Da ist so ein dicker, fauler Kerl als Intendant. Ich habe ihn aber nun gestern bei seinem Oberkommando tüchtig angelehnt."[108]

Mangelndes Verständnis für die „österr. Zustände oder besser gesagt Notstände"[109] kam auch in derselben hochnäsigen und unkameradschaftlichen Art im Umgang mit den „minderwertigen Österreichern"[110] zum Ausdruck, die der, wenn es ihn selbst betraf, etwas überempfindliche Krafft am eigenen Leibe von Seiten vieler preußischer Offiziere her erfahren hatte. Seine hier dünkelhafte Borniertheit verleitete ihn nicht selten dazu, die zweifelsohne vorhandenen Unzulänglichkeiten im eigenen Beritt schon beinahe sträflich schönzureden. Auf Grund von Ausrüstungsmängeln und Unerfahrenheit mit dem Lebensraum Gebirge fielen in der ersten Einsatzphase ganze Kompanien durch überanstrengungs- und unterernährungsbedingte Krankheiten aller Art aus.[111] Vor allem das Fleckfieber wurde zur Plage. Die hochmotivierten Tiroler Standschützen mögen tatsächlich nicht über das professionelle militärische Know-how fronterfahrener deutscher Truppenverbände verfügt haben, insofern ist seine Kritik berechtigt. Aber aus den folgenden Sätzen spricht die pure Überheblichkeit eines deutschen „Piefkes": „Die Österreicher haben hier in Tirol leider fast nur minderwertige Truppen [...], lauter Leute, die den Höhepunkt ihrer Kraft längst überschritten haben u. lieber bei Muttern zu Hause säßen"[112], zudem witterte er vor allem in der landsmannschaftlichen Zusammensetzung der Verbündeten deren

105 Zur Einsatzgeschichte ausführlich Hebert, Das Alpenkorps und Kaltenegger, Das Deutsche Alpenkorps sowie Krafft, Das Bayernbuch vom Kriege, Bd. 1.
106 Nicht im „Hotel Tirol" (vgl. Hebert, S. 18).
107 Eine Situation ähnlich derjenigen im Herbst 1918, als Krafft im Zuge des Zusammenbruchs Österreich-Ungarns mit derselben Problemlage konfrontiert und mit der Aufstellung eines Grenzschutzes beauftragt war.

108 KA, NL v. Krafft, Nr.260/I (Krafft an seine Frau, 4. September 1915).
109 Ebd., Krafft an seine Frau, 25. Juni 1915.
110 Eine fast schon standardmäßige Wendung in den Briefen Kraffts, z.B. in KA, NL v. Krafft, Nr.260/I (Krafft an seine Frau, 30. August 1915 oder 15. Juli 1915).
111 Vgl. Heyl, Alpenkorps, S. 19.
112 KA, NL v. Krafft, Nr.260/I, Krafft an seine Frau, 10. Juli 1915.

größtes Manko.[113] Allerdings war er auch zu einem differenzierteren Urteil fähig:

„Österreich hat ja bekanntlich für Tirol anfänglich wenig Truppen übrig gehabt, weil das ganze gute u. für den Gebirgsdienst ausgezeichnet vorgeschulte Tiroler Korps in den Karpathen verwendet worden war. Was zurückblieb, waren nur Formationen zweiter Linie u. auch die lächerlich gering an Zahl. In der Not hat man nun etwas ähnliches arrangiert wie 1809 - eine Volksbewaffnung, freilich mit dem Unterschied, daß in diesem Aufgebot alle die besten u. kräftigsten Elemente fehlen, die damals seinen Kern ausgemacht haben. Man hat die sog. Standschützen, private Schießvereine, militärisch organisiert, völlig mil. bekleidet, bewaffnet u. ausgerüstet, damit sie als Angehörige der bewaffneten Macht anerkannt werden müssen u. vor dem Schicksal der damaligen Freiheitskämpfer bewahrt bleiben. [...]. Freilich werden damit aus diesen Leuten, die teilweise sehr jung (unter 18), teilweise sehr alt (über 42, einzelne bis in die 60 hinauf) sind, keine Soldaten. Sie sind maskierte Zivilisten, die nur im Schießen eine Vorbildung haben. Man kann sie natürlich auch nur bedingt verwenden.“[114]

Krafft befürchtete vor allem, dass die Standschützen unfähig sein würden, die körperlichen Anstrengungen eines Hochgebirgskrieges – zumal im Winter – ebenso wie die psychischen Belastungen eines Artilleriebeschusses durchzustehen. So ganz unbegründet waren seine Bedenken nicht, denn die Standschützen hatten niemals längere Winterübungen durchgeführt: Im September waren sie stets von den höher gelegenen Sommerstationen in die tieferen Winterstationen heruntergestiegen. Somit fehlte ihnen jede Erfahrung hinsichtlich des Überwinterns in Höhenstellungen. Hinzu kam noch die Schwierigkeit, dass es den Verteidigern des „heiligen Landes Tirol" nicht gestattet war, die im Winter leer stehenden Schlösser der wohlhabenden Oberschicht und unbenutzte Saisonhotels als Unterkünfte zu beziehen. Die Besatzung auf dem Pordoj-Joch musste im Freien kampieren, weil der deutsch-österreichische Alpenverein angeblich die Benutzung des Christomanos-Hauses verboten hatte.

Neben dem Alpenkorps standen zur Verteidigung Tirols lediglich etwa 65 österreichisch-ungarische Bataillone bereit, davon 44 Standschützenbataillone mit zusammen etwa 30.000 Mann. Da man den italienischstämmigen Untertanen seiner Apostolischen Majestät misstraute, wurden diese noch im Juni 1915 abgezogen und durch Solda-

Kradmelder des Korps-Stabes

ten steirischer und niederösterreichischer Herkunft ersetzt. Die übrigen Bataillone waren in der 90. Infanterie-Truppendivision und der Division Pustertal, der späteren 73. Infanterie-Division unter dem k.u.k. Feldmarschalleutnant Ludwig Goiginger zusammengefasst, der im Jahre 1917 vertretungsweise für mehrere Wochen das Alpenkorps führte.[115] Auf italienischer Seite vermutete Krafft 27 Alpini-Bataillone und neun bis zehn Infanterie-Divisionen. Man rechnete sogar mit dem Eintreffen französischer Truppen. Inwieweit diese Feindkräfte tatsächlich aufmarschiert waren, war unklar, indes glaubte die Führung, einem überlegenen und gut ausgerüsteten Gegner gegenüber zu stehen und rechnete fest mit einem Winterkampf im Gebirge. Ungeachtet mancher abfälliger Urteile über die italienischen Soldaten in der deutschen Öffentlichkeit hatte man beim Alpenkorps durchaus Respekt vor ihnen. Und bald stellte sich heraus, dass selbst die Alpinisten in den Schneeschuh-Bataillonen des Jäger-Regiments Nr. 3, die Bergsteigen und Klettern im Frieden als Sport betrieben hatten, mit ihrem bergsteigerischen Können und ihrem Idealismus allein den Alpini nicht das Wasser reichen konnten. Insgesamt empfand Krafft seinen jetzigen Dienst zunächst als ausgesprochen „widerwärtig"[116], da er mit seinen „Truppen, die das alleinige vollwertige Soldatenmaterial u. Kriegsgerät besitzen, überall aushelfen, stützen u. ausflicken und [...] auch schon manche Verluste durch Versagen der anderen in Kauf nehmen"[117] musste. Für Krafft bedeutete diese operative Untätigkeit, dass „der Krieg [...] immer mehr einem Salonkrieg"[118] glich, in dem es schwerer als an-

113 *„Außerdem gibt es darunter Italiener, Serben, Rumänen, Ruthenen, lauter zweifelhafte Gesellen. Man kann also diesen Leuten allein nichts anvertrauen." (Ebd., Krafft an seine Frau, 10. Juli 1915).*
114 *Ebd., Krafft an seine Frau, 22. Juni 1915.*

115 *Zwischen dem 6. 2. und dem 7. 3. 1917 zeichnete Goiginger alle Befehle als Kommandeur des „Korps Krafft". (KA, Alpenkorps, Bund 9, Akt 3).*
116 *Ebd.*
117 *Ebd., Krafft an seine Frau, 25. Juni 1915.*
118 *KA, NL v. Krafft, Nr.260/I (Krafft an seine Frau, 26. Juni*

Der Durchbruch in die norditalienische Ebene ist geglückt

derswo war, „mühelos zu höchsten Ehren [zu] gelangen".[119] Die Folge war ein Stellungskrieg wie an der Westfront, in dessen Schatten der Gebirgskrieg im heutigen Bewusstsein immer noch steht: genauso barbarisch und prozentual mindestens ebenso verlustreich. Was im Westen der Schlamm war, der die Menschen über die Grausamkeiten ihrer Kriegsmaschinerien hinaus belastete, waren an der Alpenfront das Klima und das lebensfeindliche Hochgebirge. Unfälle beim Erklettern der Höhenstellungen, um die dort gegenüber Witterung und Geschützfeuer mehr oder minder schutzlosen Soldaten abzulösen oder um Nachschubgüter hinaufzuschaffen – jede Granate, jedes Stück Brot, jeder Balken usw. musste bis zur Fertigstellung der Seilbahnen von den Männern und Tragtieren mühselig hochgeschleppt werden – forderten hüben wie drüben ein stetes und hohes Maß an Leiden und Opfern. Die Wirkung der Artillerie potenzierte sich noch durch den Regen aus Gesteinssplittern, die die Geschoßeinschläge produzierten: „Schön ist die Kriegführung hier auf dem Nebenschauplatz ebenso wenig, wie sie es in Flandern war. Aber daran ist eben nichts zu ändern. Man muß hinnehmen, was einem zufällt."[120] Auch hier machte die Vernichtungswut der Menschen vor der Natur und ihrer eigenen Kultur nicht halt: So mancher Alpengipfel musste nach Kriegsende neu ver-

messen werden, weil das Artilleriefeuer sie mit der Zeit abtrug. Und die Städte und Dörfer? – Sie wurden zu Trümmerwüsten:

„Leider haben die elenden Italiener gestern den Ort Sexten in Brand geschossen. Das ist sehr schade. Es ist ein so reizender Ort mit originellen alten Bauernhäusern, von denen nun 18 abgebrannt sind. Wir müssen bei dem Gesindel durch Beschiessen von Pordoi od. Cortina Vergeltung üben. Es ist aber wirklich ein grober Unfug, eine so schöne Gegend u. so prächtige alte Orte durch Krieg zu verschandeln. Manches geht doch dabei für immer verloren."[121]

1915).
119 Ebd., Krafft an seine Frau, 9. Juli 1915.
120 Ebd.

121 Ebd., Krafft an seine Frau, 13. August 1915.

Grenzschutz in Tirol

Die österreichischen Truppen lagen in Tirol entlang einer Linie, die im Halbbogen zwischen Scharljoch und Stilfserjoch im Nordwesten, über Cevedale, Tonale und Pegol nach Süden verlief, dann südlich Rovereto in nordostwärtiger Richtung weiter zum Monte Coppola ging, wo sie sich nach Norden zum Cimon del Piz wandte und sich – in einem Bogen die Marmolata umgehend – südlich von Cortina d'Ampezzo in Richtung St. Lorenzen zog. Neben den genannten Infanterieverbänden verfügte das Landesverteidigungskommando in Innsbruck über insgesamt 31 Artillerie-Batterien, von denen in den Festungen Trient zehn und in Riva 21 Batterien stationiert waren. Die gesamte zu verteidigende Front war in zehn Grenzabschnitte aufgeteilt. Die Rolle seiner Division sah Krafft v. Dellmensingen indes zunächst nicht ausschließlich im bloßen Grenzschutz, sondern als

> „... Hauptreserve einer ausgedehnten Festung [...]. Die Tätigkeit des Alpenkorps wird daher voraussichtlich in kurzen, aber kraftvollen Vorstößen (Ausfällen) in Räume, in die der Feind einzubrechen droht oder eingebrochen ist, bestehen. Im Falle der Notwendigkeit kann freilich auch eine direkte Verstärkung der Grenzverteidigung durch Teile des Alpenkorps unvermeidlich sein."[122]

Krafft dislozierte sein Alpenkorps ab dem 28. Mai zunächst in vier Gruppen auf den Raum nordwestlich des Cimon del Piz, Tre Sassi, Falzere, Monte Cristallo und die Drei Zinnen. Die Gruppe v. Gotze, benannt nach dem Kommandeur des Jäger-Regiments Nr. 2, lag mit Masse zwischen Cavalese und Tesero und war mit drei Gebirgs-Maschinengewehr-Abteilungen und der Gebirgs-Kanonen-Batterie Nr. 6 verstärkt. Die Gruppe v. Below lag mit dem Stab der Jäger-Brigade Nr. 2 und dem Jäger-Regiment Nr. 3 um Bozen, die Gruppe Epp mit dem Infanterie-Leibregiment bei Bruneck, Klausen und Niederdorf, verstärkt durch fünf Minenwerfer-Abteilungen und Artillerie. Generalmajor v. Tutschek mit dem Stab seiner bayerischen Jäger-Brigade Nr. 1 und dem Jäger-Regiment Nr. 1 sicherte die Straße zwischen Corvara und St. Leonhard. Gebirgs-Maschinengewehr-Abteilungen und eine Gebirgs-Kanonen-Batterie verstärkten auch hier die Kernkräfte. Schon diese erste, noch provisorische Truppeneinteilung zeigt die taktischen Vorstellungen Kraffts: Höchstens regimentsstarke Kräfte sollten selbstständig operieren, sie sollten gleichzeitig aber auch in ihrer Zusammensetzung, je nach Auftrag, flexibel sein. Eine äußerst kluge Vorstellung, denn für den Krieg in den

Tiroler Alpen war die gewohnte, starre Organisationsform einer Division vollkommen ungeeignet. Mit Maschinengewehren und Gebirgsartillerie verstärkte, schnelle und bewegliche Kampfgruppen sollten „in kurzen, aber kraftvollen Vorstößen [...] in Räumen, in die der Feind einzubrechen droht oder eingebrochen ist", eine Art offensive Verteidigung führen. Dies ließ sich jedoch nicht realisieren, denn die OHL sah den Auftrag des Alpenkorps aus politisch-strategischen Gründen wesentlich enger: Die in Tirol dislozierten österreichisch-ungarischen und deutschen Kräfte hatten lediglich den Auftrag, das Eindringen feindlicher Truppen in Tirol zu verhindern. Zudem bestand für die deutschen Soldaten bis auf weiteres das ausdrückliche Verbot, italienisches Gebiet zu betreten. Ferner sollte danach getrachtet werden, bei einem Aufeinandertreffen deutscher und italienischer Truppen auf Tiroler Gebiet ausschließlich die Italiener als die Aggressoren auftreten zu lassen. Eine andere Frage ist, ob das Alpenkorps zum damaligen Zeitpunkt nach dem Stand seiner Ausbildung und Ausrüstung zu offensiven Operationen überhaupt in der Lage gewesen wäre.[123]

Die Italiener versuchten im Juni und Juli nacheinander an vielen Stellen, die Front der Verbündeten zu durchbrechen. Ihre ersten Stöße richteten sich gegen das Etsch-Tal nördlich Trient, dann auf das Grödener- und das westliche Puster-Tal bei Bruneck. Allmählich griffen sie weiter nach Osten aus und führten schließlich ganze Divisionen ins Gefecht. Alle Angriffe konnten jedoch abgewehrt werden – von bayerischen Schneeschuh-Bataillonen bei Le Selle, bayerischen Jägern am „Blutberg", dem berühmten Col di Lana, ferner bei Stuva, Son Pauses, bei Tre Sassi am Falzarego-Pass und im Travenanzes-Tal in der Tofana-Gruppe. Zuerst hatte das Landesverteidigungskommando Tirol geglaubt, mit Hilfe der deutschen Verstärkung seine Position verbessern zu können. Der im Juni 1915 an manchen Stellen taktisch ungünstige Verlauf der Front sollte in Richtung der italienischen Grenze „ausgeglichen" werden. Gegen den erklärten Willen der OHL ging Krafft dazu gemeinsam mit dem Alpenkorps und der 90. Infanterie-Truppendivision unter Feldmarschallleutnant Scholz sowie Goigingers Division „Pustertal" vor. Doch bereits einen Tag nach Beginn des Vormarsches griff die Heeresleitung ein und stoppte das Unternehmen. Das Alpenkorps musste in den gewonnenen Räumen den Angriff einstellen, lediglich die Gruppe v. Tutschek durfte mit einer Kompanie bis Corvara und zum Monte Stief vordringen. Was blieb, war im Grunde ein starrer Stellungskrieg, wie man ihn im Westen bereits erlebte – „nur", dass es anstatt

---

122 *Lagebericht, Brixen, 28. 5. 1915. (KA, Alpenkorps, Bund 12, Akt 1).*

123 *Vgl. ebd., S. 82.*

Österreichische Wahren-dorf-Kanone M.1880/10 (12 cm)

dem Schlamm dort hier Felsen gab. Die Anweisung, die italienische Grenze nicht zu überschreiten, blieb auch bestehen, als das Alpenkorps einwandte, die Verwendung der deutschen Truppen bleibe sehr behindert,

„wenn der benannte kaiserliche Befehl noch lange fort zu gelten hat. Denn ein Teil der Stellungen verläuft unmittelbar längs der Grenze, es ist also nicht möglich, dort deutsche Truppen einzusetzen und eine genügende Ablösung auf der ganzen Front zu organisieren. Auch wird jede größere frische Unternehmung dadurch unterbunden."[124]

Als ausgesprochen naiv ist allerdings die Haltung der OHL zu bewerten, die Anwesenheit deutscher Truppen in Tirol geheim zu halten bzw. den Charakter ihres Einsatzes als ausschließlich defensiv erscheinen zu lassen. Nicht einmal das neutrale

Ausland schenkte dieser Version Glauben.
Bereits am 7. Juni 1915 hatte das Kommando des Alpenkorps die Verantwortung für die Südostfront Tirols übernommen, die vom Kreuzbergsattel bei Sexten quer durch die Dolomiten bis Paneggio im Val Travignolo reichte. In diese nur von schwachen österreichischen Kräften besetzte Linie schoben sich die Truppen des Alpenkorps ein. Sie lagen in später so berühmt gewordenen Stellungen wie an der Sextener Rotwand, in der Tofana und auf dem Col di Lana. An diesem Tag – 24 Stunden zuvor war ein italienischer Angriff im Südwesten des Abschnittes abgebrochen worden – meldete der Führer des Alpenkorps der OHL in Pless auch sogleich:

„Exzellenz Dankl beauftragte mich heute mit der Verteidigung von S[üd]. O[st]. Tirol von Monte Coppolo nordöstlich Grigno bis westlich Lienz [...]. Mein Auftrag lautet: mit den unterstellten Kräften die derzeit in den Subrayonen IV und V besetzten Verteidigungsstellungen dauernd zu behaupten und ein

---

124 Alpenkorps, Brixen vom 7. Juli 1915 an OHL, Pless (Entwurf). (KA, Alpenkorps, Bund 14, Akt 1).

Vordringen der Italiener gegen die Eisenbahn Sillian - Franzensfeste - Bozen unbedingt zu verhindern."[125]

Bis in den Oktober hinein lagen nun die Truppen des Alpenkorps in ihren Stellungen. Die Frontlänge umfasste beinahe 100 Kilometer. Der Abschnitt begann nördlich des Cadinjochs, wo die halbe württembergische Gebirgs-Kanonen-Batterie Nr. 6 stand, und ging weiter durch das Fleimstal mit der Radfahrer-Kompanie des Jäger-Regiments Nr. 2 bis Predazzo. Ostwärts des Fassa-Tals lagen das I. Bataillon und Teile des III. Bataillons/Jäger-Regiment Nr. 3. Östlich des Campolungo war ein Artillerie-Schwerpunkt gebildet worden: Ein Geschützzug mit 15 cm-Haubitzen der Fußartillerie-Batterie 102, ferner eine Batterie der Garde-Feldartillerie-Abteilung 204 (leichte Feldhaubitzen) und eine Batterie der preußischen Feldartillerie-Abteilung 203. Südöstlich von Collfuschg und St. Cassian lagen die Kompanien des hannoverschen Reserve-Jägerbataillons 10 und Batterien der Garde-Feldartillerie-Abteilung 204, der bayerischen Gebirgs-Kanonen-Abteilung 2 und der preußischen Feldartillerie-Abteilung 187. Von der Fanesspitze bis zum Ausgang des Vallo d'Ampezzo lagen das bayerische 2. Jägerbataillon und das bayerische 1. Jägerbataillon. Auf der Tofana patrouillierten Kommandos des II. Bataillons/Jäger-Regiment Nr. 3. In 3.200 Metern Höhe mussten sich die Soldaten dort manchmal ohne jede Unterkunft bis zu 72 Stunden bei Wind und Schneetreiben aufhalten. Das blieb natürlich nicht ohne Folgen, und so fielen weniger durch den Feind als vielmehr durch Unfälle, Überanstrengungen und Krankheiten bis Ende Juli im Alpenkorps 242 Unteroffiziere und Mannschaften aus; fünf Offiziere sowie 79 Unteroffiziere und Mannschaften starben. Östlich der Dreischusterspitze und nördlich der Rothwand lagen zwei Bataillone des bayerischen Infanterie-Leibregiments, unterstützt durch eine (!) Haubitze der preußischen Fußartillerie-Batterie 102 und Batterien der Feldartillerie-Abteilung 187. Seit Ende Juni hatte über dem Sextental die 8. Batterie/Gebirgs-Kanonen-Abteilung ihre Feuerstellung. Ihr Batteriechef, Oberleutnant Rudel, ließ seine Geschütze in knapp 2.700 Metern Höhe in der Nähe des Papernkofels und auf dem Altstein (2.909 m) unangreifbare Stellungen beziehen, von denen aus es gelang, vereinzelte italienische Angriffe abzuwehren. Um die zerlegbaren 7,5 cm-Gebirgskanonen im Altsteinmassiv zu transportieren, mussten die einzelnen Geschütz-„Lasten" auf Schlitten durch eine etwa 1.000 Meter lange Schneerinne gezogen werden. Nachdem dies einen ganzen Tag in Anspruch genommen hatte, bedurfte es am nächsten Morgen mühsam ins Eis geschlagener Stufen, um die letzten 300 Meter

mit den einzelnen Lasten zu überwinden. Zwischen Eisenreich und Winklerjoch lagen das III. Bataillon des Infanterie-Leibregiments und die 2. Radfahrer-Kompanie in Stellung. Ihren ersten größeren Angriff trugen die Italiener erst am 8. Juli mit etwa drei Bataillonen gegen den Col di Lana vor - er wurde bereits im Keim erstickt und kam fünf Tage später endgültig zum Erliegen. Am 6. September 1915 meldete das Alpenkorps einen italienischen Angriff im Sextengebiet von Burgstall bis Pfannspitze. Auch hier wurde der Feind blutig abgewiesen: Vor der Front will man über 600 tote und verwundete Italiener gezählt haben, während die eigenen Verluste mit 40 Offizieren, Unteroffizieren und Mannschaften angegeben wurden.

Ende September begann der Winter. Am 4. Oktober meldeten die Einheiten in den Höhenstellungen bereits einen Meter Neuschnee. Trotz gewisser Vorbereitungen für den Winter im Hochgebirge sah die Zukunft des Alpenkorps unter solchen Umständen nicht sehr rosig aus. Als am 12. Oktober die bisherigen Stellungen an das Landesverteidigungskommando Tirol übergeben wurden, war man im Grunde noch einmal davongekommen.

---

125 *Alpenkorps, Op 242 vom 6. Juni 1915 an OHL, Pless.* (KA, Alpenkorps, Bund 19, Akt 1).

Offensive in Serbien

Im Oktober 1915 hatte das Alpenkorps eine Stärke von rund 26.000 Mann und 9.500 Pferden. Auch wenn die Ausstattung mit Artillerie für die lange Verteidigungslinie eher knapp war – besonders der Mangel an steilfeuerfähigen schweren Haubitzen und das völlige Fehlen von zerlegbaren Gebirgshaubitzen wurde von der Führung gegenüber der OHL stets beklagt –, so war sie doch reichlicher als bei anderen Divisionen. Die Motorisierung dürfte beim Alpenkorps einmalig gewesen sein: Wohl kein deutscher Großverband war in jener Zeit mit Kraftfahrzeugen so reich bestückt. Auch die Ausbildung war seit dem Juni stets verbessert worden, so dass der Ersatz bereits durchaus gebirgskampftauglich war. Nach wie vor unzulänglich war die persönliche Ausrüstung der Soldaten, und die Stellungen, aus denen sie kämpfen mussten, waren selbst für sommerliche Verhältnisse eindeutig schlechter als diejenigen der Italiener. Insgesamt jedoch war das Alpenkorps mittlerweile ein gebirgsverwendungsfähiger Verband geworden. Obwohl auch in Tirol gelitten und gestorben wurde, scheint man manchenorts diesen Kriegsschauplatz für eine Idylle gehalten zu haben. Von der eher unwirschen Bemerkung v. Falkenhayns, man suche die Entscheidung woanders, ist schon die Rede gewesen, und in der Tat richteten sich zwischen dem 22. September und dem 14. Oktober 1915 an der Somme starke französische und britische Angriffe gegen die Gräben der 3. und der bayerischen 6. Armee. In Serbien hatte zudem soeben der Feldzug begonnen, zu dem die Mittelmächte erst jetzt Kräfte frei machen konnten, nachdem die österreichische Offensive bei Kriegsbeginn so grandios gescheitert war. Wie knapp die deutschen Kräfte im Westen waren, zeigt ein etwas scheinheiliges Telegramm v. Falkenhayns vom 21. September, in dem der Generalstabschef anfragt, wie viele von den vier Gebirgs-Minenwerfer-Abteilungen das Alpenkorps an einen anderen Kriegsschauplatz abgeben könne. Nur vier Monate, nachdem das letzte Infanteriebataillon nach Tirol verlegt hatte, setzte er den Führer des Alpenkorps darüber in Kenntnis, dass die Italiener Kräfte von der österreichisch-ungarischen Front abgezogen hätten. Angesichts der ohnehin als wenig leistungsfähig eingestuften italienischen Truppen und vor dem Hintergrund des rapide heranahenden Gebirgswinters drängte sich dem Chef der OHL die Frage auf, ob so starke Kräfte, wie sie das Alpenkorps auf diesem Nebenkriegsschauplatz band, wirklich notwendig waren. Seine Folgerung: Wenigstens die Hälfte des Alpenkorps, aus der man dann eine neue Division aufstellen könne, besser aber gleich der ganze Großverband sei jetzt im Westen nötig, denn hier suche die Entente die Entscheidung. Österreich-Ungarn könne seine Grenze jetzt alleine sichern. Nach ihrer Verwen-

dung als „Korsettstange" für die Österreicher schien demnach für die deutsche Gebirgstruppe als nächstes ein Einsatz in der Schlamm- und Trichterwüste der Westfront, genauer gesagt: an der Somme, bevorzustehen. Entsprechende Hinweise v. Falkenhayns sowie sein Telegramm ließen dies in Brixen jedenfalls befürchten. Krafft v. Dellmensingen entgegnete in seiner Antwort zwar, ihm sei nichts bekannt, was auf einen Abzug des Feindes vor der Tiroler Front hindeute, lenkte dann jedoch ein. Österreich könne, wenn man ihm die deutsche 10 cm- und gegebenenfalls auch die 15 cm-Artillerie überlasse, den Grenzschutz auch selbst übernehmen. Wenn aber schon Kräfte freigemacht werden mussten, dann solle man das ganze Alpenkorps aus Tirol abziehen.

Es mag dahingestellt bleiben, wie ernst es v. Falkenhayn mit seinen Zweifeln an der Fähigkeit des Alpenkorps zum Gebirgs- und Winterkampf wirklich war, aber fest steht, dass er dessen Eigenart und spezielle Fähigkeiten zunächst niedrig einschätzte und daher plante, die Division wie einen normalen „Feld-, Wald- und Wiesen"-Infanteriegroßverband gegen Frankreich einzusetzen. Nach dem Vorschlag Kraffts ließ die OHL die schwere Feldhaubitzen-Batterie Nr. 102 (15 cm) und die Kanonen-Batterie Nr. 104 (10cm) mit ihren Kolonnen in Tirol zurück, aber darüber hinaus verlor das Alpenkorps fast seine gesamten Kraftfahrzeugkolonnen: den Etappenkraftwagenpark mit PKW-Kolonne sowie die Etappenkraftwagenkolonnen 13, 14 und 15. Die k.u.k. 8. Infanterie-Truppendivision erhielt als ablösender Verband 16.000 ausgeliehene Tragtiere zurück sowie 5.000 Pelzmäntel, dazu ebenso viele Paare Filzstiefel und 24.000 Wolldecken, die man ebenfalls von den Österreichern ausgeborgt hatte. In Tirol blieben ferner zwei Maschinengewehr-Abteilungen und die Pionierpark-Kompanien 9 und 13. Waffen und Gerät der Gebirgs-Maschinengewehr-Abteilungen 201, 203, 207 und 208 wurden an die bulgarische 2. Armee abgegeben. So dezimiert sollte das Alpenkorps zunächst ins „Generalgouvernement Belgien" verlegt werden. Nach einem Befehl vom 11. Oktober 1915 wurde es aber in den Raum südlich von Mezières zur Verfügung der OHL befohlen.

Schließlich wurde das Alpenkorps aber doch adäquat eingesetzt, nämlich gegen Serbien. Die deutsche Oberste Heeresleitung hatte beschlossen, die Niederlage der Österreicher vom Dezember 1914 wieder wettzumachen. Die Heeresgruppe Mackensen, bestehend aus der deutschen 11. Armee (v. Gallwitz) und der k.u.k. 3. Armee (Kövesz v. Köveszhaza), griff am 7. Oktober die Serben über Donau und Save an und nahm schon zwei Tage später Belgrad ein. Da der weitere Vormarsch durch das unwegsame und verkehrstechnisch kaum erschlossene Gebirgsgelände verzögert wurde, beorderte v. Falkenhayn nach einem bemerkenswerten Meinungsumschwung, aber folgerichtig, das Alpenkorps aus der Champagne nach Serbien, wo es zwischen dem 27. und 30. des Monats eintraf und der k.u.k. 3. Armee unterstellt wurde. Da die im Höhengelände von Progorelica eingesetzte deutsche 44. Reservedivision ihrer Aufgabe nicht gewachsen war, übernahm Kraffts Division deren Aufgabe und löste sie mit Bravour: Mit seinen beiden Infanterie-Brigaden und der mit dem Alpenkorps auf Zusammenarbeit angewiesenen k.u.k. 10. Gebirgs-Brigade verfolgte er unter Zurücklassung der straßengebundenen Fahrzeuge in zwei Kolonnen beiderseits des tief eingeschnittenen Ibar-Tales die Serben bis nach Priştina, allerdings unter bewusster Inkaufnahme erheblicher Marschverluste, darunter 300 Pferde[126]. Am 20. November gewannen die Verbündeten Novipazar. Der Widerstand der Serben blieb dabei mit Ausnahme einiger weniger Bataillone, die in einem Nachtangriff des Jäger-Regiments 3 geworfen werden konnten, recht gering. Viel größere Schwierigkeiten bereiteten den Verbündeten hingegen das teilweise schneebedeckte Gelände, ihre inzwischen zerschlissene und zerlumpte persönliche Ausrüstung und der ausbleibende Nachschub, der wegen der Straßen- und Bahnverhältnisse nur mühsam herangeführt werden konnte. Seit dem Abmarsch aus Tirol hatte es keine Gelegenheit mehr zum Tausch von Schuhwerk und Bekleidung gegeben, so dass etwa drei Viertel aller Mannschaften mit zerrissenen und durchgelaufenen Stiefeln und schadhafter Bekleidung zurechtkommen mussten. Der Nachschub kam, soweit überhaupt vorhanden, auf der einzigen, wenig leistungsfähigen Bahnlinie bis Stalac nur ungenügend zur Truppe. Die Kolonnen waren im Gebirge erst einzusetzen, nachdem man sie mit landesüblichen Fahrzeugen - kleinen Pferdewägelchen - ausgestattet hatte. Den durch das Gebirge vormarschierenden Jägern und der Artillerie konnte Munition nur mit Trägern und Pferden nachgeschoben werden, während die Kraftwagenkolonnen im grundlosen Schlamm der wenigen Straßen nur mühsam vorankamen. Allein die Artillerie verlor innerhalb eines Monats 400 Pferde. Doch waren die Verluste unter den Soldaten gering, mit Ausnahme des erwähnten Jäger-Regimentes Nr. 3. Nicht ohne eine gewisse Boshaftigkeit weiß der Schreiber des Kriegstagebuchs dafür auch einen Grund: Der Mannschaftsersatz setzte sich zum großen Teil „aus Sport treibenden Leuten (Hochtouristen), teilweise Freiwilligen in vorgeschrittenem Alter, die den besseren Berufsklassen angehören, zusammen."[127] Bei einer Gefechtsstärke von 51

Offizieren und 2.931 Unteroffizieren und Mannschaften (1. Januar 1915) verlor das Regiment bis Ende Dezember 1.200 Mann. Das Regiment wurde deshalb zeitweise auf zwei Bataillone reduziert.

Im Raum Mitrovica-Ipek sammelten sich die geschlagenen Serben schließlich. Um den Sieg vollständig zu machen, beabsichtigte Krafft, sie dort in überholender Verfolgung anzugreifen. Aber noch während der Vorbereitungen wurde das Alpenkorps am 26. November vom österreichisch-ungarischen Armee-Oberbefehlshaber angehalten und wieder nach Norden abgedreht. Erbittert notierte Krafft: „Nachdem wir den Feind nach mühevollem Nachsetzen endlich erreicht haben und nur anzugreifen brauchen, müssen wir halten und ihn an unserer Nase vorbeimarschieren lassen."[128] Die Menschenverluste blieben während des ganzen Feldzuges vergleichsweise gering. Krafft selbst führte hier, wie später in Rumänien, wenn immer möglich, von vorne[129], ritt, nachdem er sein Automobil gleich zu Feldzugsbeginn wegen der katastrophalen Wegverhältnisse abgegeben hatte, inmitten seiner Truppen und teilte die Strapazen seiner Soldaten. Nur vor einer Herausforderung kniff er: vor dem regionaltypischen Begrüßungszeremoniell der Dorfhonoratioren, die den Neuankömmlingen aus Deutschland dicke Küsse auf die Wangen schmatzten (und dies umgekehrt auch so erwarteten). Aber wofür hat man nicht seinen Adjutanten! Alles in allem war der Serbienfeldzug Kriegsführung nach dem Geschmack Kraffts. So hatte er es gelernt, das konnte er, so gehörte es sich: Bewegungskrieg, freie Operation, und am Schluss der Sieger sein! Zudem sah er sich von Offizierskameraden und Vorgesetzten umgeben, mit denen er „konnte", mit denen er sich auch politisch auf einer Linie wiederfand.

Am 21. November galt das Unternehmen gegen Serbien als abgeschlossen, obwohl die Einkreisung und völlige Vernichtung des Gegners nicht gelungen war, da die Reste der serbischen Armee zur Adria durchbrechen und sich auf Transportern der Alliierten nach Korfu zur Neuformierung einschiffen konnten. Die k.u.k. Gebirgsbrigade wurde nun aus dem Alpenkorps wieder ausgegliedert, die Division selbst verlegte über Kraljewo nach Krusevac, wo sie am 7. Dezember v. Gallwitz' 11. Armee unterstellt wurde. Sie überwand samt Kolonnen und Trains die Morava-Enge bei Vranje in nur zehn Tagen - eine logistische und organisatorische Meisterleistung! - und erreichte am 21. Februar 1916 Skopje.[130] Jetzt glaubte jedermann, von Mazedonien gehe es nun durch das Vardartal weiter nach Saloniki. Noch in den letzten Februartagen rückte das Alpenkorps

126 Vgl. Heyl, Alpenkorps, S. 21 sowie Krafft, Bayernbuch, S. 72 - 74.
127 Zit. nach Hebert, S. 88, Anm. 36.

128 Zit. nach Burtscher, Alpenkorps, S. 11 - 12.
129 ... und erschoss dabei einmal eigenhändig mit einer Gebirgshaubitze einen unvorsichtig im Gelände umherreitenden feindlichen General. (vgl. Burtscher, Alpenkorps, S. 23).
130 Nach Hebert, S. 85 - 89.

MG-Trupp

gung nach Frankreich am 15. März, alle Tragtier-kolonnen sowie die zusätzlich unterstellte Artillerie zurückzulassen. Die Operationen schliefen damit wieder ein, Kraffts Stimmung verfinsterte sich einmal mehr zusehends:

„Wir bleiben wahrscheinlich noch geraume Zeit hinter der Front. Das ist eine recht langweilige Sache. Wenn man doch einmal im Felde steht, möchte man doch auch etwas schaffen können. Bei dieser [11.] Armee sind wir bisher immer nur in der Rolle des Aschenbrödel gewesen; immer hinterdrein, daher immer in ungünstigeren Unterbringungs- und Verpflegungsverhältnissen. Und nach vorne sind wir bei dem Zug nach Novipazar erst gekommen, als die anderen nichts mehr zustande brachten. Wo die Preußen können, schieben sie immer ihre eigenen Leute voran, die sie kennen u. denen sie eher etwas gönnen. Das merkt man überall durch. Leider Gottes ist das eine Eigenschaft, von der sich die kleineren Geister nie freimachen können."[131]

Ab dem 19. März begann die Verlegung des Alpenkorps in die Schlamm- und Trichterwüste vor Verdun. Als erstes Kontingent traten das I. Jägerbataillon, das II. Bataillon/Infanterie-Leibregiment, das II. Jägerbataillon und die Stäbe der bayerischen Jäger-Brigade Nr. 1 sowie des Infanterie-Leibregiments den Bahnmarsch von Veles und Krivolak über Niš und Belgrad nach Reims an.

bis in den Raum Veles (Titov Veles) vor. Falkenhayn hielt im Gegensatz zu Conrad v. Hötzendorf den Vormarsch deutscher Truppen nach Saloniki indes für völlig abwegig. Für den deutschen Generalstabschef lag der Schwerpunkt – und damit der Ort, an dem die strategische Entscheidung gesucht werden musste – an der Westfront, weswegen hier – und nur hier – möglichst viele deutsche Kräfte gegen Frankreich zusammenzufassen waren. Es liegt auf der Hand, dass es bei solchen Überlegungen keine große Rolle spielte, dabei einen Spezialverband einzusetzen, der eben zum zweiten Mal seine Vorzüge gegenüber regulären Truppen im gebirgigen und unwegsamen Gelände bewiesen hatte. Das Armeeoberkommando 11 befahl daher in Vorbereitung auf die Verle-

131 *KA, NL v. Krafft, Nr.260/II (Krafft an seine Frau, 11. März 1916).*

Reims und Verdun – Stellungskrieg im Westen

Nicht umsonst waren die Jägerverbände die ersten, die nach Frankreich transportiert wurden. Bereits seit Ende März zog das Armeeoberkommando 3 die aus Serbien kommenden Soldaten zur Ablösung ihrer eigenen, abgekämpften Truppen heran. Wenige Tage später beabsichtigte der Oberbefehlshaber v. Einem offensichtlich, das Alpenkorps aus seinem Gefechtsstreifen herauszuziehen. Bevor es aber dazu kam, ordnete v. Falkenhayn an, die aus dem Bewegungskrieg kommenden Gebirgssoldaten an den Stellungs- und Grabenkrieg der Westfront zu „gewöhnen" und sie im Gefechtsstreifen der 4. Infanteriedivision einzusetzen. Obwohl die Verluste im Vergleich zu den Kämpfen vor Verdun gering waren, bezahlten doch nicht wenige Soldaten diese eigenwillige Form der „Gewöhnung" mit dem Leben. Zwischen dem 13. und dem 30. April 1916 übernahm Krafft den Befehl über den Abschnitt. Ganz ohne Zweifel ist der kurze, zudem wenig sinnvolle Einsatz des Alpenkorps mit der kritischen Lage zu erklären, in der sich die OHL befand. Aber nur mit abwägender Vernunft allein wird ihre Entscheidung nicht zu deuten sein – die Division sollte wieder „auf Linie getrimmt werden". In Serbien und Mazedonien waren die fehlenden oder unbrauchbaren Fahrzeuge durch landesübliche Vehikel ersetzt worden. Statt der schnell verendenden deutschen Pferde hatte man ferner vielfach die anspruchslosen und leistungsfähigen kleinen Pferde aus Bosnien und Mazedonien vorgespannt; auch als Tragtiere hatten sich diese bestens bewährt. Ausrüstung und Bekleidung, durch Strapazen und mangelhaften Nachschub arg heruntergekommen, wurden mit dem ersetzt, was zu bekommen war und entsprachen folglich immer weniger der Anzugsordnung. Erfahrungen, die in Vorschriften nicht zu finden waren, hatten die Soldaten aller Dienstgrade selbstbewusst und selbstständig werden lassen.

Beim Eintreffen in Frankreich wurde schnell offensichtlich, dass das Alpenkorps, eine Division für den Bewegungskrieg, für den Kampf an der Westfront nicht geeignet war. Dieser Mangel sollte in einem Kurzlehrgang bei Schloss Harzillemont bei Charleville behoben werden. Die nächste Zeit war also der Vorbereitung und eingehenden Übung der Taktik des Angriffs auf befestigte Stellungen gewidmet, so der Befehl vom 1. Mai 1916. Infanterie und Pioniere übten das Handgranatenwerfen und das Überwinden der Hindernisbahn. Die Gebirgsartillerie begleitete die Infanterie mit einzelnen, direkt gerichteten Geschützen, während die Feldartillerie das Vorverlegen des (indirekten) Feuers nach den Feuerkommandos eines vorgeschobenen Beobachters (VB) trainierte. Das Nehmen von Grabenlinien, der Kampf um Ortschaften und der zügige Stellungswechsel der Batterien ergänzten das Programm. Dabei zeigte sich erneut, was man bereits wusste: die völlige Unterlegenheit der 7,5 cm-Gebirgskanone im flachen Gelände und ihre geringe Eignung als Grabengeschütz. Im Unterricht wurden französische Verteidigungsgrundsätze sowie das Vorgehen gegen feindliche Maschinengewehre, Blockhäuser, Stollen- und Tunneleingänge gelehrt – auf der Grundlage erbeuteter feindlicher Dienstvorschriften. Und wie „bei Preußens" in der Etappe nicht anders zu erwarten, kamen auch die Manneszucht mit „Gamaschendienst" und Verwaltungsformalitäten zu ihrem Recht. Bei den abschließenden Gefechtsübungen der Jäger-Brigade Nr. 1 am 17. Mai spielten andererseits Fragen von Flurschäden und deren finanzielle Regulierung mit der einheimischen Bevölkerung keine geringe Rolle – nur zur Erinnerung: Man befand sich als Besatzungsmacht auf feindlichem Territorium und kümmerte sich dennoch um die berechtigten Belange einer naturgemäß feindlich gesonnenen Zivilbevölkerung! Im übrigen erregten das locker-legere Auftreten der Offiziere und Soldaten des Alpenkorps, ihre sehr individuell ausgelegte Anzugsordnung, ihre von struppigen kleinen Pferden gezogenen und bunt bemalten Wägelchen und nicht zu vergessen: der ungewöhnliche Tross aus balkanüblichen Tragtieren, Büffeln und Hunden (!) nicht nur staunendes und neidisches Aufsehen, sondern vor allem bei den preußischen Offizieren eher Naserümpfen.[132] Man kann sich gut vorstellen, wie auf einen General der Westfront, zumal einen preußischen, eine solche Division gewirkt haben mag. Rasch nannte man das Alpenkorps einen „Wanderzirkus".[133]

Ende Mai 1916 stand das Alpenkorps für den Kampf um Verdun bereit, und zwar in folgender Gliederung:

- bayerische Jäger-Brigade Nr. 1 mit dem bayerischen Jäger-Regiment 1 (I.und II. Jägerbataillon, II. Reserve-Jägerbataillon) und dem bayerischen Infanterie-Leibregiment (3 Bataillone),
- Jäger-Brigade Nr. 2 mit dem Jäger-Regiment 2 (14. Reserve-Jägerbataillon, 10. Reserve-Jägerbataillon, 10. Jägerbataillon) und dem Jäger-Regiment Nr. 3 (4 Bataillone zu je 3 Kompanien),
- 3. Eskadron/4. Chevaulegers-Regiment,
- 4 Gebirgs-Maschinengewehr-Abteilungen,
- preußischer Luftabwehrkanonen-Zug 11,

---

132 Vgl. Hebert, S. 90.
133 Vgl. Burtscher, Alpenkorps, S. 12.

Sanitätskolonne

- bayerische Gebirgs-Kanonen-Abteilung 2,
- preußisches Garde-Feldartillerie-
  Regiment 204 (3 Abteilungen),
- Gebirgs-Minenwerfer-Kompanie 170,
- Scheinwerferzüge 101, 102,
- Pionier-Kompanien 102, 105,
- großherzoglich hessische Sanitäts-
  Kompanie 201,
- Signaltrupps 340 – 342,
- preußische Gebirgs-Fernsprech-

  Abteilung 29,
- Leichte Funkenstation 27,
- Staffelstab 142,
- bayerischer Staffelstab 143,
- 1 Infanterie-Munitionskolonne,
- 4 Artillerie-Munitionskolonnen,
- 4 Proviantkolonnen,
- 3 Feldlazarette,
- 3 Pferde-Lazarette,
- 1 Feldbäckereikolonne.

Einsatz vor Verdun: Thiaumont, Fort Souville und Fleury

Rückblick: Zwar suchte v. Falkenhayn die Entscheidung im Westen, eine Durchbruchsschlacht hielt er jedoch für zu riskant. Ähnlich seinen späteren Vorstellungen als Armeeoberbefehlshaber in Rumänien, dort allerdings in kleinerem Rahmen, sollte der Feind an einer empfindlichen Stelle seiner Front gebunden und zu fortgesetzten Gegenangriffen veranlasst werden. Das sollte die Franzosen „weißbluten", sie also zunehmend verschleißen, während die eigenen Kräfte weitgehend geschont werden sollten. Die Festung Verdun hielt er dafür für den am besten geeigneten Ort, diese Idee in die Tat umzusetzen. Der deutsche Angriff begann am 21. Februar 1916 und fand seinen ersten Höhepunkt in der Wegnahme des Forts Douaumont.

Das Alpenkorps durchlitt erst die letzte Phase der „Blutmühle" von Verdun. Am 11. Juli wurde - nachdem v. Falkenhayn hatte erkennen und zugeben müssen, dass seine Idee der pure Wahnwitz war - der Übergang zur Verteidigung befohlen. Seit dem 28. Mai unterstand das Alpenkorps der „Heeresgruppe Kronprinz". An der Verdun-Front kämpfte die „Alpenkorps-Division", wie sie zur Unterscheidung von den anderen Divisionen bezeichnet wurde, unter dem Dach des bayerischen I. Armeekorps, jedoch nicht als geschlossener Divisionsverband, sondern aufgeteilt. Zunächst bezog die Jäger-Brigade Nr. 1 den Raum des VII. Reservekorps, während die übrigen Truppen der Etappeninspektion 5 unterstellt wurden; die Jäger-Brigade Nr. 2 wurde eine Woche später dem X. Reservekorps unterstellt. Durch ein Fernschreiben vom 2. Juni erfuhren die Offiziere des Alpenkorps, dass ihr Großverband für die kommenden Operationen endgültig zerfleddert und anderen Führungsebenen unterstellt werden sollte. Vor Verdun kämpfte das Alpenkorps bis zum 14. Juni somit nicht als geschlossene Formation, vielmehr waren die einzelnen Stäbe, Verbände und Einheiten in die „Angriffsgruppe Ost" bzw. in die „Heeresgruppe Kronprinz" eingegliedert.[134] Der Korpsstab selbst führte zwischen dem 15. Juli und 9. September als „Generalkommando Alpenkorps" drei Divisionen und war damit - zumindest zeitweise - tatsächlich ein solcher. Am 8. Juni erfuhr

der Stab des Alpenkorps, dass ein französischer Angriff auf das X. Reservekorps - damit auch auf das ihm unterstellte Jäger-Regiment 3 - abgewehrt worden sei. Ausgerechnet ein Bataillon dieses problematischen Regiments mit den „sportsmen" aus den „besseren Berufsklassen" nahm hier einen „noch völlig intakten Raum westlich von Fort Vaux" und erntete als erste Einheit den entsprechenden Ruhm. Am 13. Juni eroberte das bayerische Jäger-Regiment Nr. 1 Thiaumont-Ferme. Dieser Abschnitt bildete eine sich weit in das feindliche Gebiet erstreckende Halbinsel. In ihm lagen die für die französische Artilleriebeobachtung überaus wichtigen Punkte „Kalte Erde" (froide terre] und Fleury.

In den Monaten zuvor war es gelungen, Fleury, das Zwischenwerk Thiaumont sowie die Höhen 304 und Toter Mann zu nehmen, nun sollte noch das Fort Souville erobert werden, dann wäre das Angriffsziel, das sich v. Falkenhayn gesetzt hatte, doch noch erreicht. Auf Souville, dessen Einnahme nach Ansicht Schmidt v. Knobelsdorfs, dem immer noch im Amt befindlichen Generalstabschef des Kronprinzen Wilhelm, den Deutschen eine nicht einsehbare und damit weitgehend sichere Dauerstellung ermöglicht hätte, wurde am 11. Juli ein Angriff angesetzt. Nach dem Vorbereitungsschießen mit dem neuartigen „Grünkreuz"-Giftgas, einem Lungenkampfstoff, gegen den die damaligen Gasmasken nutzlos waren, traten drei Infanteriedivisionen und die Alpenkorps-Division an. Der Angriff scheiterte vollkommen und zwar so gründlich, dass v. Falkenhayn nach dieser schon im Vorfeld umstrittenen Offensive dem AOK 5 den Übergang zur Defensive befahl. Weitere Angriffe unterblieben, da zur selben Zeit die alliierte Entlastungsoffensive an der Somme erhebliche Kräfte beanspruchte. Wie Krafft die „Hölle von Verdun" erlebte, schilderte er seiner Frau:

„Da draußen liegt Geschoßeinschlag an Einschlag, viele mehrere Meter tief, unablässig schütten neue Einschläge die alten Löcher zu. Die ganze Erde ist ständig in Bewegung. Hunderte sind da verschüttet worden u. mit genauer Not wieder ausgegraben, Hunderte für immer spurlos verschwunden. Bei Tag kann niemand den Kopf herausstecken. [...]. Kein Wunder, daß im Vergleich dazu die Tage von Tirol u. im Südosten für uns ein Paradies [waren], das wir erst jetzt so recht in seinem ganzen Wert schätzen.[135]

---

134 Während der Stab des Alpenkorps der Angriffsgruppe Ost unterstand, war die Jäger-Brigade mit der Gebirgs-Artillerie, der Kavallerie und dem Staffelstab 143 dem Korpsstab unterstellt; der Stab der Jäger-Brigade Nr. 2 und die Maschinengewehr-Abteilungen waren „z.b.V." (zur besonderen Verwendung) gestellt, während das Jäger-Regiment 2 mit einer Abteilung Feldartillerie und einer Sanitäts-Kompanie unter dem Befehl des bayerischen I. Armeekorps stand; das Jäger-Regiment 3 unterstand dem X. Reservekorps. Beim XV. Armeekorps befanden sich zwei Abteilungen seiner Feldartillerie.

135 KA, NL v. Krafft, Nr. 260/III (Krafft an seine Frau, 26. Juli 1916).

Aber nicht an jedem Tag wurde gekämpft, vor allem nicht, seitdem der Übergang zur Verteidigung befohlen war:

„Heute habe ich im Bach gebadet u. mich von d. Sonne anscheinen u. von dem lauen Ostwind umfächeln lassen - das ist mein Sonntagsvergnügen. Sonst vergeht fast ein Tag wie der andere. Mit der Zeit rechnet man da gar nicht mehr. Sie bekommt erst wieder Wert, wenn der Inhalt liebenswürdiger oder spannender wird. Meinen Pferdeburschen habe ich auf 3 Wochen zur Ernte nach Hause beurlaubt.“[136]

Die Soldaten und ihre Offiziere zeigten, dass es ihnen nicht an Mut fehlte und sie sich sehr wohl an die Kampfweise der Westfront gewöhnt hatten. Fleury und Thiaumont wurden zu Mythen wie später der Rote-Turm-Pass, Tolmein, aber auch der Kemmel. Allein bis zum 13. Juni hatten die Jäger-Regimenter Nr. 1 und Nr. 2 sowie die „Leiber“ rund 1.000 Gefangene eingebracht und sechs feindliche Geschütze sowie 23 Maschinengewehre erbeutet. Bis zum 23. Juni 1916 nahm das Leibregiment das Dorf Fleury, die beiden Jäger-Regimenter stürmten das auf beiden Seiten angrenzende Gelände, nachdem in den Tagen davor erste Versuche nicht geglückt waren. Das Infanterie-Leibregiment nahm mit dem Jäger-Regiment Nr. 1 sogar Teile der Forts Belleville und St. Michel. Der Erfolg, der allerdings hohe Verluste kostete, die nicht selten auf „friendly fire“ der eigenen Artillerie zurückgingen, war nicht nur teuer bezahlt, sondern auch nur von kurzer Dauer. Die Nachbarverbände kamen nicht schnell genug nach, so dass sich die Regimenter der beiden Brigaden im Kreuzfeuer der Franzosen wieder zurückziehen mussten. Fleury und Thiaumont gingen verloren. Obwohl seit dem 1. Juli an der Somme ein Entlastungsangriff der Engländer deutsche Kräfte band, versuchte die Angriffsgruppe Ost, das Verlorene wiederzugewinnen. Abseits der offiziellen Heeresberichte, die zumeist sachlich die bekannten Ereignisse meldeten, schildert ein Bataillonskommandeur die Verhältnisse, unter denen sich die Kämpfe abspielten, aus der Sicht eines unmittelbar Beteiligten:

„In der Nacht vom 3. zum 4. August wurde der Angriff auf Fleury und Thiaumont angesetzt. [...] Das Hin und Her der Befehlserteilung, die Unsicherheit der Führer, sowie vor allen Dingen das gänzlich verspätete Antreten mehrerer Bataillone in ein durchaus unbekanntes, unter schwerem Artillerie-Feuer liegendes Gelände und die außerordentlich schwerwiegende Aufgabe, sich nun selbst Bataillon für Bataillon seine Stellung zu suchen und keine Möglichkeit zu haben, ein Nichtauffinden der Sturmstellung noch vor dem Sturm wieder gut zu machen, gaben

allen Führern ein Gefühl der Unsicherheit. [...] Um 5.30°, schon im Hellen, erscheinen rückwärts die Bataillonstruppen. [...] Diese laufen durch unsere Linien. Es sind 10er Bayern. [...] Einige Leute lassen sich von den Bayern mit nach vorne reißen und es scheint, als ob die ganze Kompagnie mitgehen will. [...] Es tritt eine starke Vermischung der Truppenteile ein [...] [bis] zuletzt Teile 5./57, 7./57, Teile Infanterie Regt. 56, bayerisches Infanterie Regt. 6, bayerisches Infanterie Regt. 10 durcheinander liegen.“[137]

Am 1. August 1916 traten die Deutschen erneut zum Angriff auf Thiaumont an. Trotz starken feindlichen Sperrfeuers wurde am 8. August das Zwischenwerk Thiaumont genommen. Wenige Zeit später drückten die Franzosen aber die Linie bei Fleury auf eine Breite von etwa zwei Kompaniegefechtsstreifen ein. Nach dem 11. August wurde das Jäger-Regiment 2 in die Brigade Lippe umgegliedert. Mit ihr und der bayerischen Jäger-Brigade Nr. 1 blieben die Soldaten bis zum 8. September 1916 als „Argonnen-Division“ in den Stellungen, jedoch kämpften noch bis zum 18. August Soldaten des Alpenkorps um Ruinen und Trichterfelder, die auf den Landkarten die Namen Fleury, Thiaumont und Souville trugen. Wenn auch nicht während des Einsatzes des Alpenkorps, so gingen dennoch sowohl Fleury (20. August) - nach häufigen Besitzerwechseln - als auch das Zwischenwerk Thiaumont schließlich endgültig an die Franzosen verloren.

Die Verluste der Alpenkorps-Division vor Verdun waren grauenhaft: Als sie Mitte September wieder auf den Balkan verlegt wurde, hatte sie 276 Offiziere und 12.216 Unteroffiziere und Mannschaften eingebüßt - etwas weniger als die Hälfte seiner Sollstärke. Damit war „der wertvollste Bestand dieser mühsam geschaffenen, vortrefflichen Gebirgtruppe [...] vernichtet“.[138] Das Korpskommando hatte sogar mit 50 bis 60 Prozent Verlusten gerechnet, als es am 3. Juni 1916 bei den zuständigen Generalkommandos den Nachersatz anforderte. Das Jäger-Regiment 3 beispielsweise bestand nach den Kämpfen nur mehr aus dem Bataillon Schreyer mit 388 Mann.[139] Die Reste des Regiments wurden am 22. Juli dem Karpathenkorps unterstellt.

---

136 Ebd., Krafft an seine Frau, 30. Juli 1916.

137 Bericht des Hauptmanns Renneberg, Kommandeur des II. Bataillon/Infanterie-Regiment 57 der 4. Infanteriedivision an das Generalkommando des Alpenkorps. (KA, Alpenkorps, Bund 28, Akt 4.)
138 Krafft, Bayernbuch, Bd. 1, S. 83.
139 Vgl. ebd., S. 94.

Vormarsch in Transsylvanien und Stellungskrieg an der Putna

Die Eintönigkeit des Stellungskrieges begann auch vor Verdun den Frontalltag zu beherrschen, allerdings war diese nicht von langer Dauer. Während die Oberste Heeresleitung vor Verdun die französische Armee „ausbluten" lassen wollte, überraschte im Juni 1916 eine russische Offensive im Süden der Ostfront die Mittelmächte. Unter General Brussilow errangen die Truppen des Zaren, von denen v. Falkenhayn noch im Dezember 1915 gemeint hatte, ihre Wehrkraft sei gebrochen, in der Bukowina den größten Schlachtensieg des ganzen Krieges. Der Angriff durchstieß am 4. Juni die Front der k.u.k. 4. Armee unter Erzherzog Joseph Ferdinand in Richtung Luzk und brach bei Czernowitz in die Front der k.u.k. 7. Armee (Pflanzer-Baltin) ein. Verführt durch die Aussicht auf Siebenbürgen und die Bukowina sowie unter dem Druck eines russischen Ultimatums erklärte das Königreich Rumänien am 27. August 1916 dem Habsburger-Reich den Krieg – einen Tag, bevor Italien bekannt gab, sich ab sofort auch offiziell im Kriegszustand mit dem Deutschen Reich zu befinden. Um dem damit in den Bedrohungsfokus geratenen Bulgarien beizustehen, folgte die Kriegserklärung Deutschlands und Bulgariens an Rumänien. Seit jenem 27. August rückten die rumänischen Divisionen in breiter Front langsam in Siebenbürgen ein, wo sie zunächst nur auf geringen Widerstand stießen. Durch die k.u.k. 1. Armee unter General Arthur Frhr. Arz v. Straußenburg, der selbst aus Siebenbürgen stammte, wurde östlich von Klausenburg von den Ausläufern der Karpaten bis zum Fuß der Transsylvanischen Alpen aus Grenzschutz- und Landsturmbataillonen sowie deutschen Kontingenten eine Abwehrlinie gebildet.

Um die auf breiter Front eingebrochenen Rumänen wieder über die Pässe und Berge der Südkarpathen zurückzuwerfen, benötigte man umgehend alpin geschulte Truppen. Von Klausenburg (heute: Cluy) bis zum Fuß der Transsylvanischen Alpen wurde eine erste Verteidigungslinie errichtet, in die ab dem 12. September auch Alpenkorps-Verbände eingegliedert wurden. Krafft gelang es hier ein weiteres Mal, aus dem verbliebenen Rest und aus Ersatztruppen mit zum Teil recht unkonventionellen Mitteln und auch unter Umgehung des Dienstweges, einen gebirgstauglichen und -beweglichen Großverband zu formen.[140] Seine Befürchtungen, das Alpenkorps könne als Gebirgsdivision nicht erhalten bleiben, stellten sich daher als unbegründet heraus, denn wenn nicht seine, welche Division hätte sich sonst bes-

ser für den Einsatz in den Transsylvanischen Alpen geeignet? Eine böse Überraschung stellte für ihn die Person des Oberbefehlshabers der neu formierten 9. Armee dar: Erich v. Falkenhayn! Als er von dessen neuer Verwendung erfuhr, war das für den Führer des Alpenkorps nach alldem, was im Frühjahr 1915 vorgefallen war, naturgemäß eine äußerst pikante Sache. Krafft versuchte indes, sich damit zu trösten, dass ihn „das kaum viel berühren"[141] werde. Aber er war gespannt darauf zu erfahren, wie sein Kritiker von einst „selbst fertig [wurde], eine Armee [zu] führen".[142] Zunächst war Krafft, als er seinem Kontrahenten am 18.September während einer Erkundungsfahrt auf Karlsburg, wo Teile des Alpenkorps gerade ausgeladen wurden, nach langer Zeit erstmalig wieder von Angesicht zu Angesicht begegnete, schockiert darüber, wie sehr v. Falkenhayn mittlerweile von den Ereignissen gezeichnet war: „Wie ist doch der Mann verändert; mächtig gealtert, seit ich ihn letztes Mal gesehen [habe]. Man sieht, die letzte Zeit ist schwer auf ihm gelastet! Er tat mir leid! Die Begegnung war sehr liebenswürdig. Das weitere wird sich weisen."[143] Krafft dagegen trat ihm „frisch und vergnügt" entgegen, „beklagte sich aber darüber, dass ihm starke Teile seines Korps fortgenommen und zum Karpathenkorps geschickt wären." Das Verhältnis zwischen den beiden Offizieren entwickelte sich während der Operationen auf dem Balkan überraschend gut. Nicht, daß sich aus der ehemaligen Fehde eine Männerfreundschaft entwickelt hätte, davon waren sie nach wie vor weit entfernt, aber die Zusammenarbeit zwischen v. Falkenhayn und Krafft verlief trotz gelegentlicher Meinungsdifferenzen und „unangenehmer Zwischenfälle", die – selbstverständlich – „lediglich das Ob.Kdo. v.F. verschuldet hatte"[144], in aller Regel nüchtern und sachlich; der Oberbefehlshaber unterstützte seinen Untergebenen „auf jede Weise"[145], und auch Krafft gedachte, dessen Entschlüsse, für die dieser „die Verantwortung [...] tragen mußte", „natürlich nach bestem Wissen u. Gewissen aus[zu]führen".[146] Man begegnete einander höflich, bisweilen sogar ausnehmend freundlich, zu ausgiebigeren privaten Gesprächen kam es jedoch praktisch nie, denn Krafft hielt sich „im übrigen persönlich zurück".[147] Da auch v. Falkenhayn „sich von den früheren Din-

---

140 Vgl. Hebert, S. 97 - 98.

141 Ebd.
142 KA, NL v. Krafft, Nr. 260/III (Krafft an seine Frau, 17. September 1916).
143 Ebd., Krafft an seine Frau, 8. September 1916.
144 Ebd., Krafft an seine Frau, 21. November 1916.
145 Ebd., Krafft an seine Frau, 1. Oktober 1916.
146 Ebd., Krafft an seine Frau, 8. Oktober 1916.
147 Ebd., Krafft an seine Frau, 1. Oktober 1916.

Alarmposten mit MG 08

gen gar nichts anmerken"[148] ließ, tat man einfach so, als wäre nie etwas zwischen ihnen gewesen. Krafft beschloss daher,

„das Kapitel F. [...] auf sich beruhen [zu] lassen. Ich weiß ganz genau, wie ich dran bin, hätte mir auch jeden Anderen lieber gewünscht. Aber ändern kann ich die Sache jetzt nicht. Das wird sich wohl gelegentlich ganz von selbst ergeben. Abwarten! Einstweilen bin ich weit weg u. man redet mir auch wenig drein; ich kann damit recht zufrieden sein."[149]

Nach und nach trafen die verschiedenen Teile des Alpenkorps in Sebes (südlich von Karlsburg), am Fuß der Südkarpaten, ein:

- bayerische Jäger-Brigade Nr. 1 (Jäger-Regiment 1 mit I. und II. Jägerbataillon und zwei Reserve-Bataillonen);
- Infanterie-Leibregiment mit 3 Bataillonen;
- Jäger-Regiment Nr. 2 mit 10. Jägerbataillon, 10. Reserve-Jägerbataillon und Reserve-Jägerbataillon 14);
- 3. Eskadron des k.b. 4. Chevaulegers-Regiments;
- preußisches Garde-Feldartillerie-Regiment 204 (3 Abteilungen mit je 3 Batterien und einer leichten Munitionskolonne);
- Gebirgs-Artillerie-Abteilung 6 (3 Kanonen-Batterien);
- Flugabwehrkanonenzug 11;
- 2 Pionier-Kompanien;

- Divisions-Brückentrain 6;
- Gebirgs-Minenwerfer-Kompanie 175;
- 1 Feldhaubitzen-Batterie;
- 1 10 cm-Kanonen-Batterie;
- Sanitäts-Kompanie 201;
- Staffelstäbe 142 und 143;
- Korps-Kraftwagenkolonne;
- Rekrutendepots.

Es fehlte aber wieder an Tragtieren, Ausrüstung und Bekleidung – und die Versorgungsteile des Korps sahen sich vor Aufgaben gestellt, die mit den üblichen Instrumenten, wie sie Streitkräften zur Verfügung standen, nicht zu bewältigen waren.

---

148 Ebd.
149 Ebd., Krafft an seine Frau, 22.Oktober 1916.

Durchbruch durch die Transsylvanischen Alpen

Der neue Armeeoberbefehlshaber brachte sehr konkrete Vorstellungen sowie ein fertiges taktisches Konzept mit und ließ nicht einen Tag verstreichen, um es in die Tat umzusetzen. Er beabsichtigte, nach Beendigung der Operation gegen den Szarduk-Pass den bei Hermannstadt stehenden Feind anzugreifen. Teile des Alpenkorps hatten in diesem Zusammenhang den Auftrag, durch das Gebirge von Nordwesten her zum Roten-Turm-Pass vorzustoßen und so schnell wie möglich die Wegeverhältnisse zu erkunden. Mit dem Gros der Armee ging v. Falkenhayn gegen die rumänische 1. Armee vor, die langsam südlich Hermannstadt, dem heutigen Sibiu, aus dem Alt-Tal vordrang. Das Alpenkorps sollte über die bis auf 2.000 Meter ansteigenden Höhen des Cibin-Gebirges die Passstraße bei Caineni erreichen, den Roten Turm-Pass besetzen und halten. Nicht umsonst glaubten die Rumänen, dass es unmöglich sei, das Cibin-Gebirge operativ zu nutzen: Der Gebirgsstock war äußerst unwirtlich, ohne ausgebaute Wege und nur auf Saumpfaden zu begehen. Ohne Verpflegung und Futter für die Pferde quälte sich die verstärkte bayerische Jäger-Brigade Nr. 1 über den menschenleeren Grenzkamm. Alle Fahrzeuge und der Rest des Korps marschierten auf der Talstraße Sebes - Bacau entlang des Nordrandes des Gebirges. Tragtierkolonnen, Funker und Signaltrupps fehlten, die Fernsprech-Abteilung und die Sanitäts-Kompanie waren unzweckmäßig ausgerüstet, Gebirgs-Artillerie fehlte, und erst im letzten Moment waren der Brigade noch drei Geschütze einer österreichischen Gebirgs-Kanonen-Batterie zugeteilt worden. Der Korpsstab übertrug unter diesen Umständen das Kommando über die Kampftruppen dem Brigadekommandeur, Generalmajor Ritter v. Tutschek. Nach vier Tagen, am 26. September, meldete die Brigade, eine Jäger-Kompanie habe zusammen mit einer Maschinengewehr-Kompanie und einem Pionierzug um fünf Uhr früh den Roten Turm-Pass zwischen Caineni und Riul Vadului genommen. Sechs Stunden später meldeten Aufklärungsflugzeuge, dass es auf dem Pass ruhig sei. Aber noch am selben Tag berichteten zwei rumänische Zivilisten vom Aufmarsch rumänischer Artillerie in Richtung Pass. Die ostwärts von Hermannstadt umklammerte und geschlagene rumänische 1. Armee entzog sich unter schweren Verlusten dem Zugriff der 9. Armee und versuchte, über den Roten-Turm- und den Vulkan-Pass zu fliehen – diesen aber hatte das Alpenkorps ebenfalls samt einem Teil des Grenzkammes in der Zwischenzeit am 23. September besetzt.
Über den Roten-Turm-Pass führte eine zehn bis zwölf Meter breite, für die örtlichen Verhältnisse recht gut ausgebaute Straße, die auch für schwere Fahrzeuge geeignet war. Dagegen waren die Wege zwischen beiden Pässen nur für Tragtiere gangbar. Die rumänische Armee saß also in der Falle, die v. Falkenhayn ihr gestellt hatte! Andererseits befand sich das Alpenkorps selbst in einer Zwickmühle: Die sechs Infanteriebataillone und die Gebirgs-Kanonen-Batterie konnten auf dem Roten-Turm-Pass nur an drei Stellen Sperren errichten. Zudem musste es sich darauf einstellen, einerseits nach Süden angreifende Rumänen abzuwehren und andererseits die nach Norden zurückflutende geschlagene rumänische 1. Armee zu bekämpfen. Für weitere wirkungsvolle Sperren westlich des Passes, aber vor allem ostwärts gegen das Fogarascher Gebirge, fehlten die Kräfte. Aber auch den bei Hermannstadt siegenden Truppen der 9. Armee war es nicht gelungen, den geschlagenen Feind zu verfolgen und endgültig zu vernichten. Zwar schafften es die aus dem Süden von den Rumänen zugeführten Kräfte nicht, den Pass zurückzuerobern, doch rettete sich ein nicht unbeträchtlicher Teil der rumänischen 1. Armee unter Zurücklassung von Geschützen, Fahrzeugen und Gerät über das Fogarascher Gebirge in die nördliche Walachei. Noch 20 Jahre später hielt Krafft dem AOK 9 vor, das Opfer seiner eigenen, aus seiner Zeit als Generalstabschef praktizierten Führungsweise geworden zu sein, als der Mangel an Kräften, vor allem an Gebirgstruppen, eine operative Entscheidung am Ort des Geschehens nicht zuließ. Zwischen dem 7. und 9. Oktober wurde auch die rumänische 2. Armee in der Schlacht von Kronstadt geschlagen, worauf die Rumänen Siebenbürgen räumten. Die 9. Armee gruppierte jetzt um, das Alpenkorps bildete in der neuen Truppeneinteilung mit der k.u.k. 2. Gebirgs-Brigade und der k.u.k. 10. Gebirgs-Brigade die „Gruppe Krafft v. Dellmensingen". Seit dem 23. Oktober führte sie die Alpenkorps-Division und die k.u.k. Division Goiginger (k.u.k. 10. Gebirgs-Brigade, Brigade Pechmann, Reserve-Infanterie-Regiment 13). Ab Mitte Oktober griff die „Gruppe Krafft v. Dellmensingen" in Richtung Curtea de Arges an, um mit den noch bei Câmpulung kämpfenden Teilen der 9. Armee zusammenzuwirken. Es galt nun, den Roten-Turm-Pass in seiner ganzen Länge zu nehmen, denn lediglich ein 14 Kilometer langes Stück war in deutscher Hand, während der befestigte Scheitel des Passes von rumänischen Kräften gehalten wurde. Um der Gefahr vorzubeugen, in den Bergen abgeschnitten zu werden und weil die schwache Artillerieausstattung einen Frontalangriff unmöglich machte, griff das Alpenkorps den Feind an einer schwachen Stelle an und ging auf den Höhen beider-

Ausbildung im Schifahren

seits des Roten-Turm-Passes vor. Der Angriff der
k.u.k. 2. Gebirgs-Brigade zwischen den Flüssen
Olt und Arges auf die rumänischen Stellungen am
Moscovul-Pass gelang vollständig. Infolge eines
Wetterumsturzes mit starkem Schneefall und or-
kanartigem Sturm konnten die Hauptkräfte des
Alpenkorps nur die vordersten Teile des Passes
überwinden und blieben auf dem vereisten Mos-
covul zurück. Lediglich der Unfähigkeit der rumänischen Führung verdankte es das Alpenkorps,
dass es, als es aus dem Olt-Tal heraustrat und
am Rand der Südkarpaten in Richtung Pitesti vordrang, verhältnismäßig glücklich die Walachei
und die Eisenbahnlinie Bukarest – Ploiesti erreichte. Nicht nur der Feind, auch Strapazen und
Krankheiten hatten den Soldaten zugesetzt,
zudem waren erstmalig seit der Aufstellung des
Alpenkorps Kriegsverbrechen in größerem Umfang an Angehörigen der Division begangen worden.[150]

---

150 *Am 26. 9. 1916 wurden in Caineni 38 Mann der 9. Kompanie des Infanterie-Leibregiments, die in Gefangenschaft
geraten waren, von den Rumänen erschossen. (KA, Alpenkorps, Bund 2, Akt 5).*

Stellungskrieg an der Putna

Mittlerweile hatte das Alpenkorps bei dem ehedem skeptischen v. Falkenhayn einen richtigen „Stein im Brett". Für ihn war die Division zur „Haupthoffnung", zum „Sturmbock" geworden. Aber des Armeeoberbefehlshabers Beurteilung der eigenen Lage war hier etwas zu positiv, denn zum einen war das Alpenkorps, wie die Operationen entlang des Olt gezeigt hatten, zu dieser Zeit nur sehr bedingt eine Gebirgstruppe. Zum anderen waren die Kräfte, ungeachtet des bravourösen Einsatzes am Roten-Turm-Pass, zu schwach, als dass allzu große Hoffnungen berechtigt gewesen wären. Allerdings war mit seiner Hilfe der Plan v. Falkenhayns im Prinzip dennoch gelungen, und die 9. Armee trieb Anfang Dezember die rumänischen Armeen – oder das, was von ihnen noch übrig war – zunächst in scharfen Verfolgungsgefechten nach Süden und Südosten vor sich her. Am 6. Dezember fiel die unverteidigte Hauptstadt Bukarest. Das Alpenkorps gewann am 8. Dezember den Raum Ploiesti – Baltesti, während die übrigen Teile der „Gruppe Krafft v. Dellmensingen" ihre Angriffsziele nordwestlich nahmen. Damit war der weitere Weg bereits vorgezeichnet. Die 9. Armee verfolgte die Rumänen, die nach Norden zu Anschluss an die russische Front suchten. Der Gruppe Krafft war neben der Alpenkorps-Division nun die k.u.k. 73. Infanterie-Truppendivision unterstellt – damit war die Gruppe de facto ein „echtes" Korps. Zwischen dem 21. Dezember 1916 und dem 13. Januar 1917 war dem Generalkommando auch das württembergische Gebirgs-Bataillon mit sechs Schützen-Kompanien sowie sechs Gebirgs-Maschinengewehr-Zügen unterstellt. Sein bekanntester Offizier: Erwin Rommel. Von Ploiesti aus schwenkte das Alpenkorps nach Norden, wo bei Rimnicu Sarat der Durchbruch erzwungen wurde. Am 3., 4. und 5. Januar 1917 konnten vorgeschobene Stellungen der Rumänen an den Südwesthängen der Vorgebirge Magura Odobesti genommen werden. Danach jedoch brachte starker feindlicher Widerstand am Nordufer der Putna, einem Nebenfluss des Sereth, den Vormarsch zum Erliegen. Seit dem 14. Januar wurden keine Rumänen mehr, sondern ausschließlich Russen vor dem Abschnitt des Alpenkorps aufgeklärt. Die zeitweise drohende Umfassung durch die rumänischen Truppen war abgewendet. Trotz aller Widrigkeiten des Geländes und der Witterung hatten die Truppen der Mittelmächte hier einen klassischen Bewegungskrieg geführt. Das Vordringen des linken Flügels der 9. Armee war in mehreren Fällen nur durch das im Gebirge operierende Alpenkorps ermöglicht worden. Unter täglichen Kämpfen hatten die Soldaten in vier Wochen 200 Kilometer durch ein unwegsames, stark zerklüftetes Mittelgebirge zurückgelegt. Jetzt gab die Armee den Befehl heraus, „mit der Einrichtung der Dauerstellung" zu beginnen, der Angriff über die Putna zur sogenannten Susita-Linie wurde abgeblasen.

Auch in Rumänien war der Krieg damit zum Stellungskrieg geworden. Bis Ende April 1917 unterstand das Alpenkorps noch der 9. Armee, dann verlegte es zwischen dem 19. Mai und 29. Juli in die Vogesen, wo es im Stellungskrieg der Westfront eingesetzt wurde. Den Offizieren, Unteroffizieren und Mannschaften erschienen die folgenden Wochen wie eine Wiederholung aus dem Vorjahr vor Verdun: Vorbereitung auf den Stellungskrieg der Westfront mit Grabenkampf, Handgranatenwerfen, „strenge Zucht und Beaufsichtigung des inneren Dienstes" – alles Dinge, die „schließlich auch von weniger spezialistisch organisierten Truppen geleistet werden" können, so Krafft v. Dellmensingen. Der Führer des Alpenkorps selbst trat ebenfalls eine neue Verwendung an: Krafft wurde zum Chef des Generalstabes im Oberkommando der „Heeresgruppe Herzog Albrecht von Württemberg" ernannt. Im April 1917 endete damit die Zusammenarbeit zwischen Krafft und v. Falkenhayn. Letzterer wurde türkischer Feldmarschall. Anlässlich seiner Verabschiedung schrieb er an Krafft einen ausgesprochen versöhnlichen Brief, den der nachtragende Krafft lediglich als Versöhnungsversuch wertete, an seiner Abneigung aber nichts änderte. Sein Nachfolger, der preußische Generalleutnant Leo Sontag, war nur für kurze Zeit Führer des Alpenkorps. Ihm folgte bereits im September desselben Jahres Generalmajor Ludwig Ritter v. Tutschek. Er führte das Alpenkorps bis Kriegsende und organisierte auch seine Auflösung. Tutschek war insofern ein für seine Zeit ungewöhnlicher Offizier, weil er mit der „Anerkennung der Leistungen seiner Untergebenen etwas zu freigebig" umging, nach Ansicht seiner Vorgesetzten nicht „energisch" genug durchgriff und die „Dinge manchmal von der leichten Seite" anging. Tutschek war eben ein bayerischer Offizier, der lebte und leben ließ – und dennoch Karriere machte.

Zunächst verlegte man das Alpenkorps vom Elsass noch einmal nach Rumänien, um an der dortigen Offensive des Sommers 1917 teilzunehmen. Die Division kämpfte auf dem linken Flügel der 9. Armee/XVIII. Reservekorps an der Putna und der Susita. Zu hohen Verlusten kam es hier am 13. und 14. August: Bei einem überraschenden Gegenangriff der Russen brach bei allen Kolonnen Panik aus. Den Chevaulegers gelang es nur mit Mühe und entsprechender Härte, die Ordnung wieder herzustellen. Das Alpenkorps stürmte Tifesti und Poiana und brach beim Angriff über die Susita in zwei Tagen bis Passciu durch. Ein Höhepunkt, auch hinsichtlich der Verluste, war der Sturm auf Muncelul. Mitte September wurde das Korps herausgelöst, sein nächster Einsatz wurde bereits geplant.

Das „Wunder von Karfreit" – die 12. Isonzo-Schlacht[151]

Das italienische Heer stand bei Kriegsbeginn im Mai 1915 vor einer Aufgabe, die seine Kräfte überstieg, denn veraltete Ausrüstung und ungenügende personelle Stärke forderten die Beschränkung auf ein einziges Angriffsziel – Cadorna aber verzettelte sich bzw. die Armee. Das nächstliegende war das Trentino, die am heißesten begehrte der „unerlösten" Provinzen. Von dort her drohte auch das Risiko eines österreichischen Flankenangriffs bei einem Vorgehen auf Triest. Doch ein Angriff in die Alpen hinein erschien dem Commando Supremo nicht verlockend. Cadorna beschloss daher, seine erste Offensive gegen den Isonzo zu führen, wo das weniger gebirgige Gelände ein Vorgehen über die kahlen Hochflächen des Karsts gegen Triest und vielleicht sogar auf die russischen Armeen in Galizien zu gestatten schien. Die ersten fünf Isonzo-Schlachten brachten nur geringen Raumgewinn. In der sechsten vom August 1916, die auf einen abgewehrten österreichischen Angriff bei Asiago folgte, konnten die Italiener ihre Front über Görz und auf den Karst vorschieben. Die nächsten vier Schlachten liefen wiederum nur auf verlustreiche Abnutzungskämpfe hinaus. Erst die elfte Schlacht war für die Italiener erfolgreicher. Unter der energischen Führung des Generals Capello stieß die italienische 2. Armee in elf Tagen über den oberen Isonzo und setzte sich dort fest. Die Österreicher verloren hier ihre letzten ausgebauten Stellungen und hatten Mühe, diesen lebenswichtigen Eckpfeiler ihrer Front zu halten. Obwohl Cadorna nun beinahe 1 Million Mann verloren hatte, war Italiens Armee größer als zuvor, ihre Führer schätzten die Moral ihrer Truppe hoch ein und rechneten in einer zwölften Schlacht mit dem Gewinn von Triest. Aber auch die Österreicher erkannten diese drohende Gefahr und wandten sich um Hilfe an die Deutschen.

Österreich wünschte nur die Überlassung deutscher Artillerie und die Ablösung österreichischer Divisionen durch deutsche an der russischen Front. Eine deutsche Intervention gegen Italien würde entsprechende alliierte Unterstützung zur Folge haben und die Hoffnung auf einen Sonderfrieden konterkarieren, mit dem Österreich in seiner schwierigen Lage liebäugelt hatte.[152] Ludendorff war abweisend, da ein „Wintersieg" in Russland und mit den dadurch frei werdenden Kräften eine entscheidende Frühjahrsoffensive im Westen in Aussicht stand. Ein Ausscheiden Österreichs würde seine winzige strategische Reserve verbrauchen, der schwere Aufgaben bevorstanden: die Einnahme von Riga und die Ausschaltung Rumäniens. So stimmte er erst zu, nachdem ihn der im Gebirgskrieg erfahrene General Krafft von Dellmensingen nach einem Besuch der Isonzo-Front von der dringenden Notwendigkeit der Hilfe für die Österreicher überzeugt hatte. Hinzu kam, dass die rasche Einnahme von Riga vom 1. bis zum 5. September 1917 eine Atempause ermöglicht hatte.

Die Vorbesprechungen waren nicht frei von gegenseitigem Misstrauen und Abneigung. Ludendorff war keineswegs gewillt, seinem Verbündeten in einer „nationalen" Offensive gefällig zu sein und griff den Plan einer gemeinsamen Offensive wieder auf, den der österreichische Generalstab 1916 als Alternative für Verdun vorgeschlagen hatte. Er verzichtete aber auf einen gleichzeitigen Angriff von Trient aus. Italien blieb auch für die 3. OHL ein Nebenkriegsschauplatz und kam deshalb für einen Entscheidungsschlag nicht in Betracht, selbst wenn die Kräfte verfügbar gewesen wären. Er wünschte nur eine begrenzte und hauptsächlich deutsche Offensive mit dem Ziel, die Isonzofront wieder zu festigen; „deutsch" deshalb, weil er die österreichischen Methoden verachtete, und „begrenzt", weil er seine Kräfte an anderer Stelle brauchte. Die bedrängten Österreicher mussten schließlich in die Teilnahme von sieben deutschen Divisionen für einen schnellen Stoß bis zum Tagliamento (50 km nach Westen) einwilligen.

Ab Mitte September wurde die deutsche 14. Armee mit sechs deutschen und acht österreichischen Divisionen in den Tälern der Drau und Save 100 km ostwärts von Karfreit (Caporetto) versammelt. Neben drei Infanteriedivisionen und der Deutschen Jägerdivision waren die 200. Infanteriedivision und das Alpenkorps an dem Vorhaben beteiligt, da beide über Erfahrungen im Gebirgskampf verfügten und wenigstens teilweise zweckmäßig ausgerüstet waren. Alle waren reichlich mit Artillerie, Minenwerfern und Tragtieren ausgestattet, ihre Moral war hoch. Besonders bewährt hatten sich die österreichischen Gebirgsdivisionen, während das Alpenkorps noch nimmer unter den verheerenden Verlusten vor Verdun litt. Der württembergische General Otto v. Below übernahm die Führung der Armee mit Krafft von Dellmensingen als seinem Stabschef. Zwei seiner

---

151 Nach Krafft, Der Durchbruch am Isonzo, Hebert, S. 107 – 111, Keegan, John, Der Durchbruch bei Flitsch und Tolmein-Caporetto 1917. In: Falls, S. 234 – 243. Eine hervorragende Analyse der 12. Isonzo-Schlacht bei Jordan, S. 320 – 372.

152 Die „Sixtus-Affäre" sollte für den österreichisch-ungarischen Kaiser Karl I. katastrophale Folgen nach sich ziehen!

Korpskommandeure waren Deutsche, die anderen beiden, Scotti und Krauss, Österreicher.

Krafft war der Ansicht, dass ein Erfolg der Armee „nur innerhalb der Grenzen des Möglichen" liegen könne. Ein orthodoxer Angriff zur Wiedergewinnung des verlorenen Geländes mit tage- oder gar wochenlangem Vorbereitungsfeuer wäre eine Kräfteverschwendung, der Erfolg sei deshalb in einer strategischen Überraschung an einer von den Italienern unvermuteten Stelle zu suchen. Er hatte einen bisher ruhigen und weniger stark besetzten Abschnitt am oberen Isonzo im Auge, wo für Gebirgstruppen gute Erfolgschancen bestanden: der Isonzo-Bogen zwischen Flitsch (Plezzo) und Tolmein (Tolmino). Konzentrische Angriffe von diesen beiden Orten aus würden 25 Kilometer der italienischen Front abschneiden und die Verteidiger des Monte-Nero-Massivs einschließen. Mit der Erstürmung des Stol- und Colovrat-Massivs würden dann die Täler des Natisone und Judrio beherrscht, die italienische 2. Armee in ihrer Nordflanke bedroht und die ganze Front zum Zurückgehen gezwungen werden. Die Italiener rechneten mit den normalerweise unvermeidlichen Warnzeichen für eine bevorstehende Offensive: wochenlanges Artilleriefeuer. Die Deutschen setzten ihre Hoffnungen aber auf die Wiederholung einer taktischen Überraschungsmaßnahme, die erst kürzlich erfolgreich gegen die Russen bei Riga erprobt worden war und die die Alliierten bald auch an der Westfront im Rahmen der „Michael"-Offensive erleben sollten. Ihr Kern: überraschende, massivste, vergleichsweise kurze Feuerzusammenfassungen der Artillerie auf sorgsam aufgeklärte Ziele - und zwar ohne das gewohnte verräterische Einschießen - mit einer anschließenden, Hand in Hand gehenden geschmeidigen Infiltrierung des Feindes durch die Sturm-Infanterie unter Umgehung, so weit, wie das möglich war, der gegnerischen Stellungen. An die Stelle umfangreicher Feuerpläne und des bisherigen schematischen Verfahrens eines Massenangriffs der Infanterie trat eine wesentlich flexiblere Taktik. Die 14. Armee übte in den nächsten Wochen in ihren Versammlungsräumen diese neue Vorgehensweise. Als sie kampfbereit war, verlegte sie in Nachtmärschen in die getarnten Bereitstellungsräume. Täuschungsfunkverkehr und starke Luftüberwachung deckten den Aufmarsch. Trotz dieser Vorsichtsmaßnahmen gelangten schon bald erste Gerüchte über eine bevorstehende Offensive zu Cadorna. Um den 18. September war seine Besorgnis so gestiegen, dass er die zwölfte Offensive absagte und Verteidigungsvorbereitungen befahl. Doch er vermutete noch keine deutsche Intervention und unterließ deshalb eine notwendige Umgruppierung seiner Kräfte. Eine Verstärkung des Feindes vor seiner 2. Armee wurde Anfang Oktober erkennbar, und zahlreiche Deserteure - überwiegend Angehörige der nationalen Minderheiten - brachten weitere Nachrichten. Am 21. Oktober teilten zwei desertierte rumänische Offiziere

sogar genaue Einzelheiten über eine Offensive im Raum Flitsch - Tolmein mit. Doch Cadorna erwartete im Gebirge höchstens einen Nebenangriff. Lediglich eine Brigade teilte er dem Nordabschnitt zu, die Masse der Reserven beließ er an Capellos Südflügel. Cadorna beabsichtigte, die Frontlinie auszudünnen und den österreichischen Angriff bereits in seiner Entwicklung durch Artilleriefeuer zu zerschlagen. Capello lehnte die Verminderung seiner Grabenstärken ab, da er für einen Gegenangriff stark genug bleiben wollte. Am Vorabend der Schlacht standen 231 von seinen 353 Bataillonen in der Front seiner Armee.

Obwohl die beiden italienischen Generäle über den Einsatz ihrer Truppen verschiedener Ansicht waren, bezweifelte keiner ihren Geist. Cadorna, der grimmige, sich selbst maßlos überschätzende Abnutzungsstratege, hatte für diese Dinge überhaupt kein Gefühl, und Capello spürte nur seine eigene unerschütterte Entschlossenheit. Und doch war die Stimmung der italienischen Soldaten unsicher. Sechs Monate zuvor hatten nämlich schwere Verluste und miserable innere Zustände die französische Armee an den Rand der Auflösung gebracht. So richtig „angekommen" war der Krieg in Italien nie, vor allem nicht im Süden. In der Folge kam es zu einem tiefen und täglich tiefer werdenden Riss in der Nation. Der Papst und die Sozialisten verdammten den Krieg, und für die meisten einfachen Soldaten war er viel zu weit weg von ihrer Heimat, als dass sie sich unmittelbar bedroht fühlten. Sie hatten ohnehin nie geglaubt, dass „die Heimat in Gefahr" sei. Weitgehend demotiviert und taktisch falsch eingesetzt waren sie für den Schlag der Verbündeten vollkommen unvorbereitet. 15 auserlesene Divisionen, davon sieben deutsche, denen die Italiener noch nie gegenübergestanden hatten, hatten in der Nacht zum 22. Oktober unbemerkt ihre Sturmausgangsstellungen bezogen.

Der Morgen des 24. Oktober 1917 war neblig, kalter Regen fegte durch die Täler, Schneeschauer über die Höhen. Um 2.00 Uhr morgens erfolgte der gewaltige Feuerschlag der Artillerie: verschiedene chemische Kampfstoffe, durchsetzt mit Brisanzmunition, gegen die die primitiven italienischen Gasmasken nicht schützten. Das Ganze nannte man „Buntschiessen" (wegen der verschiedenfarbigen Kreuze, mit denen die Kampfstoffsorten gekennzeichnet waren). Das Gegenfeuer der kriegsmüden Italiener war unsicher und ließ auch schnell nach, da die deutsch-österreichische Artillerie die italienischen Feuerstellungen regelrecht pulverisierte und ausradierte. Als die Infanterie um 8.00 Uhr losstürmte, fand sie die erste italienische Stellungslinie beinahe vernichtet. Von Flitsch aus stieß das Korps Krauss rasch nach Saga durch und stand am Abend im Kampf um den Stol. Beim Korps Stein säuberte das Alpenkorps umgehend den Fuß des Kolovrat-Massivs und öffnete das Isonzo-Tal für die hier vorgehende schlesische

12. Division. Der Schlüssel dabei war die soge-nannte Höhe 1114 auf dem Kamm des Kolov-rat-Gebirges. Stark befestigt stellte sie den Eckpfeiler des Stellungssystems dar, das die Ita-liener in jahrelanger Arbeit zur Abwehr ausge-baut hatten. Das erste Ziel, die Erstürmung dieser Höhe 1114, gelang gleich am ersten Tag. Im wei-teren Vormarsch traf die 12. Division auf der Straße nach Karfreit nur auf lächerlich geringe italienische Kräfte und hatte bereits am Abend das Natisone-Tal gewonnen. Damit war die 14. Armee bereit, aus dem Dreieck Flitsch – Saga – Tolmein hervorzubrechen. Die aus dem Raum südlich von Tolmein nach Südwesten vordrin-genden Korps Berrer und Scotti drohten einen großen Teil der italienischen 2. Armee abzu-schneiden. Nur Conrad v. Hötzendorfs 10. Armee am rechten und Boroevics 2. Isonzo-Armee am linken Flügel konnten bislang keinen rechten Er-folg verzeichnen.

Das italienische Commando Supremo hatte am Abend noch immer kein klares Bild der schwieri-gen Lage. Von der 43., 46. und 19. Division im Schwerpunkt der Schlacht fehlte jede Nachricht, doch schien es noch möglich, den Einbruch zwi-schen Stol und Colovrat abzuriegeln. Alpini-Ver-bände am linken Flügel wurden auf den beherrschenden Monte Maggiore angesetzt, fünf Divisionen der Armeereserve sollten die Täler des Judrio und Natisone sperren, vier weitere Divisi-onen wurden von der 3. Armee und der Trenti-no-Front heranbeordert. Doch Cadorna fasste schon zwei weiter zurückliegende Widerstandsli-nien ins Auge und befahl die Vorbereitung einer Verteidigungsstellung am Tagliamento.

Am 25. wurde das düstere Bild deutlicher. Die herbeieilenden italienischen Reserven stießen auf zurückweichende eigene Verbände und stellen-weise schon auf nachdrängenden Feind. Offenbar herrschte vorne schon Panik, Deutsche und Öster-reicher waren bereits tief durch die eigenen Linien durchgestoßen. Der Monte Nero war umfasst, die Täler verloren, und nur auf den Höhen hielten sich noch vereinzelte Widerstandsnester. Um die Mit-tagszeit kam Capello, der sich krank meldete (!), zu Cadorna und flehte ihn an, einen umfassenden Rückzug anzuordnen, mindestens hinter den Torre oder den Tagliamento. Cadorna stimmte zwar zunächst zu, ließ sich aber dann von Capel-los Nachfolger Montuori überreden, vorläufig noch Widerstand zu leisten. Das feindliche Vor-dringen schien sich zu verlangsamen, sodass die vorbereiteten Rückzugsbefehle nicht ausgegeben wurden. Keiner der beiden Generäle erfasste, dass die Deutschen über die kaum verteidigten Hoch-kämme angriffen, besonders hinter der Nord-flanke der 2. Armee. Die Pässe des Kolovrat wurden von Einheiten des Alpenkorps genommen. Stufe für Stufe kletterte die 12. Kompanie des In-fanterie-Leibregiments auf dem weglosen Grat des Kolovrat-Stockes hinauf, und noch in der Dämmerung erreichte eine Gruppe Freiwilliger

unter dem Führer der Kompanie, einem gewissen Leutnant Ferdinand Schörner[153], die Nordkuppe der Höhe. Drei Kompanien des württembergi-schen Gebirgsbataillons unter dem Oberleutnant Manfred Rommel erstürmten am Abend des 25. den Monte Kuk, öffneten den Luico-Pass und führten nach kurzem Gefecht 2.000 Mann der 4. Bersaglieri-Brigade, die zur Front vormarschieren wollten, in die Kriegsgefangenschaft. In der Nacht nahm die 22. Division des Korps Krauss den Stol, und Rommel stürmte mit seiner Kampfgruppe den Gipfel des Monte Cragonza, den Dreh- und An-gelpunkt der dritten italienischen Stellungslinie am Kolovrat-Kamm, wobei er weitere 1.600 Mann gefangen nahm. In zwei Tagen hatte die 14. Armee bereits 30.000 Gefangene gemacht, die teils noch unter dem Schock des Artilleriefeuers wie betäubt in ihren Stellungen lagen. Aber auch die italienischen Reserven wurden von der um sich greifenden Panik angesteckt. Am dritten Tag, dem 26. Oktober, ging der deutsch-österreichische Vormarsch weiter.

Ritter v. Tutschek, der Führer des Alpenkorps, wollte die Lähmung, Panik und Auflösung der Italiener ausnutzen, um Cividale früher als vor-gesehen zu nehmen. Die Abteilung Bothmer, be-nannt nach dem Kommandeur des I. Bataillons des Infanterie-Leibregiments, schwenkte nach Süden aus dem Gefechtsstreifen des Alpenkorps aus. Zusammen mit den Soldaten des 10. Reser-ve-Jägerbataillons und den mecklenburgischen Jägern ging das Bataillon am 27. Oktober über das Flüsschen Natisone und schnitt damit Teile des Gegners von seinen rückwärtigen Verbin-dungen ab. Über 1.000 Italiener nahm allein die-ser Verband gefangen. Es lag wohl nicht nur am „Gefühl dieser Unterlegenheit im Kampf gegen germanische Stämme“, die den „Wälschen“ im allgemeinen im Blut steckte, wie Krafft v. Dell-mensingen meinte, sondern vermutlich auch daran, dass der Krieg eben von Anfang an bei weiten Teilen der italienischen Bevölkerung un-populär war. Krauss stieß mit seinen Divisionen über den Stol vor, Rommel eroberte den Monte Matajur, das letzte Ziel auf dem Kolovrat, und die 117. und 200. Division kamen bis auf wenige Ki-lometer an Cividale, wo das Hauptquartier der italienischen 2. Armee lag, heran. Weiter südlich nahmen die Korps Berrer und Scotti wichtige Höhen im Rücken der italienischen 2. Armee, die österreichische 2. Isonzo-Armee drang in die rückwärtige italienische Stellung ein; die 1. Ison-zo-Armee meldete das Zurückgehen der italieni-schen 3. Armee auf dem Karst. Erst gegen Mitternacht erkannte Cadorna den völligen Zu-sammenbruch seiner Front. Als die Nachricht eintraf, dass auch der Monte Maggiore verloren war, ließ er in der Nacht zum 27. Oktober endlich

---

153 Der spätere (1945) Generalfeldmarschall und letz-te Oberbefehlshaber des Heeres Ferdinand Schörner (12. Juni 1892 – 2. Juli 1973) war ein überzeugter Anhänger des NS-Regimes, der in der Endphase des 2. Weltkrieges die mili-tärische Disziplin mit brutalen Methoden durchsetzte.

- aber zu spät - die Rückzugsbefehle ausgeben.

Dieser Rückzug, vielmehr bereits eine panikartige Flucht, aber war schon lange im Gang. Nur wenige Soldaten klammerten sich ohne jede Hoffnung auf Entsatz noch an ihre Stellungen. Die Alpini auf dem Monte Nero fielen beinahe bis zum letzten Mann. Die Masse der italienischen 2. Armee aber strömte unaufhaltbar in die Ebene zurück, unbarmherzig verfolgt von den Verbündeten. Die Karnische Gruppe und die italienische 3. Armee konnten durch Zurückbiegen ihrer Flügel die Verfolgung, die durch die Vermischung der Verbände und Nachschubschwierigkeiten allmählich langsamer wurde, vorerst noch parieren. Aber die Überraschung von Caporetto hatte ihre Wirkung getan, weder der Torre noch der Tagliamento boten Schutz. Krauss nahm am 5. November bei Cornino für den weiteren Angriff wertvollen Raum. Die Italiener wurden immer weiter zurückgetrieben, lösten sich förmlich auf. Erst am Piave, dessen Unterlauf am 7. November erreicht wurde, kam die Front zum Stehen, als italienische Rekrutendivisionen und kampferprobte alliierte Divisionen aus Frankreich eintrafen.

Die italienischen Verluste an Menschen und Material wurden 1918 von einer Kommission des k.u.k. Evidenzbureaus[154] für den Zeitraum vom 20. Oktober 1917 bis zum 20. November 1917 wie folgt festgestellt:

Personalverluste:
- zwischen 10.000 und 13.000 Gefallene
- ca. 30.000 Verwundete
- ca. 300.000 Versprengte
- ca. 66.000 Deserteure
- 298.745 Gefangene und
- 6.220 Überläufer,

zusammen etwa 667.000 Mann! Die Materialverluste betrugen
- 3.512 Geschütze aller Kaliber
- 1.732 Minenwerfer aller Kaliber
- 2.899 Maschinengewehre
- ca. 300.000 Gewehre
- eine nicht mehr feststellbare Menge an Pionier- und Traingerät, Kleidung und Ausrüstung, Munition, Verpflegung und Schlachtvieh.

Der Gewinn von zwei Jahren harter und blutiger Kämpfe war in nur 14 Tagen dahin. Krafft hatte ein taktisches Meisterstück abgeliefert, Italien stand vor dem Zusammenbruch. Doch in einer merkwürdigen Umkehrung des Ausgangs der Schlacht hatte die schlimme Erfahrung von Caporetto den Alliierten mehr gedient als ihren Feinden. Ludendorff versuchte weiter, mit lediglich taktischen Mitteln einen „Endsieg" zu erringen, die Österreicher wurden in ein fünftes und schließlich Verderben bringendes Kriegsjahr ge-

trieben, den Italienern aber brachte die katastrophale Niederlage einen festeren inneren Zusammenhalt. Die alliierten Führer, die sich in Rapallo trafen, errichteten endlich ein gemeinsames interalliiertes Oberkommando - etwas, wogegen sich ihre Generale unklugerweise so lange gesträubt hatten.

---

154 Vergleichbar mit dem Bundesnachrichtendienst oder der CIA.

Das letzte Jahr des Alpenkorps

Das Jahr 1918 sah für die Mittelmächte zunächst und oberflächlich betrachtet gar nicht einmal so schlecht aus: Aus dem Zweifrontenkrieg war nach dem Ausscheiden Russlands ein Einfrontenkrieg geworden. Durch den Frieden von Brest-Litowsk waren so viele Truppen frei geworden, dass zum ersten (und einzigen) Male in diesem Krieg in Frankreich und Belgien mehr deutsche als anglo-französische Truppen standen - rein quantitativ gesehen. Und nach „Karfreit" war auch an der Italienfront Ruhe eingekehrt. Vor diesem Hintergrund und nicht mit dem Ziel, raumgreifend zu erobern oder den Krieg zu verlängern, sondern ihn so bald wie möglich unter annehmbaren Bedingungen zu beenden, strebte die OHL im Westen mit aller Kraft die Entscheidung an. Eine allerletzte Kraftanstrengung (und noch bevor die USA ihr ganzes militärisches Potenzial nach Europa werfen konnten) sollte den Krieg beenden. Ab dem 21. März 1918 tobte die „Große Schlacht in Frankreich". Der erste Schlag, „Michael", wurde bei St. Quentin vorbereitet mit dem Ziel, nach Amiens vorzustoßen und das englische Heer vom französischen zu trennen. Am 9. April 1918 holte die OHL mit „Georgette" zum zweiten Schlag in Flandern aus. Bei Armentières errangen deutsche Truppen gegen portugiesische Kräfte zwar Anfangserfolge, doch dann blieb auch dieser Angriff stecken. Nach einer Ruhe- und Ausbildungsphase sowie Einsätzen in Lothringen wurde das Alpenkorps seit dem 11. April in der Schlacht von Armentières im Abschnitt des Armee-Oberkommandos 4/X. Reservekorps eingesetzt. Zum ersten Mal unterstützten hier zwei Gebirgs- und eine Feldartillerie-Batterie die Regimenter als sogenannte „Infanterie-Begleitbatterien" unmittelbar. Nach Gasbeschuss und einem mörderischen Artilleriefeuer stürmten am 25. April 1918 die Infanterie des Alpenkorps den Berg Kemmel. Der Kemmel ist eigentlich nur ein wenige hundert Meter hoher Hügel, er liegt jedoch in einer flachen Ebene und hatte deshalb eine fast strategische Bedeutung. Die Erhebung war mit betonierten Maschinengewehr-Nestern stark befestigt. Nicht nur das mit viel Blut bezahlte Ergebnis an sich, sondern die militärisch-politische Situation, in der solche Bravourstücke der Führung sehr gelegen kamen und sich publizistisch auswerten ließen, machten die Jäger des Alpenkorps im In- und Ausland berühmt. Geradezu jubilierend beschrieb der Kriegsberichterstatter der Pressestelle beim Generalstab des Feldheeres das Artilleriefeuer, das „wie eine Walze vom Fuße des Berges bis auf den Gipfel hinaufkrieche". [...] Nun kam die Gewandtheit, die erstklassige Ausbildung [...], die vorzügliche Führung [...] und vor allem der unerhörte Schneid unserer Gebirgler voll zur Geltung", fährt er bei der Schilderung des Sturmes bayerischer, hannoverscher und mecklenburgischer Jäger be-

geistert fort.[155] Auch die ausländische Presse, die feindliche eingeschlossen, berichtete über das Alpenkorps, das sich aus den Bergbewohnern Bayerns und Württembergs rekrutiere. Mehr als 15 Offiziere und 610 Unteroffiziere und Mannschaften kostete der Sturm auf den Kemmel das Leben. Die Gesamtverluste des Korps betrugen über 3.000 Mann.

Am 1. Mai 1918 ging die 4. Armee zur Verteidigung über. Zwei Tage zuvor hatten die Franzosen gegen die Linie Brulooze - Loker einen Angriff unternommen, um den Kemmel zurückzuerobern. Der Übergang zur Defensive sollte der Truppe allerdings verschwiegen werden. Das Alpenkorps stand nun im Zentrum des Korpsabschnittes. Bereits am 4. und 5. Mai gelangen den Franzosen erste Einbrüche. Als das Alpenkorps in der Nacht vom 5. auf den 6. und in der Nacht vom 6. auf den 7. Mai durch die 31. Infanteriedivision abgelöst wurde, hatte das Infanterie-Leibregiment nur noch Bataillonsstärke!

---

155 *Offizier-Kriegsberichterstattung Westfront der Pressestelle beim Generalstab des Feldheeres vom 29. 4. 1918. (KA, Alpenkorps, Bund 50, Akt 2).*

Somme, Serbien und der Rückzug

Die letzte deutsche Teiloffensive „Marneschutz – Reims" am 17. Juli 1918 wurde ein Stoß ins Leere. Am Tag darauf ging die Initiative endgültig an den Gegner über. An den folgenden Abwehrkämpfen zwischen der Somme und der Oise und an der Abwehrschlacht von Cambrai – St. Quentin war das Alpenkorps vom 8. August an, dem „schwarzen Tag des deutschen Heeres", beteiligt. So lange hatte es gedauert, die Lücken aufzufüllen und die Soldaten, vor allem bei der Artillerie, auszubilden. Das Alpenkorps umfasste in dieser Zeit neben dem Korpsstab sowie dem Stab der bayerischen Jäger-Brigade Nr. 1 drei Regimenter mit zusammen neun Bataillonen und neun Maschinengewehr-Kompanien. Außerdem verfügte der Großverband über eine Gebirgs-Maschinengewehr-Kompanie, die Maschinengewehr-Scharfschützen-Abteilung 24 und die Gebirgs-Maschinengewehr-Abteilungen 204 und 205. Die Stärke der Infanterie lag bei 54 Offizieren und 8.000 Unteroffizieren und Mannschaften. Immer noch beim Korps war die 3. Eskadron der 4. Chevaulegers „König", obwohl seit Dezember des vergangenen Jahres Pferde und Personal der Kavallerie zunehmend zur Aufstellung bespannter Fußartillerie-Formationen herangezogen worden waren. Die Artillerie des Alpenkorps bestand noch aus dem Feldartillerie-Regiment 204 mit 24 Feldkanonen 96 n/A und 45 Haubitzen 98/09 sowie der Gebirgs-Artillerie-Abteilung 6 (zwei 7,5 cm-Kanonen-Batterien, eine 10 cm-Haubitzen-Batterie). Hinzu kamen die Fernsprech-Abteilung 622, zwei Tragtlerkolonnen und der Staffelstab 142 mit drei Munitionskolonnen. Im Juli verfügte das Alpenkorps noch über ganze 22 Kraftfahrzeuge. So ausgestattet – und damit immer noch besser als die meisten anderen Divisionen im Westen – kämpfte die Division bis Ende September im Raum Péronne. „Der Geist der Truppe ist gut", meldete v. Tutschek, doch sei die physische Kraft von Offizieren und Mannschaften sehr stark gesunken.[156] Schon fehlte es an Kräften für die nächtlichen Sicherungslinien. Die Lagebeurteilungen der Regiments- und Bataillonskommandeure waren pessimistischer – realistischer! – als die des Korpsführers. Oberst Paulus, der Kommandeur des bayerischen Jäger-Regiments, bezeichnete die Moral der Truppe als schlecht; sein preußischer Kamerad, der Kommandeur des Jäger-Regiments 2, Oberstleutnant v. Bronsart, berichtete über stumpfe Apathie bei seinen Soldaten. Allein im September war die Hälfte des Offizierskorps der Jägereinheiten durch Tod oder Verwundung ausgefallen.
Als durch den Waffenstillstand Bulgariens am 29.

September 1918 die Front in Mazedonien allmählich zusammenbrach, beorderte man das Alpenkorps noch einmal nach Serbien. Mit einer Abteilung schwerer Artillerie, zwei Pionier-Kompanien und den Staffelstäben verstärkt kam das Korps nach einem Eisenbahnmarsch von Namur über Lüttich, Dortmund, Leipzig, Prag und Budapest nach mehr als sechs Tagen in Niš an. Gemeinsam mit österreichischen Truppen wiesen die Jäger am 16. Oktober einen serbischen Angriff ab – es war der letzte Einsatz gegen reguläre feindliche Truppen. In Stara Pazova, nordwestlich von Belgrad, erfuhren die Deutschen am 2. November vom Waffenstillstand zwischen der Entente und ihrem Verbündeten. Die österreichischen Truppen verließen das Korps. Der letzte Eintrag im Kriegstagebuch des Alpenkorps ist vom 6. November 1918 datiert: „Korps Stabs Quartier Uj Sowe, Rasttag, Wetter schön." Einen Tag später verließ im fernen Bayern König Ludwig III. seine Hauptstadt München, wo die Republik ausgerufen wurde. Nacheinander fielen die deutschen Monarchien binnen weniger Tage in sich zusammen. Die Soldaten erfuhren dies, ebenso wie von der Abdankung des Deutschen Kaisers, erst über eine Woche später. Mehr oder minder auf sich allein gestellt, zog das Alpenkorps durch die Wojwodina und Batschka nach Ungarn. Es kam zu „revolutionären" Erscheinungen wie dem Verkauf von Waffen und Ausrüstung an die ungarische Bevölkerung, Desertionen oder Forderungen nach Einsetzung eines Soldatenrates. Die Deserteure kehrten aber nach ein paar Tagen zurück, zu heiß war ihnen als deutsche Soldaten das Pflaster im jetzt zunehmend feindlich gesonnenen Ausland, und die Regimentskommandeure verboten die Bildung von Soldatenräten. Das Hauptproblem blieb die Rückkehr in die Heimat. Nach Verhandlungen mit dem ungarischen Nationalrat (und wohl auch mit etwas Druck – das Alpenkorps verfügte noch über einen großen Teil seiner Waffen) gelang es, von den Ungarn Eisenbahntransporte zu erhalten. Vom 19. November an kehrte die Division nach Deutschland zurück, wo sie am 17. Dezember 1918 aufgelöst wurde.

---

156 *Kommando des Alpenkorps vom 4.10. 1918. Gefechtswert der Truppen. (KA, Alpenkorps, Bund 50, Akt 9).*

Das Karpaten-Korps

Zwar stehen naturgemäß das Deutsche Alpenkorps und sein Gründer Krafft von Dellmensingen im Zentrum einer Geschichte der deutschen Gebirgstruppen, vor allem dann, wenn es sich um den Gebirgskrieg im Ersten Weltkrieg handelt, aber diese Elite-Division war nicht die einzige eigens für den Einsatz im Gebirge aufgestellte Formation. Weit weniger bekannt, im Umfang kleiner und auch mit weniger spektakulären Einsätzen „gesegnet", die sich im – militärgeschichtlich ohnehin nur schwach ausgeprägten – deutschen kollektiven Bewusstsein hätten festsetzen können, war das „Karpaten-Korps". Die Karpaten sind ein Gebirgszug zwischen Ungarn und Galizien. Der strategischen Bedeutung der Karpaten war man sich im k.u.k. Generalstab schon lange vor dem Krieg bewusst, denn sie sind ein zwar nicht alpines, aber dennoch beachtliches Gebirge, das einerseits den von allen Seiten umfassten österreichisch-ungarischen Truppen in Galizien nur wenig Raum zum Ausweichen oder freien Operieren gab, andererseits vom Feind aber auch nicht überwunden werden durfte. Zudem begünstigte es – vor allem im Winter – gebirgsgewohnte oder gar entsprechend ausgerüstete Truppen. Zugleich konnten die Karpaten aber auch von „normalen" Truppen überwunden werden. In einem solchen Fall hätten die Russen in die ungarische Tiefebene durchbrechen und das Habsburgerreich in schwere Bedrängnis bringen können. Für die Verteidigung waren sie indes sehr gut geeignet, kanalisierten sie doch mit ihren Tälern und Passübergängen die Bewegungen eines Aggressors.[157] Gewisserweise der Vorläufer des Karpatenkorps war das Korps Bothmer, benannt nach dem bayerischen Generaloberst (1918) Felix Graf v. Bothmer.[158] Nach der Verlegung von der West- an die Ostfront und der vom 24. Juli 1916 bis 22. Dezember 1917 andauernden Unterstellung unter die österreichisch-ungarische 7. Armee führte das Korps dann offiziell die Bezeichnung Karpatenkorps. Im August 1916 bestand es im Kern – neben den üblichen Korpstruppen – aus der 3. Garde-Division sowie der 1. Division mit dem

- Grenadier-Regiment „Kronprinz" (1. Ostpreußisches) Nr. 1,
- Grenadier-Regiment „König Friedrich Wilhelm I." (2. Ostpreußisches) Nr. 3 und dem
- Infanterie-Regiment „Herzog Karl von Mecklenburg-Strelitz" (6. Ostpreußisches) Nr. 43.

Alle Regimenter hatten in Königsberg ihre Garnison. Hinzu kam die neu aufgestellte 200. Division mit dem

- Brandenburgischen Jäger-Bataillon Nr. 3,
- Magdeburgschen Jäger-Bataillon Nr. 4 und dem
- Jäger-Bataillon „v. Neumann" (1. Schlesisches) Nr. 5.

Das Hauptquartier des Stabes des Karpaten-Korps befand sich in Ruszpolyana.

Das Korps v. Bothmer verdankte seine Existenz dem Stellungskampf am Zwinin.[159] Als der Zwinin nicht genommen werden konnte, bildete man am 23. März 1915 aus der 1. Division, die bisher dem Korps Hoffmann unterstanden hatte, und der noch freien 3. Garde-Division ein Korps unter der Führung v. Bothmers. Sein größter Erfolg war die Erstürmung des Zwinins am 9. April 1915, dann der Durchbruch durch die Beskiden und am 31. Mai bis 1. Juni die Einnahme von Stryj. Am 23. Juni 1915 erfolgte der schwierige Dnjestr-Übergang mit der anschließenden Verfolgung der flüchtenden Russen. Am 7. Juli 1915 wurde das Korps aufgelöst und v. Bothmer übernahm die Führung der Südarmee. Um die österreichisch-ungarischen Streitkräfte an der Ostfront zu unterstützen, wurden im August 1916 deutsche Truppen in die ungarischen Karpaten befohlen, wo sie von August 1916 bis Ende 1917 im Norden der rumänischen Front eingesetzt wurden und schließlich die Bukowina als Ganzes zurückerobern konnten. Als besonderes Erkennungszeichen trugen die Angehörigen des Karpaten-Korps ein besonderes Mützenabzeichen in Form eines Hirschgeweihs, das „Karpatenkorps-Abzeichen", das unterhalb der zweiten Mützenkokarde getragen wurde.

---

157 Vgl. Hirschfeld, S. 606.
158 Felix Graf v. Bothmer: 10. Dezember 1852 in München bis 18. März 1937 ebenda.

---

159 Der in seinem gesamten Verlauf über 800 m hohe Bergrücken des Zwinin erstreckt sich über ca. 10 km von Süd-Ost nach Nord-West. Die drei höchsten Erhebungen sind (von W nach O): der Zwinin II (1109 m); die Höhe (1091 m) und der Zwinin I (992 m). Weiter östlich schließen sich der Ostrog (936 m) und der Ostry (1.026 m) an. Das Gelände war mit seinen verhältnismäßig breiten Straßen und seinem Eisenbahnanschluss für den russischen Nachschub wie geschaffen.

Uniformierung und Ausrüstung der Gebirgstruppen im Ersten Weltkrieg

Bekleidungsnachweisung im Soldbuch eines Angehörigen des Alpenkorps, März 1917. (Sammlung Suessterhen)

Da Gebirgstruppen in der Alten Armee vor 1914 nicht systematisch aufgebaut wurden, sondern erst bei Kriegsbeginn nach den Bedürfnissen ihres Einsatzgebietes ausgerüstete Truppenteile waren, unterschieden sich einzelne Formationen zunächst nur durch entsprechende Zusatzausrüstung.

Erfahrung in der Uniformierung und Ausrüstung von Gebirgstruppen gab es bislang nicht, da ein Krieg in alpinem Gebiet aufgrund der geopolitischen Situation als nicht denkbar erschien. Im Kampf um die Vogesen im Winter 1914/15 waren schon alpine Fähigkeiten gefragt. Mit dem Eintritt Italiens auf Seiten der Entente änderte sich die Situation jedoch schlagartig. Die Front verlief über extreme Gebirgslandschaften der Alpen, in denen die Soldaten unter Umständen kämpfen mussten, die in der Kriegsgeschichte bisher unbekannt waren.

Einzig die Schneeschuhbataillone wurden schon Ende 1914 durch das bayerische Kriegsministerium speziell ausgerüstet, um unter Winterbedingungen zu kämpfen. Sie waren - was die Uniformierung betraf - für die Truppen im Gebirgseinsatz beispielgebend. Als Grundausstattung diente den Gebirgseinheiten die normale Felduniform. Ansonsten wurden die Soldaten im alpinen Raum sukzessive nach ihren Bedürfnissen ausgestattet. Gerade beim Alpenkorps erhielten die Einheiten erst in ihrem

Aufmarschgebiet in Tirol ihre gebirgstaugliche Ausrüstung, zum größten Teil aus Beständen der österreichischen Verbündeten oder aus freien Ankäufen im Handel.

Interessanterweise wurden die meisten Uniformierungs- und Ausrüstungsgegenstände, die zur Sonderausstattung für Schneeschuh- und Gebirgstruppen zählten, erst 1918 erstmalig durch Vorschriften in Art und Material festgelegt.

Bei der Festlegung und Beschaffung der speziellen Bekleidungsteile war das bayerische Kriegsministerium im Kriegsverlauf federführend geworden. Betrachtet man allerdings die Aufstellung der Truppenteile, die unter alpinen Bedingungen im Feld standen, so fällt doch auf, dass es sich in der Mehrzahl um außerbayerische Verbände handelte. Da die für den Gebirgseinsatz ausgestatteten Verbände zwischenzeitlich immer wieder an anderen Fronten unter nicht alpinen Bedingungen, z.B. an der Flandernfront, eingesetzt wurden, waren diese oftmals in ihrer Verwendung nicht als Gebirgsverbände erkennbar.

Die Schneeschuhabteilungen, und in der Folge das Jäger-Regiment Nr. 3 sowie das württembergische Schneeschuhbataillon, waren Spezialeinheiten im Gebirgskrieg und stehen nicht für die generell als Gebirgstruppen bezeichneten Verbände. Die Masse der im Gebirge - sei es in den Alpen, Vogesen, Karpaten oder in Serbien - kämpfenden Einheiten konnte nur so weit möglich und notwendig für die speziellen Aufgaben ausgerüstet werden.

Um auf sämtliche Details der allgemeinen Uniformierung und Ausrüstung einzugehen, ist hier nicht der Platz. Es sei der interessierte Leser auf die entsprechenden Fachpublikationen über die Uniformierung und Ausrüstung des Ersten Weltkrieges hingewiesen. Hier sollen nur die Grundzüge und die gebirgstruppenspezifischen Uniform- und Ausrüstungsteile vorgestellt werden.

Um einen Überblick über die Uniformierung und persönliche Ausrüstung des Soldaten zu erhalten, ist eine Bekleidungsnachweisung im Soldbuch eines Infanteristen des bayerischen Infanterie-Leibregiments sehr aufschlussreich. Die Aufstellung stammt aus dem Jahr 1917, als das Regiment in Siebenbürgen kämpfte. Sie entspricht dem Standard der im Ersten Weltkrieg kämpfenden Gebirgstruppen.

Bayerischer Infanterist mit Gebirgsausrüstung, 1915. Benagelte Schnürschuhe mit Wickelgamaschen, Bergstock, sowie die auf den Rucksack geschnallten Schneeschuhe waren die minimale Modifikation der normalen Ausrüstung.
(GMS BS)

Feldmütze M1907

Seit Einführung der ersten feldgrauen Uniform 1907 trugen die Mannschaften und Unteroffiziere die Krätzchen genannte, weich gearbeitete Feldmütze mit farbigem Bund, Vorstoß und feldgrauem Deckel. Die Mütze hatte verglichen zu den Offiziersmützen keinen Chic, trotz individueller Versuche, sie auf einer Seite zu ziehen – ähnlich wie bei der Bundeswehr das Barett – oder sie gegen die Vorschrift schief aufzusetzen. Dazu war es auch reichlich inkonsequent, eine feldgraue Bekleidung aus Gründen der Tarnung anzuschaffen und an der Kopfbedeckung den weithin sichtbaren farbigen Bund zu tragen. Das führte im April 1915 dazu, den Bund mit einem feldgrauen Band abzudecken. Auf dem Deckel saß die deutsche Reichskokarde, darunter auf dem Bund die bayerische oder preußische Landeskokarde. Beide farbig lackierten Blechkokarden hatten zwei kleine Löcher, durch die sie festgenäht wurden. Die Landeskokarden für Reserve- und Landwehrformationen zeigte ein aufgeprägtes Landwehrkreuz. Das Futter der Mütze bestand aus Leinenstoff.

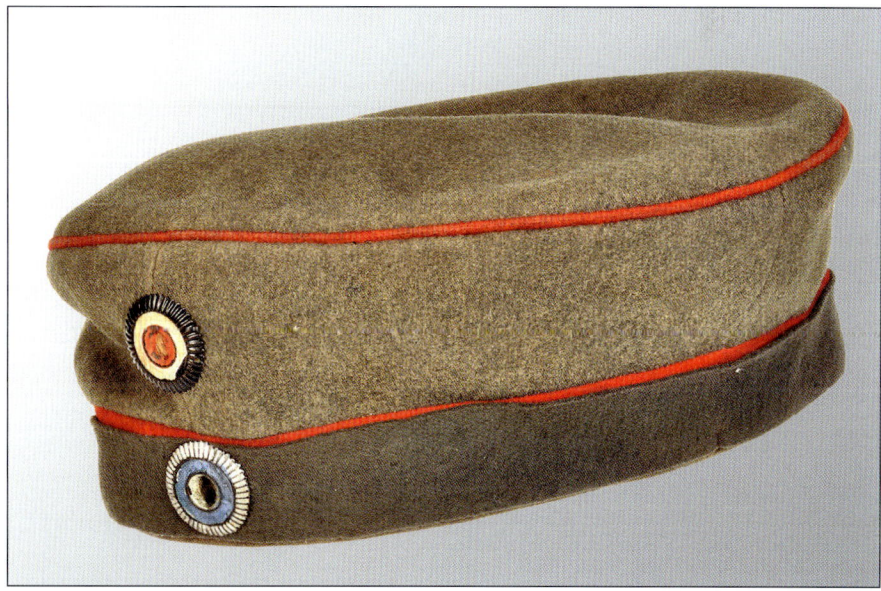

Oben: Feldmütze M1907 der preußischen Infanterie. (BAM 10.123)

Unten: Feldmütze M1907 der bayerischen Infanterie mit Verdeckband aus feldgrauem Besatztuch über dem roten Bund. (BAM H9829)

Links: Bayerischer Soldat mit Feldmütze M1907 (GMS BS)

Ganz links: Reichskokarde und preußische Kokarde, wie sie bereits an der farbigen Feldmütze getragen wurden. Geprägtes Eisenblech, lackiert (BAM)

Einheitsfeldmütze M1917

Die im August 1917 eingeführte Einheitsfeldmütze für Mannschaften und Unteroffiziere trug dem Bedürfnis nach Tarnung Rechnung und hatte statt farbigem Vorstoß bzw. Bund in Preußen resedagrünes Abzeichentuch. In Bayern war die Mütze völlig aus feldgrauem Grundstoff herge

stellt. Die Kokarden wurden nach Aufbrauchen der alten etwas kleiner und durch rückseitig angelötete Splinte befestigt und nicht mehr festgenäht. Die bayrische Landeskokarde erhielt ab 1916 auch eine neue Form, sie besaß ein etwas größeres blaues Zentrum und war leichter zu erkennen.

Oben: Einheitsfeldmütze M1917 für preußische Mannschaften. Der Deckelvorstoß und Bund aus feldgrauem Abzeichentuch (BAM 31/71)

Oben rechts: Bayerischer Unteroffizier mit Einheitsfeldmütze M1917 (GMS BS)

Unten: Einheitsfeldmütze M1917, Bayern. Probestück des Kriegsministeriums München. (BAM H8259)

Dienstmütze mit Schirm M1908

Für Soldaten des Train und Krankenträger der Sanitätskompanien war statt des Helmes eine Dienstmütze vorgeschrieben, die der normalen Dienstmütze glich, jedoch einen schwarzen Lederschirm und einen Ledersturmriemen mit Schiebeschnallen besaß. Der Deckel war feldgrau, Bund und Deckelvorstoß farbig. Diese Mütze fand auch bei der Aufstellung der ersten Gebirgsformationen bei anderen Truppengattungen als dem Train und den Krankenträgern Eingang. Der Unterschied zur Feldmütze für Offiziere M1910 war bei privat beschafften Stücken oft sehr gering.

Oben: Bayern, Gemeiner mit Dienstmütze 1908 (GMS BS)

Links: Bayerischer Pionier im Alpenkorps. Am Kragen die bayerische Kennzeichnungsborte, am Mützenbund das Edelweißabzeichen. (GMS BS)

Oben: Dienstmütze eines bayerischen Artilleristen, ohne Sturmriemen (BAM 337/68)

Unten: Dienstmütze M1908 für einen Portepeeunteroffizier der bayerischen Jäger im Alpenkorps. (GMS BY1422/1)

Feldmütze für Offiziere M1910

Die Feldmütze für Offiziere entsprach generell der Dienstmütze mit Schirm M1908 – mit dem Unterschied, dass der Deckel aus feinerem Offizierstuch bestand und durch eine Feder vorne hoch gehalten wurde. Die Kokarden waren offiziersmäßig, und bei Artillerie und technischen Truppen kam statt schwarzem Tuch schwarzer Samt am Bund zur Verwendung. Im Feld trug man zur Tarnung auch das feldgraue Abdeckband um den Bund. Der schwarze Sturmriemen aus Lackleder besaß nur eine Schiebeschnalle und war mit zwei schwarz lackieren Knöpfen befestigt.

Während des Krieges wurden auch nach Einführung der Feldmütze M1915/16 diese Mütze beibehalten und zur sogenannten Friedensuniform von 1915/16 in der Heimat getragen, die ja wieder vollfarbigen Kragen und Aufschläge besaß.

Oben: Feldmütze M1910 eines bayerischen Infanterieoffiziers. (BAM B 6530)

Unten: Bayerische Infanterieoffiziere mit der Feldmütze M1910. (GMS BS)

Feldmütze für Offiziere M1915/1916

Die Einführung der Feldmütze für Offiziere 1915/16 mit farbigem Deckelvorstoß und Bund war für die sogenannte „Neue Friedensuniform" gedacht und lief am Bedarf der Truppe völlig vorbei. Der farbige Bund konnte im Feld wie bei der Mütze M1910 nur mit feldgrauem Verdeckband getragen werden.

Die neue Feldmütze unterschied sich vom Vorgängermodell durch einen grauen Schirm und Sturmriemen. Wobei ab 1917 die Schirme nicht mehr aus Leder, sondern aus Pappe oder Vulkanfiber oder sonstigen Ersatzstoffen gefertigt waren. Da der Bund meist durch das Abdeckband verdeckt war, fertigte man den Bund auch oftmals aus feldgrauem Tuch und nahm damit die Einheitsfeldmütze vorweg. Der Deckel war weich gearbeitet und bestand aus feldgrauem Wolltuch. Im Felde sollte die Feldmütze ab 1917 von der Einheitsfeldmütze für Offiziere abgelöst werden.

Oben: Probe der Feldgrauen Feldmütze für Offiziere, in Bayern 1916 eingeführt. Hier mit der ebenfalls neuen Landeskokarde. (BAM H6605)

Unten: bayerischer Leutnant mit Feldmütze M1916 mit feldgrauem Abdeckband (GMS BS)

Feldgraue Schirmmütze M1915/1916

*Oben: Feldgraue Schirm-
mütze für Offiziere der
preußischen Artillerie und
Verkehrstruppen. (BAM
508/90)*

*Unten: Prinz Alphons von
Bayern mit der neuen
Schirmmütze zum Kleinen
Rock. (GMS BS)*

Mitten im Krieg wurde 1916 in Bayern, 1915 schon in allen anderen deutschen Bundesstaaten eine neue Uniform eingeführt, die nach dem erwarteten Frieden als Ersatz für die farbige Friedensuniform als Ausgeh- und Paradeuniform dienen sollte. Grundfarbe der neuen Bekleidungsstücke war nun Feldgrau. Die zu dieser Uniform passende Mütze hatte große Ähnlichkeit mit der Feldmütze für Offiziere. Der Deckel war jedoch steif gearbeitet und die Mütze besaß keinen Sturmriemen. Der Bund und Deckelvorstoß waren farbig, der Schirm aus feldgrau lackierter Pappe oder Fiberkunststoff. Auf die Verwendung von Leder hatte man ab 1917 völlig verzichtet. Die Schirmmütze trug in der Mannschaftsausführung einfache lackierte Kokarden, für Offiziere und Portepeeunteroffiziere die entsprechenden Offizierskokarden. Da die sogenannten Friedensbekleidungsstücke während des Krieges nicht von Kammer ausgegeben wurden, waren die Mützen dieses Musters für Mannschaften und Unteroffiziere durchgängig selbst beschaffte Eigentumsstücke von besserer Stoffqualität, soweit diese in der Kriegswirtschaft des fortschreitenden Kriegs noch verfügbar waren. Deshalb sind Qualitätsunterschiede zu den Offiziersstücken oft kaum feststellbar.
Die Beschaffung dieser Mützen fand ein Ende durch den Mangel an Spinnstoffen, der nur noch die Herstellung von Feldbekleidungsstücken zuließ.

Einheitsfeldmütze für Offiziere M1917

Im Juli/August 1917 wurde in Preußen und Bayern eine Einheitsfeldmütze für Offiziere verordnet. Wie bei der Einheitsfeldmütze der Mannschaften besaß diese in Preußen einen Deckelvorstoß und Bund aus feldgrauem Abzeichentuch, in Bayern jedoch aus Mützengrundstoff. Offensichtlich umgingen bayerische Offiziere die Vorschrift und ließen sich auch Deckelvorstoß und Bund aus feldgrauem Besatztuch fertigen, wie das in den anderen Bundesstaaten Vorschrift war. Entscheidend war jedoch, dass die Offiziersmützen auf Distanz von den Mannschaftsmützen farblich nicht zu unterscheiden waren.

Die Schirme konnten wegen der Materialknappheit an Leder nur noch aus Vulkanfiber, grau lackierter Pappe oder kaschiertem Wachstuch gefertigt werden. Ebenso verwendete man für den Sturmriemen mit zwei Schiebeschnallen Ersatzstoffe wie grau lackiertes Wachstuch oder Pappe. Die Offiziere hatten darauf zu achten, dass sich ihre Mützen nicht von den Mannschaftsmützen in der Materialqualität unterschieden. In der Praxis war die Stoffqualität jedoch meist feiner als bei den Mannschaften. Es wurden auch hier die Offizierskokarden getragen.

Neben der Einheitsfeldmütze wurden bis Kriegsende und darüber hinaus in die Anfänge der Reichswehr alle Arten von Schirmmützen aufgetragen, solange der Bund nicht farbig war, also ein Verdeckband trug oder feldgrau übernäht war.

Oben: Einheitsfeldmütze für bayerische Offiziere. Für Bayern unvorschriftsmäßige Fertigung mit Vorstoß und Bund aus feldgrauem Besatztuch statt aus Grundtuch. Edelweißabzeichen des Alpenkorps.
(BAM N1126)

Unten: Bayerischer Leutnant des Alpenkorps mit Einheitsfeldmütze M1917. (GMS BS)

Mütze für Schneeschuhtruppen

Eine besondere Mützenform kam 1914 bei den neu aufgestellten Schneeschuhtruppen in die Armee. Sie hatte große Ähnlichkeit mit der österreichischen Feldmütze, die einen herunter klappbaren Bund besaß. Dieser vorne durch zwei Hornknöpfe geschlossene Bund diente bei Kälte und Wind als Ohren- und Nackenschutz. Der Deckel hatte in der Regel einen grünen Vorstoß (Jägertruppe), auf der linken Seite ein aufgesticktes grünes „S" (Schneeschuhtruppe) und vorne oder jeweils seitlich auf dem Deckel die Reichs- und die Landeskokarde. Angehörige der bayerischen Gebirgs-Kanonen-Batterien trugen auf der linken Mützenseite eine dreiflammige gelbe Granate aus Tuch, die im Aussehen dem Ärmelabzeichen der Richtschützen entsprach.

Die Schneeschuhmütze Württembergs war etwas niedriger im Schnitt und hatte einen weichen Tuchschirm.

Der Schirm war aus graugrünem Fiberkunststoff oder Pappe. Diese Mütze wurde allmählich bei allen Gebirgsformationen eingeführt. Allerdings führte an der Serbienfront ihr Aussehen häufig zu Verwechslungen mit österreichischen Truppen, was dazu führte, dass 1915/16 die Mütze gegen Tschakos und dann gegen Helme mit Spitze gewechselt wurde. Die Württemberger ersetzten sie durch die Feldmütze. Trotzdem waren die Schneeschuhmützen nicht völlig verschwunden, die Restbestände wurden bei verschiedenen Formationen, wie dem Gebirgs-Ersatz-Bataillon aufgetragen. Man fand

die „Schneeschuhmütze" noch 1919 bei württembergischen Einheiten der Reichswehr.

Zur Mütze für Schneeschuhtruppen wurde auch ein weißer Schneetarnüberzug ausgegeben und getragen.

Oben: Württembergischer Schijäger. Auf der Seite die württembergische Kokarde vor den beiden Lüftungslöchern. (Slg. Suessterhen)

Unten: Vorläufer der Bergmütze der Wehrmacht. Späte Fertigung ohne grünen Deckelvorstoß, Schirm aus Pappe mit Stoff bezogen. Die Anbringung der Kokarden war nicht einheitlich, hier nur die Reichskokarde sichtbar. Edelweißabzeichen des Alpenkorps. (GMS BY1444/1)

Kampfabzeichen

Mit der Genehmigung des von Erzherzog Eugen dem Alpenkorps geschenkten 20 000 Edelweißabzeichen durch Kaiser Wilhelm II. trugen Angehörige oder ehemalige Angehörige das metallgeprägte Edelweiß. Das Abzeichen durften nur diejenigen anlegen, die vom Juni bis Oktober 1915 in Tirol gekämpft hatten. Ein entsprechender Vermerk zur Trageberechtigung ist in Soldbüchern zu finden. Damit ist es eigentlich kein Verbandsabzeichen, sondern ein Erinnerungszeichen für Teilnehmer an den Kämpfen in Tirol im Verband des Alpenkorps. Getragen wurde das Abzeichen auf der linken Seite der Mütze, eigentlich auf dem Besatzstreifen, man fand es aber häufig am Rand zwischen Deckel und Bund oder gar am Mützendeckel. Am Helm wurde das Edelweiß über der linken Kokarde befestigt.

Als weitere offiziell genehmigtes Verbandsabzeichen wurde das Karpatenkorps-Abzeichen durch den Österreichischen Kaiser verliehen. Es wurde zur Erinnerung an die Kämpfe der 1. und 200. Infanterie-Division in den Karpaten im Juli 1916 gestiftet. Die beiden Hirschgeweihstangen auf Tannenzweigen trugen die Aufschrift „KARPATHENKORPS". Das Abzeichen wurde an der Mütze zwischen den beiden Kokarden angelegt. Da das Jäger-Regiment 3 und die Pionier-Kompanie 105 sowohl im Alpenkorps 1915 focht als auch dann dem Karpatenkorps angehörte, waren die Angehörigen dieser Einheiten berechtigt, beide Abzeichen zu tragen.

Weitere Mützenabzeichen, die häufig getragen wurden, waren offiziell nicht genehmigt und lehnten sich an den Gebrauch der österreichischen Kappenabzeichen an.

Links: Unteroffizier des Jägerregiments 3, der sowohl im Alpenkorps als auch im Karpatenkorps kämpfte. (Slg. Suessterhen)

Unten: Edelweißabzeichen des Alpenkorps (GMS)

Darunter: Karpatenkorpsabzeichen an einer Offiziersmütze des Jägerregiments 3 (BAM)

Helm M1895 bzw. M1896

Im Zuge der Ausrüstung des Heeres mit feld-grauer Bekleidung blieb der bisherige Helm mit Spitze M1895 - in Bayern M1896 - mit einem schilfgrünem Überzug zum Feldanzug erhalten. Aus mancherlei Gründen bewährte sich dieser Helm für die im Gebirge kämpfenden Einheiten nicht. Weder gegen Infanteriewaffen noch gegen Granatsplitter bot der Helm Schutz. Auch gegen Steinschlag war er ungeeignet und vor den Wit-terungseinflüssen bewahrte er seinen Träger ebenfalls nur sehr mangelhaft. Abgesehen davon waren Sitz und Pflegebedarf auch ein Argument gegen diese Art Kopfbedeckung. Im Feldeinsatz dürfte jeder Gebirgssoldat wohl der Mütze immer den Vorzug gegeben haben. Einzig in den Schlachten der Westfront kam der Lederhelm mit abgeschraubter Spitze und Feldüberzug zur Ver-wendung, bevor der Stahlhelm das Bild der Milli-onenheere prägte.

Der Helm besaß einen runden, eingefassten Vor-derschirm und eine glatte Spitze auf einem Teller-beschlag mit Rundkopfsplinten. Schuppenketten bzw. Ledersturmriemen waren am Knopf 91 be-festigt. Je nach Landeszugehörigkeit wechselte das Wappenemblem sowie die linke Kokarde.

Die Beschlagfarbe glich der der Uniformknöpfe, wobei außer in Bayern die Schuppenketten immer aus Tombak waren.

Bei Kriegsbeginn begannen Versuche, die Helm-kalotten aus Ersatzmaterialien wie Filz oder Ei-senblech herzustellen. Diese Ersatzfertigungen brachten keine befriedigenden Resultate.

Bayern, Helm für Mann-schaften der Reserve der Infanterie. Auf dem Wap-penschild das silberfarbene Reserve/Landwehrkreuz (GMS BY2121/5)

Oben links: Helm M1896 des Infanterie-Leib-Regiments, Eigentumstück (GMS BY2121/6)

Oben rechts: Helm für Infanteriemannschaften, Fertigung aus Eisenblech mit Beschlägen aus Aluminiumbronze, 1914

Unten links: Infanterist mit Helm M1896 (GMS BS)

Unten links: Infanterist mit Helm M1896 im Feldüberzug (GMS BS)

Unten: Musterstück einer Ersatzfertigung aus Filz 1914. (BAM H9842)

Für die Kriegsmodelle M1895/1915 in Preußen und M1896/1915 in Bayern gilt: Die Beschläge waren aus Eisen und matt-grau lackiert, die Spitze mittels Bajonettverschluss abnehmbar. Statt der Schuppenkette wurde nur der Ledersturmriemen verwendet.

Von den Helmkalotten aus Ersatzmaterialien wie Filz oder Eisenblech, wie sie 1914 erprobt wurden, hatte man Abstand genommen. Trotz Kriegsbewirtschaftung von Leder kamen nochmals größere Mengen solcher Helme an die Truppe, die dann aber nach Zulaufen des Stahlhelms M1916 nur noch von Formationen im Heimatbereich und in der Etappe getragen wurden. Im Feld wurden üblicherweise die Helme mit Helmüberzug getragen.

Oben rechts: Bayern, Helm für Infanteriemannschaften M1896/15 mit eisernen Beschlägen und abnehmbarer Spitze.

Rechts: Preußen, Helm für Mannschaften der Linieninfanterie M1895/15 mit eisernen Beschlägen und abnehmbarer Spitze. Die preußische Kokarde fehlt (BAM 10.375)

*Oben: Bayern, Helm M1896/
1915 für Mannschaften der
Artillerie, ab 1915 Eisenbe-
schläge und ab 1917 Kugel-
spitze (WS)*

*Unten: Helm 1896/1915 mit
Helmüberzug und abgenom-
mener Spitze*

Helm M1871 für Offiziere (Preußen)

Der Helm glich dem Mannschaftshelm M1895, hatte jedoch einen Perlstabfries um den Spitzenhals, auf der runden Spitzenbasis vier Befestigungssternchen und vergoldete bzw. versilberte Beschläge.

Schuppenketten waren immer vergoldet, bei Fußtruppen flach, bei berittenen Truppen konvex (Artillerie), an Rosetten oder während des Krieges an verdecktem Knopf 91. Die Helmzier und die linke Kokarde entsprachen der landsmannschaftlichen Zugehörigkeit. Wie bei allen Offiziershelmen bestand das Futter aus einem feinen Schweißleder und einem meist farbigen Seidenripsfutter. Ansonsten gilt das für die Kriegsausführung des bayerischen Helm M1886 für Offiziere Beschriebene. Die Artillerie trug statt der Spitze eine Kugel.

Oben und rechts: Preußischer Helm M1871 der Linieninfanterie

Helm M1871 für Offiziere (Württemberg)

Hier gilt in soweit das Gleiche wie für den bayerischen Offizierhelm M1886 mit dem Unterschied, dass die Spitze glatt war und auf der linken Seite die schwarz-rote württembergische Kokarde saß. Die Artillerieoffiziere trugen generell den Kugelaufsatz statt der Spitze. Als Helmzier diente das württembergische Staatswappen.

Oben und links: Helm für Offiziere der württembergischen Infanterie (BAM 1507/83)

79

Helm M1886 (Bayern)

In Bayern trugen Mannschaften der berittenen Truppen und alle Offiziere das Helmmodell M1886 mit eckigem Augenschirm und kannelierter Spitze auf Kreuzblattbeschlag, der Spitzenhals war mit einem Perlstabfries umgeben. Das bayrische Wappen mit den beiden Schildhalterlöwen erhielt 1914 eine kleinere Form, wobei der Lorbeerbruch am unteren Rand fortfiel. Die Fußtruppen unterschieden sich von den Berittenen bis 1914 durch die flache Schuppenkette. Je nach Knopffarbe waren die Beschläge vergoldet oder versilbert. Oftmals wurde während des Krieges für Teile der Beschläge eine Zinklegierung verwendet, bei der durch Migration die Vergoldung heute meist im Metall verschwunden ist. Ab 1915 waren die Helme mit einer Schuppenkettenbe-

festigung ausgestattet, die alternativ die Verwendung von Mannschaftssturmriemen mit Knopf 91 erlaubte, der von der Rosette verdeckt wurde. Auch war die Spitze mit Spitzenhals durch einen Bajonettverschluss ganz abnehmbar. Statt des Lederkorpus war vermehrt der Gebrauch von Helmglocken aus Fiberkunststoff üblich geworden, da diese nicht nässeempfindlich waren.

Ab 1917 trugen Artillerieoffiziere in Bayern statt der Spitze die Kugel, wie dies in Preußen seit langem üblich war.

Zur feldgrauen Uniform, außer zum Waffenrock M1915, war der feldgraue Helmüberzug anzulegen. Dabei konnte der Helm mit oder ohne Spitze getragen werden.

Mannschaften und Unteroffiziere der berittenen

Rechts: Offiziershelm M1886 des Infanterie-Leibregiments mit Edelweißabzeichen des Alpenkorps, getragen von Prinz Heinrich von Bayern. (BAM B5387)

Truppen trugen in Bayern generell den Helm des Musters M1886, jedoch waren die Beschläge nicht vergoldet und die Schuppenketten respektive die Ledersturmriemen waren mit dem Knopf 91 befestigt.

Oben und oben links: Offiziershelm M1886 der berittenen Truppen mit dem kleineren Emblem von 1914 (GMS BY2121/4)

Links: Mannschaftshelm M1886 mit großem Emblem (GMS BY2121/2)

Oben: Helmüberzug für Offiziere (GMS)

Oben links: Prinz Alfons von Bayern trägt den Helm M1986 der Chevaulegers mit dem schilffarbenen Überzug. (GMS BS)

Rechts: Offizier des Infanterie-Leib-Regiments in der feldgrauen Uniform M1910 mit dem silbern beschlagenen Helm M1886 (GMS BS)

Unten links: Artillerieoffiziere bei einem Lehrgang der Gebirgs-Schießschule in Sonthofen im Dezember 1917 mit der Kugel auf dem Helm

Ab 1915 wurden für Mannschaften die Beschläge aus grau lackiertem Eisen hergestellt, die Spitze mit Spitzenhals mit Bajonettverschluss versehen und Schuppenketten durch Ledersturmriemen ersetzt. Ab 1916 konnte der Ledersturmriemen auch als Sturmriemen am Stahlhelm M1916 verwendet werden, was die Anschaffung von tausenden von Riemen ersparte und damit die Bewirtschaftung von Leder entspannte.

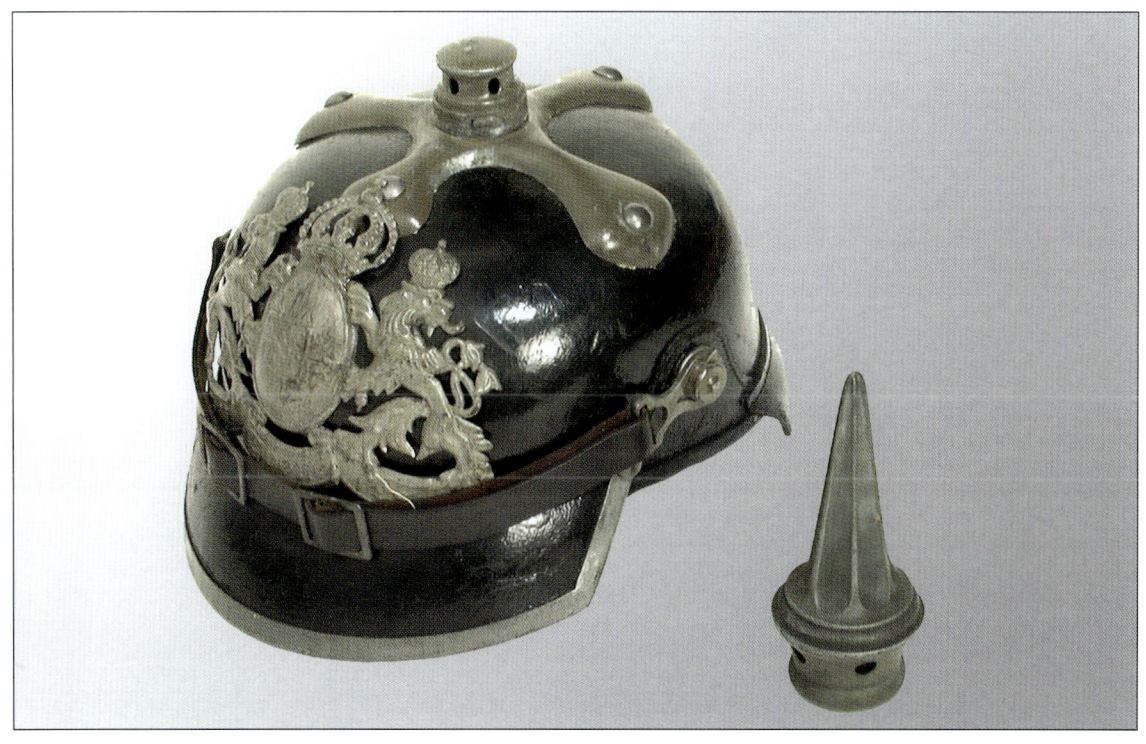

Oben: Kriegsfertigung eines Offiziershelms mit Kreuzblattbeschlag und Spitze aus vergoldetem Zink, Spitze an Bajonettbefestigung. Schuppenketten an verdecktem Knopf 91. Deutlich zu erkennen ist die durch Migration verschwundene Vergoldung auf dem Kreuzblatt und der Spitze. (WS)

Unten: Mannschaftshelm M1886/1915 der berittenen Truppen mit grau lackierten Eisenbeschlägen und abnehmbarer Spitze. (BAM H3904)

Tschako

Die Jäger, Verkehrstruppen (Telegrafen, Kraft-fahrer, Luftschiffer, Flieger) und der Train (außer in Bayern) trugen den Tschako. Dieser Lederhelm war der Kopfform besser angepasst und hatte keine Metallspitze, bot jedoch gegenüber dem Helm mit Spitze auch keine wesentlichen Vorteile für den Träger. Wie jeder Helm, der keine ausge-sprochene Schutzfunktion besaß - etwa vor Steinschlag - war auch der Tschako gegenüber einer Mütze auf jeden Fall unbequemer, wenn nicht hinderlich.

Der Korpus des Tschako war aus Leder gepresst und schwarz lackiert, soweit nicht ab 1914 Er-satzfertigungen aus grauem Filz ausgegeben worden waren. Als Helmzier diente bei preußi-schen Verbänden der heraldische Adler, in Bay-ern das Wappen mit den Löwen als Schildhalter und bei württembergischen Verbänden das Würt-tembergische Wappen.

Im Rumänienfeldzug 1915 erhielt das württem-bergische Gebirgs-Bataillon statt der Schnee-schuhmütze den Jägertschako mit dem Stern des Ordens der Württembergischen Krone als Zierrat. Im Januar 1916 wurde auch für die bayerischen Gebirgstruppen der Jägertschako in der bekann-ten Art verbindlich. Der Entwicklung folgend, wurde aber der Tschako ab Ende 1916 auch durch den Stahlhelm im Feld abgelöst. Zur ge-planten Friedensuniform sollte er jedoch erhalten

Oben: Tschako für Mann-schaften der preußischen Jäger (BAM)

Unten: Bayerischer Tschko M1895 für Offiziere der Jäger (GMS BY211/1)

bleiben. Im Feld war ein schilffarbener oder grauer Überzug vorgeschrieben, auf dem sich meist die Nummer der Einheit befand.

Der Tschako für Offiziere hatte die gleiche Form wie jener der Mannschaften, der Korpus war allerdings mit schwarzem Stoff oder feinem Filz bezogen. Schirm, Bundleder und Deckel aus Leder mit schwarzer Glanzlackierung. Die Embleme vergoldet bzw. bei den Verkehrstruppen versilbert und in feinerer Ausführung als bei den Mannschaften. Offiziere trugen generell bis 1916 Schuppenketten an Rosetten, Mannschaften solche an Knopf 91. Der Ledersturmriemen wurde für Mannschaften ab Februar 1914 und für Offiziere für den Felddienst ab 1916 verbindlich.

Wie auch bei den Helmen mit Spitze, wurde der Tschako von Offizieren zum Felddienst mit einem schilffarbenen Überzug getragen, der ab 1914 vorne eine grüne Nummer der Einheit tragen sollte.

Oben: Tschako für einen Wachtmeister/Offizieranwärter der bayerischen Verkehrstruppen, an der Schuppenkette das Edelweißabzeichen des Alpenkorps (WS)

Unten links: Bayrischer Tschako M1915 für Mannschaften mit grauen Eisenbeschlägen (Reichskokarde sitzt auf der falschen Seite)

Unten rechts: Offiziertschako mit Feldüberzug und Abzeichen des Alpenkorps (WS)

Oben: Ersatzfertigung 1914 eines Tschakos aus Filz für bayerische Jäger. Hier wurde sogar der Sturmriemen aus Filz gefertigt.

Unten links: Bayerischer Jäger mit Tschakoüberzug (GMS BS)

Unten rechts: bayerischer Offizierstellvertreter mit Tschakoüberzug (GMS BS)

Stahlhelm M1916 und M1918

Mit Einführung des Stahlhelms in der deutschen und österreichischen Armee verschwanden die bisherigen Lederhelme und Tschakos aus dem Feldgebrauch. Eine der damaligen Waffenwirkung und Taktik angemessene Kopfbedeckung in Form des Stahlhelms war längst überfällig geworden. Der Artilleriehauptmann Friedrich Schwerd und der Marinegeneralarzt Prof. Dr. August Bier entwickelten 1915 den deutschen Stahlhelm. Der Helm wurde in fünf Größen von 12 Herstellern gefertigt. Insgesamt dürften etwa 7,5 Millionen Helme hergestellt worden sein. Im Durchschnitt – je nach Größe – wog der Helm etwa 1200 Gramm. Der Stahlhelm war mit einem matten grünlich-feldgrauem Anstrich versehen der jedoch oft gerade bei Nässe stark glänzte. In der Folge wurde der Farbe oft Sand beigemischt oder man versah den Helm ab Juli 1918 mit einem mehrfarbigen Anstrich in Grün, Ocker und Braun mit schwarz konturierten Abgrenzungen. Gerade im winterlichen Gebirge bewährte sich der im Januar 1917 eingeführte weiße Tarnüberzug.

Das Futter des Helms bestand aus einem Bundring aus starkem Kernleder, an dem drei Lederpolster befestigt waren, die mit Rosshaar gefüllt waren. Der Sitz konnte mit einem Schnurzug angepasst werden.

Oben: Vorgeschobene Beobachter mit Entfernungsmesser in den Vogesen (BAM 441/92)

Unten: Stahlhelm M1916 mit dreifarbigem Tarnanstrich 1918 (BAM 34/72)

Die Durchlüftung wurde durch zwei seitliche Lüftungsbolzen unterstützt. Bei den kleinen Helmgrößen hatten die Bolzen einen kleinen Absatz. Als Sturmriemen konnte der bereits am Lederhelm verwendete Sturmriemen mit der Öse an zwei Befestigungsknöpfen am Helmrand (Knopf 91) befestigt werden. Dieser Sturmriemen hatte sich am Stahlhelm nicht bewährt. Des weiteren waren die österreichischen Verbündeten, die anfänglich Helme aus deutscher Produktion verwendeten, nicht im Besitz der entsprechenden

Riemen. So bekam der Helm 1917 eine Überarbeitung. Zum einen wurde der lederne Futterring, an dem die Kopfpolster befestigt waren, durch einen verzinkten Eisenblechring ersetzt. Dabei wurde ein neuer zweiteiliger Sturmriemen an diesem Ring befestigt. Der Lederriemen konnte mit einer Schiebeschnalle in der Länge verstellt werden und besaß einen Karabinerhaken mit Einhängeöse, die ein Öffnen des Riemens erlaubte. Äußerlich unterscheiden sich die neuen Helme vom M1916 durch das Fehlen der Niete am Seitenschirm.

Oben links: Innenansicht mit Futter

Oben rechts: Knopf 91 mit eingehängtem Sturmriemen, Futter an ledernem Futterring befestigt

Unten: Stahlhelm M1916 (BAM N1017)

Diese Änderungen fanden bereits seit Frühjahr 1917 statt, eine entsprechende Beschreibung und Verordnung erschien jedoch erst 1918, weshalb dieses Modell als M1918 bezeichnet wird.

Eine Variante des M1918 war der Helm mit Ohrenausschnitt oder auch Fernsprecherhelm genannt. Dieser Helm stellte den Versuch dar, die Windgeräusche und damit verbundene Irritation des Gehörs zu verringern und auch den Gebrauch von Telefonhörern zu erleichtern. Über den Gebrauch in der Gebirgstruppe ist nichts überliefert.

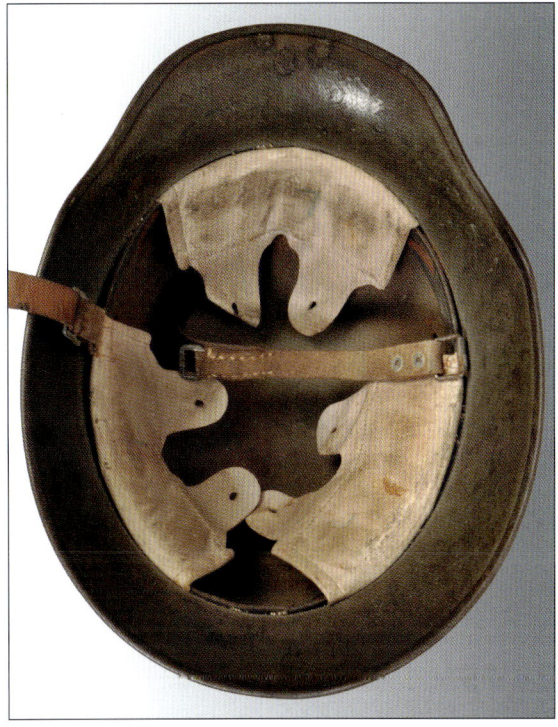

Oben: MG-Schütze im Schützengraben mit Helm M1916 (BAM 441/92)

Mitte links: Innenansicht mit Futter

Mitte rechts: Der am blechernen Futterring befestigte Sturmriemen

Unten: Stahlhelm M1918 (BAM 792/94)

Waffenrock M1907

Die neuen Waffenentwicklungen wie rauchschwasches Pulver, Maschinenwaffen und Luftaufklärung bedingten Anfang des 20. Jahrhunderts eine entscheidende Änderung der Kampftaktik. In der Folge erforderte dies auch einen völlig neuen Denkansatz bei der Uniformierung und persönlichen Ausrüstung des Soldaten. Nicht mehr der bunte Rock sollte auf dem Schlachtfeld Freund und Feind auf große Distanzen unterscheidbar machen, sondern eine Anpassung des Soldaten an seine Umgebung war zur Forderung geworden. Der feldgraue Waffenrock, wie er ab 1908 eingeführt wurde, versuchte die neuen Erfordernisse mit Relikten aus der traditionellen Uniform zu verbinden. Hier standen Funktion und Ästhetik im größten Widerstreit in der bisherigen Uni-

Unten und rechts: Waffenrock M1907 des 1. bayerischen Jäger-Bataillons (BAM H9574)

formierungsgeschichte. Um die modernen Heere ausreichend über die Kriegsdauer mit Material zu versorgen, konnte nur eine industrielle Fertigung, die an der Grenze der Leistungsfähigkeit arbeitete, zum Erfolg führen.

Der feldgraue Waffenrock M1907 erfuhr bis Kriegsbeginn einige kleine Veränderungen, die nicht weiter auffällig waren. 1913 bereits fertigte man, zunächst nur für die Landwehr geplant, ein etwas verändertes Modell, das mit weniger Aufwand herzustellen war. Dieser Feldrock nach Landsturmschnitt M1913 wurde ab September 1914 allgemein verbindlich.

Ab Herbst 1914 mussten große Mengen feldgrauer Bekleidung in die Truppe gebracht und Reserven angelegt werden. Hierfür wurde der Rock nochmals überarbeitet, der als vereinfachter Feldrock M1915 im März 1915 normiert wurde. Dabei vereinfachte man den Rock auf Kosten traditioneller Elemente der bunten Uniform. Die Schoßtaschenleisten fielen weg, die Ärmelaufschläge wurden zu langen Rollaufschlägen, die man zum Einstecken von Landkarten verwenden konnte. Bereits im Juli des Jahres stellte man die Beschaffung dieses Rocktyps jedoch wieder ein, zugunsten der Bluse M1915, die man im September 1915 normierte.

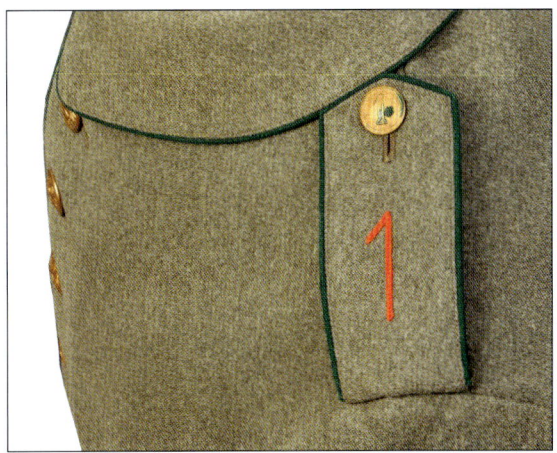

Oben links: Vizefeldwebel im Waffenrock M1907 (GMS BS)

Oben rechts: Schulterklappe des 1. bayerischen Jäger-Bataillons (BAM H9574)

Oben: Gruppe von bayerischen Soldaten im vereinfachten Rock M1913 (GMS BS)

Mitte: Angehörige des 3. bayerischen Infanterie-Regiments in Gebirgsausrüstung mit Bergstock (GMS BS)

Waffenrock für Offiziere M1910

Oben: Bayerische Offiziere vor 1914 bei einem Manöver. Ganz rechts Unteroffizier im Waffenrock M1907 (GMS BS).

Rechts: Bayerischer Infanterieoffizier im Waffenrock M1910, Foto vor 1914 (GMS BS)

Der Offiziersrock hatte im Unterschied zum Mannschaftsrock am Rücken eine Mittelnaht und etwas schmalere Vorstöße. Ansonsten wurde bei Verwendung qualitätvollerer Tuche darauf geachtet, dass sich farblich keine Unterschiede zu den Mannschaftsröcken ergab. Die Taschenklappen waren leicht geschweift geschnitten und der Kragen als Stehumfallkragen gearbeitet. Während des Krieges ließen sich Offiziere entgegen der Vorschrift eingearbeitete oder aufgesetzte Brusttaschen an ihren Röcken anbringen. Wiederholte Rügen seitens der Heeresverwaltung blieben jedoch vergeblich.

Die zunächst friedensmäßigen Schulterstücke aus silberner Plattschnur wurden ab 4. September 1914 durch mattgraue ersetzt, wobei sich auch die Farben der Unterlagen vielfach änderten.

Als Feldrock sollte ab Herbst 1915 die Bluse im Feld zur Verwendung kommen. Der feldgraue Waffenrock M1910 blieb jedoch bis Kriegsende noch weitgehend im Gebrauch.

Bluse M1915

Als Ergebnis praktischer Erfahrungen im Feld beim Ostasiatischen Expeditionskorps und der Entwicklung der Litewka war bereits im Frühjahr 1914 eine neue Felduniform entstanden. Die neue Bluse sollte den bisherigen Feldrock ersetzen. Charakteristisch war die verdeckte Knopfleiste, das Fehlen von farbigen Vorstößen, der Klappkragen und die Rollaufschläge an den Ärmeln. Im Schoß waren schräg zwei Taschen mit Klappen eingeschnitten, die hinteren Schoßtaschenklappen fehlten. Tatsächlich eingeführt wurde die Bluse jedoch in Preußen erst im September 1915 und in Bayern im März 1916. Damit war man vom alten Uniformschnitt sehr weit abgerückt, jeglicher Glanz fehlte nun: Keine glänzende Knöpfe, die feldgrauen Schulterklappen der Infanterie hatten nur noch farbige Vorstöße und die Kragenlitzen waren aus grauem Leinen. Die Offizierschulterstücke waren mattsilbern bzw. grau geworden, ebenso die Kragenstickereien, die auf feldgrauen Tuchpatten saßen. Wie auch bei den anderen Kleidungsstücken achtete man darauf, dass die Offiziersblusen sich farblich eng an die Kammerstücke der Mannschaften hielten. Als Eigenheit wurden auch hier gerne eingeschnittene oder aufgesetzte Brusttaschen mit Quetschfalte getragen. Insgesamt war die Bluse weiter geschnitten,

um auch wollene Unterkleidung darunter tragen zu können. Die Trageerfahrungen aus dem bisherigen Feldrock und der Litewka wurden in der Bluse vereint.

Mit der Umuniformierung 1915/16 änderte sich die Gestaltung der Knöpfe, die bei der Bluse nur noch auf den Taschenklappen, als Koppeltrageknöpfe am Rücken und als Schulterklappenknöpfe vorhanden waren.

Die preußischen Knöpfe hatten bis dahin einen Rand und in der Mitte eine Krone, die bayerischen zeigten den heraldischen Löwen. Ab 1915/16 trug man reichseinheitlich glatte, gewölbte Knöpfe mit einer großen aufgeprägten Krone in der Größe 18 mm oder 22 mm.

Die bayerische Bluse verzichtete auf den Kragen aus resedagrünem Abzeichentuch, führte aber zur landsmannschaftlichen Kennzeichnung eine 8 Millimeter breite weiße bzw. silberne Borte mit blauen Rauten als Krageneinfassung. Auch unter der Bezeichnung „Aschingerborte" bekannt, hatten Mannschaften diese in Weiß oder Grau, die Offiziere in Silber oder Mattsilber. Ab Dezember 1917 trug man aus Ersparnisgründen nur noch den vorderen Kragenrand mit Kennzeichenborte.

Oben: Bayerischer Unteroffizier mit Bluse M1915, am Kragen die bayerische Kennzeichnungsborte (Aschingerborte) (GMS BS)

Links: Zwei Soldaten in der Bluse M1915, rechts ein Angehöriger der Verkehrstruppen mit Stehumfallkragen mit Litzen. (GMS BS)

Waffenrock M1915

*Rechts und unten: Waffen-
rock eines Feldwebels des
1.bay. Jäger-Bataillons mit
der nationalen Kennzeich-
nungsborte am Kragen (BAM*

*Unten rechts: Bayrische
Kennzeichnungsborte in drei
Ausführungen für Waffen-
rock und Bluse der Mann-
schaften und für Offiziere
(GMS)*

Im Herbst 1915 wurde ein völlig neues Unifor-
mierungsprinzip in der deutschen Armee eingeführt. Bisher war der Waffenrock das
Dienstkleidungsstück, das sowohl im Garnisons-
dienst als auch im Feld getragen wurde. Seit den
Feldzügen in China und in Südwestafrika und
dem ersten Kriegsjahr 1914/15 war klar geworden, dass der bisherige Waffenrock den modernen Erfordernissen im Feld nicht mehr genügte.
Mit dem Waffenrock M1907 und seinen folgenden Modifikationen war zumindest die Farbigkeit
des Grundtuches einem Feldgrau gewichen. Mit
der Bluse M1915 erhielt die Truppe im Feld ein
Kleidungsstück, das ausschließlich als Kampfbe-
kleidung konzipiert war. Gegen Ende 1915 erhob
sich die Frage, ob man für den Friedensdienst
weiterhin die bunte – sprich blaue – Uniform behalten wollte. Die feldgraue Uniform M1907 entsprach nicht dem Repräsentationsbedürfnis, also
musste eine neue Uniform für die kommende
Friedenszeit normiert werden. Das Ergebnis war
ein Waffenrock, identisch mit dem bunten der
Vorkriegszeit, jedoch mit feldgrauem Grundtuch.
Eine Neuordnung der farbigen Kennzeichen
wurde dabei nötig und führte auch zu systema-
tischen Vereinfachungen.
Die neue Uniform sollte erst nach Friedens-
schluss verbindlich werden, konnte aber ab In-
krafttreten der Verordnungen schon beschafft
werden. Aus Rücksicht auf die kriegsmäßige Ma-
terialwirtschaft stellte man die ärarische Beschaffung allerdings hinten an.
Der Waffenrock hatte keine Brust- oder Schoßtaschen, der Schnitt war eher figurbetont mit
hohem farbigem Stehkragen und farbigen schwe-
dischen Ärmelaufschlägen. Die Knöpfe waren
glatt golden oder silberfarben, Schulterstücke
und Tressen glänzend golden oder silberfarben.
Wie auch bei der Bluse, trugen die Angehörigen
bayerischer Truppenteile die gerautete Kennzeichnungsborte am Kragen.

Schneeschuhlitewka M1914 und M1915

Mit der Aufstellung der Schneeschuheinheiten für die Vogesenfront kam ein neues Bekleidungsstück zur Truppe: die feldgraue Schneeschuhlitewka. Sie entsprach der Mannschaftslitewka M1903 mit einigen Abwandlungen. Geschlossen wurde die Jacke mit fünf verdeckten Knöpfen, auf der Brust wurden zwei Taschen mit Quetschfalte und Klappe aufgesetzt. Die Ärmel konnten durch einen Riegel mit drei Knöpfen enger geschnallt werden. In den Schößen waren zwei Taschen schräg eingeschnitten, die mit einer Klappe geschlossen wurden. Der 8 cm breite Umlegekragen erhielt einen grünen Vorstoß und feldgraue Kragenpatten, auf denen je ein grünes „S" mit Bataillonsnummer aufgestickt war. Im Rücken befand sich innen eine Tasche, die vom Kragen bis zum Schoß reichte, in der man kleinere Textilien verstauen konnte, wenn man ohne Rucksack unterwegs war.

Durch eine Verfügung vom Mai 1915 erfuhr die Schneeschuhlitewka einige Änderungen. Äußerlich augenfällig war der um 15 mm verkürzte Kragen. Die Tasche im Rücken beschränkte sich nur noch auf den Schoßbereich und an den Rückennähten wurde ein 6 cm langer Schlitz eingeschnit-

ten. Die im Mai 1915 zum 3. Jägerregiment zusammengefassten Schneeschuhbataillone legten Ende 1915 in Serbien das „S" am Kragen ab. Bei diesem Einsatz hatte das Regiment die Schneeschuhlitewken völlig verbraucht, sodass die Einkleidung mit normaler Jägerbekleidung im Dezember 1915 erfolgte. Ab 19. Juni 1917 stellte man die Beschaffung der Schneeschuhlitewka ein und ersetzte sie durch die Bluse und den Feldrock. Tatsächlich wurden die noch vorrätigen Schneeschuhlitewken bis Herbst 1918 aufgetragen.

Links: Angehöriger des Schneeschuhregiments mit Bergstock (GMS BS)

Rechts: Angehöriger des 1. Schneeschuhbataillons. Auf der Schulter Traghaken zur Sicherung von Schulterriemen (BAM)

*Oben: Soldaten eines
Schneeschuhbataillons
(BAM 609/91)*

*Unten: Gefreiter nach der
Ausrüstung beim Schnee-
schuhregiment in München
(BAM 441/92)*

*Rechts: Offizierstellvertreter
eines bayerischen Schnee-
schuhbataillons mit Traghaken an der Ärmelnaht und
Schulterklappen
(BAM 621/98)*

Da die Litewka keine Schulterklappen besaß,
rutschten Schulterriemen von Ausrüstungsge-
genständen oder des Rucksacks oft von der
Schulter. Um dies zu verhindern, nähte man oben
in der Ärmeleinsatznaht Trageknöpfe ein, wie sie
am Rücken am Ende der Schoßtaschenleisten der
Blusen und Waffenröcke angebracht waren.
Schulterstücke trugen nur die Offiziere und
Offizierstellvertreter. Bei der württembergischen
Schneeschuhlitewka griff man auf die traditionellen Wings zurück – gepolsterte Achselwülste in
der Ärmelnaht.

Württembergische Schneeschuhlitewka

Die württembergische Schneeschuhlitewka entsprach generell der bayerischen, hatte allerdings am Kragen nur das „S" ohne Nummer und besaß an den Ärmelnähten auf der Schulter grüne Achselwülste, um ein Abrutschen der Trageriemen zu verhindern. Diese sogenannten Wings kannte man schon Mitte des 19. Jahrhunderts von bayerischen und württembergischen Uniformen.

Die Schulterstücke der Offiziere waren grün unterlegt. Die Sanitätsoffiziere hatten rot vorgestoßene blaue Kragenpatten mit einem roten „S" darauf. Im Oktober 1915 erhielten mit der Vermehrung der Kompanie auf ein Bataillon alle Krägen grüne Spiegel mit einem Knopf mit aufgeprägter Kompanienummer. Auch Feldblusen wurden fallweise mit grünen Kragenpatten und Achselwülsten ausgestattet.

Oben: Jäger mit Württembergischer Schneeschuhlitewka und Tschako mit Überzug (BAM)

Links: Kragen mit grüner Patte und Nummernknopf mit Kompanienummer (BAM)

Windjacke für Gebirgstruppen M1914

Die durch das bayerische Kriegsministerium im Dezember 1914 für die Schneeschuhbataillone verordnete Windjacke bestand aus zweilagigem, winddichtem Baumwollstoff (Kaliko), wendbar mit felsgrauer und weißer Seite. Die Jacke war ganz herunter mit acht Hornknöpfen zu verschließen, hatte zwei große, schräg eingeschnittene Seitentaschen und eine Kapuze. Mit Erlass vom Mai 1915 wurden die bis dahin an den Ärmelenden eingearbeiteten Gummibänder abgeschafft und durch einen knöpfbaren Riegel ersetzt sowie statt der Kapuze ein Kragen wie an der Schneeschulitewka eingeführt. Ab 1915 wurde die Jacke nur noch aus einlagigem Baumwollstoff hergestellt. Die Windjacke, wir würden sie heute als Anorak bezeichnen, war ein zweckmäßiges Bekleidungsstück, das bis über das Kriegsende hinaus bei der Gebirgstruppe in dieser Form erhalten blieb. Nicht von Beginn an gab es auch eine dazu passende Überhose mit angenähten Wickelgamaschen. Der Windanzug war wohl das erste ausschließlich am Truppenbedarf ausgerichtete Uniformensemble, das der reinen Zweckmäßigkeit verpflichtet war.

Als einziges Abzeichen wurde bis Ende 1915 am linken Oberärmel ein grün gesticktes „S" getragen. Beim württembergischen Gebirgsbataillon trat statt dem „S" eine ebenfalls grün gestickte Kompanienummer auf feldgrauer Stoffunterlage.

Oben: Zwei Angehörige eines Schneeschuhbataillons mit Windjacke (BAM 621/98)

Unten: Offizier mit pelzgefütterter Windjacke (BAM 399/90)

Rechts: Ärmelabzeichen des 1. (bayerischen) Schneeschuhbataillons (GMS BY177/1)

Schneetarnbekleidung

Im Winter 1914/15 erhielten Feldwachen und Patrouillen in Russland und den Vogesen einen weißen Schneetarnmantel. Er war aus weißem Nessel gefertigt und sehr weit geschnitten, dass Gepäck und Ausrüstung darunter Platz fanden. Eine Kapuze war anknöpfbar. Der Mantel wurde vorne mit vier Bändern geschlossen und hatte seitlich zwei mit Klappen verschließbare Taschen. Beim Alpenkorps sollten 10% der Truppe mit Schneetarnmänteln ausgestattet werden.

Da die Windjacken und dazugehörigen Hosen wendbar waren, und eine Seite aus weißem Kaliko bestand, wurden diese als Schneetarnbekleidung getragen. Für Mützen und Helme wurden Tarnüberzüge aus weißem Nessel hergestellt.

Oben: Schipatrouille mit gewendeten Windjacken M1914 und Hosen (BAM 441/92)

Mitte und unten: Schützenlinie mit Schneetarnmänteln und Gesichtsmasken bei einer Übung in den Schlierseer Alpen 1914 (BAM 399/90)

Gebirgsstiefelhose, Gamaschen

Statt der langen Hose beschaffte man ab Frühjahr 1915 die Stiefelhose, die am Gesäß und den Knien mit einem Lederbesatz versehen war um sie strapazierfähiger zu machen. Die graue Ge-

birgsstiefelhose entsprach in etwa der Reithose, war aber weiter geschnitten. Sie reichte bis zum Knöchel, wo sie mit Bändern fixiert werden konnte. Als Material wurde oftmals der sehr strapazierfähige Baumwollcord verwendet. Die Hose war damit für die speziellen Erfordernisse des Gebrauchs im Gebirge konzipiert.

Zur Gebirgsstiefelhose und den Bergschuhen wurden Wickelgamaschen getragen, wie sie in der österreichischen Armee allgemein eingeführt waren. Sie bestanden aus grauem Loden oder Tuch, hatten eine Länge von ca. 225 cm und waren leicht rund geschnitten, bei einem etwas breiterem Mittelteil und schmäleren Enden. Zwischen dem preußischen und bayerischen Kriegsministerium war man sich anfänglich nicht über die Form des Verschlusses einig. Die Bayern neigten zu Bindebändern, die Preußen zu einer Patentschnalle. Im Januar 1917 wurden die Wickelgamaschen dann normiert und mit einem Drahthaken am Schuh befestigt.

Als Ersatz und Alternative schaffte man für den Winter 1915/16 155.000 Paar gestrickte Kniestrümpfe an, die allerdings nur einen Steg hatten und keinen kompletten Fuß. Es waren daher eher Stutzen als Strümpfe, zu denen man wollene Socken oder Fußlappen trug.

Speziell für die Schneeschuhverbände wurden im Winter 1915/16 37.000 Paar gewalkte Socken und Ziegenhaarsocken beschafft, von denen 21.000 Paar an das Alpenkorps gingen.

Berg- und Kletterschuhe

Oben: Angehörige des Scheeschuhregiments mit Gebirgsstiefelhose und Wickelgamaschen (BAM)

Unten: Genagelter Bergschuh (BAM 707/09)

Da im Gebirge die allgemein üblichen Halbstiefel - genannt Knobelbecher - nicht verwendet werden konnten, wurden ab Mai 1915 die Gebirgstruppen mit Bergschuhen ausgerüstet. Die knöchelhohen Schnürschuhe aus Rindsleder hat-

ten eine dreilagige Sohle. Der Sohlenrand war mit etwa 20 Eisennägeln besetzt, der Absatz mit 27 Absatznägeln eingefasst. Anfänglich wurden auch geeignete Schnürstiefel mit Bergnägeln versehen, damit jeder Soldat ein zweites Paar brauchbarer Bergschuhe besaß. Die Stiefel wurden mit etwa 1 Meter langen Schnürsenkeln aus Leder oder Garn mit vier Paar Ösen und vier Paar Schnürhaken geschlossen. Der obere Abschluss des Schaftes war mit einem 1,5 cm breiten, schwarzen oder grauen Filzstreifen eingefasst. Am Hinterrand befand sich eine Zuglasche, die das Anziehen des Schuhwerks erleichterte. Zu den Bergschuhen gab es Einlegesohlen aus Filz, die später, der Materialknappheit geschuldet, auch aus Stroh hergestellt wurden.

Die Aufstellung und Ausstattung von Schneeschuhkompanien erforderte auch die Anschaffung spezielle Schischuhe. Diese wurden 1914/15 zunächst aus dem zivilen Markt bezogen. Die nicht benagelten Schuhe wiesen aber - als Bergschuhe benutzt - einen sehr hohen Verschleiß auf. So

bestand aus geflochtenem Hanf oder Trockenfilz. Die Schuhe waren damit sehr leicht und ermöglichten ein sportliches Klettern im Fels. Allerdings lässt das für die Sohlen verwendete Material einen schnellen Verschleiß vermuten.

Für das Jäger-Regiment Nr. 3 waren pro Kompanie 30 Paar Kletterschuhe etatmäßig. Insgesamt sollen von 1915 bis 1917 7.400 Paare dieser Schuhe beschafft worden sein.

stellte man die Beschaffung von Schischuhen ein und verwendete ab 1916 die benagelten Bergschuhe mit angebrachten Haken für die Bindung auch zum Schifahren. Speziell militärische Schischuhe konnten nicht nachgewiesen werden.

Mit Beginn des Krieges in den Hochalpen im Sommer 1915 entstand auch ein Bedarf an Kletterschuhen. Bis 1917 waren diese nicht normiert, man behalf sich zunächst mit auf dem freien Markt vorhandenen Schuhen, bis die benötigten Mengen nach einem einheitlichen Muster gefertigt werden konnten. Die Schuhe waren aus braunem Segeltuch gefertigt, hatten eine Zehen- und Fersenkappe aus Kalbsleder und waren knöchelhoch mit zwei mal acht Ösen geschnürt. Innen besaßen sie ein schwarzmeliertes Baumwollfutter mit einer Brandsohle aus Pappe und Nessel. Die Sohle selbst

Rucksack

Der mit Kalbfell bezogene Tornister genügte den Anforderungen von Soldaten nicht, die im Gebirge eingesetzt waren. Das Volumen musste größer sein, um die notwendige Zusatzbekleidung, Ausrüstung und Verpflegung unterbringen zu können. Der Bedarf an entsprechenden Rucksäcken wurde anfänglich nur aus dem privaten Marktangebot gedeckt und so kam es zu keiner Festlegung eines Musters. Mit der Gestaltung orientierte man sich am Bedarf. Da man die Vorteile schnell erkannt hatte, wurden neben den Gebirgseinheiten auch Sturmtruppen, MG-Kompanien und Kavallerieeinheiten mit dem Rucksack ausgestattet. Die Pläne, für alle Truppengattungen mit Ausnahme der Infanterie Rucksäcke anzuschaffen, wurde im Laufe der Krieges aufgegeben.

Seit Januar 1915 waren schon weiße Schneetarnbezüge für den Rucksack bei den Schneeschuh-Bataillonen in Verwendung, die sich dann bedarfsweise auch bei anderen Gebirgseinheiten fanden.

Oben links: Nicht reglementierte Bergschuhe zur Verwendung mit Schi (BAM 793/07)

Oben rechts: Kletterschuhe mit Filzsohlen (BAM)

Unten: Der Rucksack musste die umfangreiche Ausrüstung der Gebirgssoldaten aufnehmen. (BAM 621/98)

Schneeschuh, Schi, Schneeschutzbrille

Um einem Irrtum entgegenzutreten, sei hier klargestellt, dass man unter dem Begriff Schneeschuh zur damaligen Zeit Schi verstand. Wir wollen hier die Begriffe im heutigen Sprachgebrauch verwenden.

Die Ausrüstung für den Gebirgs- und Winterkampf musste die schnelle und sichere Fortbewegung im Schnee und im Fels gewährleisten. Für den tiefen Schnee schaffte man Schneeschuhe an, für die es bisher im militärischen Bereich keinerlei Erfahrung gab. So kam eine unüberschaubare Anzahl von Modellen aus dem zivilen Markt zur Truppe. Verwendet wurde, was den Ansprüchen entsprach. Die Holzrahmen waren aus den verschiedensten Hölzern wie Rüster, Haselnuss, Birke, Buche, Esche, Eiche oder Weidenholz hergestellt. Die Bespannung und Befestigung am Bergschuh geschah mit den unterschiedlichsten Konstruktionen aus Stricken und Gurtband. Bei Nichtgebrauch schnallte man die Schneeschuhe auf den Rucksack und hatte damit wesentlich mehr Bewegungsfreiheit als die mit Schi ausgerüsteten Truppenteile. In welcher Anzahl und bei welchen Truppenteilen Schneeschuhe geführt wurden, lässt sich nicht mehr feststellen.

Oben: Übungen mit Schi und Zugtier auf einem oberbayrischen See (BAM 399/90)

Rechts: Angehöriger des Schneeschuhbataillons mit Schiausrüstung, Fernglas, Kartentasche und Pistole sowie der Schneeschutzbrille (BAM 399/90)

Unten: Schitraining in den Tegernseer Alpen (BAM 441/92)

Ein kleines aber nicht unwichtiges Ausrüstungsteil stellte die Schneeschutzbrille dar. Sie bestand aus zwei Aluminiumfassungen, in die klare oder grün oder braun getönte Folien oder Gläser eingesetzt wurden. Ein verstellbarer Gummizug ermöglichte das Tragen mit verschiedenen Kopfbedeckungen. Da die Brille die Augenhölen rundherum abschloss, schützte sie die Augen vor kaltem Wind und Schnee.

Bergsteigerische Ausrüstung, Bergstock

Als der Krieg sich im Hochgebirge der Alpen festsetzte, waren auch alpinistische Fähigkeiten der Soldaten gefragt. Dazu war neben entsprechend modifizierter Bekleidung auch Kletterausrüstung wie Steigeisen, Seil, Pickel und Hammer notwendig. Diese Ausrüstung bezogen die deutschen Hochgebirgstruppen anfänglich von den österreichischen Verbündeten vor Ort, die auch durch ihre Bergführer die verbündeten Kameraden auf ihren Einsatz im Fels vorbereiteten. Eine militärische Normierung und Beschaffung der Kletterutensilien fand nicht statt. Es ist unbestritten, dass der militärische Einsatz im Hochgebirge den zivilen Alpinismus sehr stark förderte und Erfahrungen aus dem Militär einflossen.
Ein charakteristisches Ausrüstungsstück für den Soldaten im Gebirge war der Bergstock, der aus verschiedenen Hölzern, darunter auch Bambusrohr, hergestellt war. Er hatte eine Länge von 160

bis 180 cm und am unteren Ende einen eisernen Schuh mit Dorn. Jedoch auch Krückstöcke mit gebogener Krücke waren verbreitet. Im gebirgigen Gelände kann ein Stock durchaus eine praktische Hilfe bei der Fortbewegung sein. Bei der Umrüstung der Schneeschuhkompanie in Gebirgskompanien verwendete man fallweise die Schistöcke als Bergstöcke.

Oben: Angehörige des Schneeschuhbataillons mit Schiausrüstung in Bozen (BAM 441/92)

Unten: Patrouille des Alpenkorps mit Eispickel, Seil und Fernglas unterwegs im winterlichen Hochgebirge (BAM 441/92)

Links: Steigeisen (BAM)

103

Transportmittel

Hatte man die Soldaten mit Schiern und Schnee-schuhen wintertauglich gemacht, so war es auch notwendig, Material, durch den Schnee und Fels zu transportieren. Dazu befasste man sich seit dem Winter 1914 mit der Konstruktion und Be-schaffung von Schlitten. Konstruktiv orientierten sich die Artilleriewerkstätten, denen der Auftrag zufiel, sich darum zu kümmern, an den bei den Bergbauern des Alpenlandes verwendeten Schlit-ten. So waren bis Anfang 1916 über 4.000 Skiro-del gefertigt worden. Die Schlitten hatten eine Länge von 154 cm und eine Breite von 51 cm. Als Kufen verwendete man etwa 10 cm breite Schi.

Der Halbschlitten war mit 208 cm Länge und 88 cm Breite größer und kam Anfang 1916 in 2.500 Exemplaren an die Front. Er besaß eine Hebel- oder Seilbremse und konnte auch bespannt ge-fahren werden. Er diente auch zum Krankentransport bzw. konnte mit einer Plane versehen werden.

Der Transport von Waffen und Material im Ge-birge kann nur sehr beschränkt durch Fahrzeuge erfolgen. Um eine maximale Beweglichkeit der im Gebirge kämpfenden Truppe zu gewährleisten, war es notwendig, die neu aufzustellenden Ge-birgstruppen im Sommer 1915 mit Tragtieren auszustatten. Da die österreichische Armee be-reits gebirgstaugliche Verbände unterhielt, waren dort auch entsprechende Tragtiere – überwiegend Kleinpferde - vorhanden. Für das Alpenkorps je-doch mussten die deutschen Militärbehörden erst eine Zahl von etwa 12.000 Tieren beschaffen, um den Bedarf zu decken. Zu den geeigneten Tieren, die man im Deutschen Reich fand, kaufte man entsprechende Pferde in Österreich, Ungarn und Belgien ein. In Schweden erwarb man einige Hundert Gebirgsponys. Wegen ihrer Gewandtheit im felsigen Gelände kamen auch Maultiere und Maulesel zu den Hochgebirgseinheiten. So fand sich allmählich eine Menagerie verschiedenster Tragtiere ein: vom Haflinger, Panjepferd, Zirkus-pferd, Maultier bis zum Esel. Ausgebildet wurden das Personal und die Tiere nach den österreichi-schen Vorschriften, die teilweise durch österrei-chische Ausbilder den bisherigen deutschen Flachlandsoldaten näher gebracht wurden. Nicht nur die Bewegung im Gebirge, sondern auch das Verhalten im Gefecht und unter Waffeneinwir-kung stand auf den Ausbildungsplänen für Mann und Tier. So teilte man den Einheiten nach Bedarf Tragtiere zu, pro Infanterie/Jäger-Kompanie zwi-schen 15 und 20 Tiere, bei einer Gebirgsbatterie

Hinten befand sich eine umklappbare Lehne, die das Wegrutschen der Ladung verhinderte. So konnte die Kruppsche 7,5cm-Gebirgskanone L/14 auf fünf Schirodel verladen werden, die dann von je vier Mann gezogen wurden.

Oben: Tragtierkolonne beim Aufstieg (BAM 621/98)

Rechts: Einachsiger Werk-zeugwagen auf Schlitten ver-lastet (BAM 609/91)

etwa 100 Tiere. Neu waren die dem Train unterstellten fünf bayerischen Tragtierkolonnen, die jeweils über 210 Tragtiere verfügten. Im Mai 1918 bestanden bereits 19 Tragtierkolonnen zu je drei Offizieren und 130 Mann, die sich aber nicht ausschließlich im Gebirgseinsatz befanden. Auch im Grabenkrieg der Westfront hatte man die Vorteile der Tragtiere bei der Versorgung der vordersten Linien erkannt. Schlittenhunde, wie auf französischer Seite, kamen jedoch nicht zum Einsatz.

Soweit der Transport von Material und Waffen auf Straßen möglich war, kamen auch Kraftfahrzeuge zum Einsatz. Für Kurierdienste standen Motorräder zur Verfügung, für Güter waren die Lastkraftwagen der Kraftwagenkolonne 695 im Einsatz.

Oben: Kradstaffel angetreten (BAM 463/05)

Mitte: Kolonne der Kraftfahrtruppe auf der Marschrast (BAM 463/05)

Unten: Fahrer der Kraftwagenkolonne 695 des Alpenkorps, links und in der Mitte Fahrer mit schwarzer Lederjacke als Sonderbekleidungstück (BAM 463/05)

Die Gebirgstruppe der Reichswehr[160]

General der Gebirgstruppe Hubert Lanz (1896 - 1982)

Das Ende des Ersten Weltkrieges brachte auch das Ende des Deutschen Alpenkorps. Auch seine Soldaten kehrten geschlagen, ausgehungert und ausgezehrt, viele von ihnen demoralisiert und enttäuscht, nach Hause zurück, die Bataillone und Regimenter wurden demobilisiert und aufgelöst. Die erste deutsche - bleiben wir der besseren Verständlichkeit wegen bei dieser verfassungsrechtlich eigentlich falschen Bezeichnung - Gebirgstruppe war damit Geschichte. Die Siegermächte zwangen das militärisch eindeutig geschlagene Deutsche Reich im Vertrag von Versailles zu einer radikalen personellen Reduzierung und technisch-qualitativen Abrüstung seiner Streitkräfte. Bestimmte Waffen (u.a. U-Boote, moderne „Dreadnought"-Linienschiffe, Flugzeuge, Maschinenpistolen), Kampfmittel (chemische Kampfstoffe) und militärische Institutionen (z. B. der Große Generalstab) wurden rigoros verboten. Dieses Verbot wurde denn auch von den Interalliierten Kontrollkommissionen peinlich genau (aber oft genug erfolglos) überwacht. Der nun republikanischen Reichsregierung blieb gar nichts anderes übrig, als sich zu fügen. Selbstverständlich tat dies die neue Reichswehrführung auch - offiziell und nach „außen" zumindest. Tatsächlich „schluckte" sie diese als Schmach, Schande und Demütigung empfundenen Auflagen nicht so ohne weiteres, und so entwickelte sich das Unterlaufen der Vertragsklauseln geradezu zu einem - höchst brisanten und gefährlichen! - „Sport". Die Landstreitkräfte der Reichswehr selbst zählten sieben Infanterie-Divisionen mit 21 Infanterieregimentern. Da die Armee natürlich auch nicht auf eine für den Gebirgs- und Winterkampf spezialisierte Truppe verzichten wollte, das explizite Verbot des Versailler Vertrages, Gebirgstruppen überhaupt aufzustellen sowie die Beschränkung des deutschen Heeres[161] auf 100.000 Mann[162] aber eigene Gebirgsformationen nicht zuließ, konnte praktisch nur ein kleines, „informelles" Abbild der alten, ehemals gut divisionsstarken Edelweiß-Truppe aufgestellt werden. Zunächst wurde bei jeder Division ein Bataillon als Jägerbataillon aufgestellt und mit Gebirgsausrüstung versehen, außerdem wurden eine Gebirgs-Minenwerferkompanie sowie zwei Gebirgsbatterien gebildet, letztere ausgestattet mit der etwa 630 kg schweren 7,5-cm Gebirgskanone 15 L/15 (7,5 cm GebK 15). Dennoch blieb im Reichsheer der Weimarer Republik ab 1921 nur ein bescheidener

Rest an Gebirgstruppen übrig. Im Einzelnen gliederte sich diese erste „Gebirgstruppe" der Reichswehr in:

- das III. (Gebirgsjäger-) Bataillon des 19. (Bayer.) Infanterieregiments in Kempten/Allgäu und Lindau/Bodensee;
- die 4. und 6. Gebirgsbatterie des 7. (Bayer.) Artillerieregiments[163] in Landsberg/Lech;
- einen Zug Minenwerfer in der 13. Kompanie des 19. (Bayer.) Infanterieregiments;
- eine Gebirgskompanie 7. Pionierbataillon, sowie
- eine Gebirgs-Nachrichtenkompanie (= Fernmeldekompanie) der 7. (Bayer.) Nachrichten-Abteilung (Abteilung = Bataillon).

Standort der letzten drei Einheiten war München. Von Anfang an war die Reichswehr als Kadertruppe für eine irgendwann einmal - je eher, desto besser - wiederhergestellte „richtige" Wehrpflicht-Armee unter alleiniger deutscher Wehrhoheit gedacht. Ihr Personal konnte die Reichswehrführung angesichts des Millionenheeres an arbeitslosen Kriegsheimkehrern (von denen nicht alle eine nach fünf Jahren des Gemetzels und des Leidens gut nachvollziehbare „Nie wieder Krieg!"- oder „Ohne mich!"-Mentali-

---

160 Nach Kaltenegger, Gebirgstruppe, S. 80 - 83 sowie Reinicke, S. 112 - 115.
161 Erst mit der Reichswehr gibt es in der deutschen Militärgeschichte verfassungsrechtlich zum ersten Male eine „deutsche" Armee!
162 Der Versailler Vertrag gestattete dazu noch eine Marine mit 15.000 Mann.

---

163 Ein Artillerieregiment der Reichswehr bestand aus drei Abteilungen zu je drei Batterien, ausgerüstet mit leichten Feldhaubitzen.

tät hatten), Entwurzelten, ehemaligen Berufssoldaten, aber auch Landsknechtsnaturen regelrecht handverlesen. Und tatsächlich schuf sich die Republik eine durch und durch professionelle, modern geführte und ausgebildete, aber hinsichtlich ihrer materiellen Ausstattung technisch hoffnungslos unterlegene Streitmacht. Einen Staatenkrieg gegen die Feinde des Weltkrieges hätte die Reichswehr niemals bestehen, wohl aber äußerst empfindliche Nadelstiche verteilen können. Zwar durfte man keine Tanks, schwere Artillerie, U-Boote oder Kampfflugzeuge besitzen, aber darüber nachzudenken, einschlägige Pläne oder mit improvisierten Mitteln auf die Beine gestellte Truppenübungen durchzuführen, war nicht verboten. Man nutzte die Zeit, um im Wortsinn unbelastet von altem Denken und Gerät auch völlig Neues auszuprobieren, wobei es durchaus zu internen Konflikten zwischen Traditionalisten und Modernisierern kam. Alle Soldaten, auch und gerade die Mannschaften, wurden so ausgebildet, dass sie, sobald der Zeitpunkt politisch gekommen war, unverzüglich Führungspositionen in wesentlich höheren Ebenen übernehmen konnten: Der Gefreite wurde de facto zum Unteroffizier, der Unteroffizier zum Feldwebel, der Leutnant zum Bataillonskommandeur befähigt und erzogen. Diese Kader stellten später in der deutschen Wehrmacht den Stamm der Führer und Unterführer der Gebirgsbrigade und der sich daraus entwickelnden 1. Gebirgsdivision. Einem weiteren, sehr wohl zukunftsgerichteten Leitgedanken der Reichswehrführung folgend wurden verschiedene Bataillone/Abteilungen sowie Kompanien/Batterien/Eskadrons der Reichswehr-„Gebirgstruppe" (die es so ja nicht gab) zu Trägern und Bewahrern der Tradition von Einheiten und Verbänden der „alten" Armee bestimmt. Die „Seele" einer Armee ist ihre Tradition. Aus ihr speisen sich Selbstverständnis, Selbstwertgefühl und Selbstvertrauen. Um auch auf dieser mentalen Ebene für die erhoffte positive Zukunft eines wiederauferstandenen deutschen Heeres vorbereitet zu sein, übernahmen diverse Einheiten und Verbände der Reichswehr die „Stammhalterschaft" von Formationen der früheren Kontingents-Armee des Kaiserreiches. Dies war also mitnichten eine rückwärtsgewandte Traditions-Tümelei im Sinne einer verklärenden Reminiszenz an vergangene „glorreiche Zeiten", sondern ein ganz bewusst eingesetztes Instrument der, um einen modernen Ausdruck zu benutzen, „Inneren Führung". Zu solchen Traditionsträgern wurden bestimmt:[164]

- Regimentsstab und Minenwerfer-Kompanie des Infanterie-Regiments 19 (I.R. 19; München),
- 1. Kompanie der Nachrichten-Abteilung 7 (München),
- 1. Kompanie des Pionier-Bataillons 7 (München),

164 Dazu auch Lanz, S. 11.

Hubert Lanz (links)

- III. Bataillon (Gebirgsjäger) des Infanterie-Regiments 19 mit Stab und 2 Kompanien (Kempten),
- III. (Geb.Jg.)/I.R. 19 mit 2 Kompanien (Lindau)
- II. (Geb.Art.) des Artillerie-Regiments 7 (II. Geb.Art./A.R. 7; Landsberg am Lech),
- 1. Schwadron (= Kompanie) der Fahr-Abteilung 7 (Landsberg am Lech)

Daneben wurde bei den Jägerbataillonen, die im Mittelgebirge stationiert waren, eine intensive Schiausbildung betrieben, so bei den Goslarer und Hirschberger Jägern. Diesen Bataillonen entstammten dann im Verlauf des Zweiten Weltkrieges zum Teil die Kader weiterer Gebirgs- und Schi-Einheiten. So ganz glücklich war man im Truppenamt, der Nachfolge- resp. Tarnbehörde

*Der auf sich gestellte
Einzelkämpfer*

für den verbotenen früheren Großen Generalstab, mit dieser Organisationsstruktur offenbar aber nicht, denn vier Jahre später, im Juli 1925, wurde verfügt, dass künftig ein Teil der Gebirgstruppen mit Hochgebirgsausrüstung auszustatten und im Hochgebirge auszubilden war. Als Hochgebirgstruppen wurden bestimmt:

- 1 Infanterie-Regimentsstab (München),
- 1 Jäger-Bataillon (Kempten, Lindau),
- 2 Minenwerfer-Kompanien (Glatz, München)
- 1 Artillerie-Abteilung (= Bataillon; Landsberg am Lech)
- 1 Pionierzug (München)
- 2 Nachrichtenzüge (München)
- 2 Fahr-Schwadronen (Landsberg am Lech)

Weitere Truppenteile sollten Sonderausrüstung für den Einsatz in Mittelgebirgen erhalten:

- 2 Infanterie-Regimentsstäbe
- 7 Infanterie-Bataillone
- 1 Minenwerfer-Kompanie
- 3 Artillerie-Abteilungen
- 1 Pionier-Kompanie
- 2 Nachrichten-Kompanien
- 3 Fahr-Schwadronen

Die Ausrüstung dieser Gebirgseinheiten unterschied sich etwas von derjenigen der übrigen Truppen durch die Bekleidung, die den Bewegungen im Hochgebirge besser angepasst war als die herkömmliche Uniform: mit Leder besetzte Hosen, Kniestrümpfe, Bergschuhe und Windjacke. Statt des Tornisters trugen die Soldaten einen Rucksack. Kopfbedeckung wurde ab

Mitte der 1920er Jahre statt der bis dahin allgemein üblichen schirmlosen Feldmütze, dem verhassten „Krätzchen", das neue Modell einer „Bergmütze", die aber in ihrer Form nicht unbedingt zusagte und schon Anfang der 1930er Jahre durch die äußerst praktische und recht kleidsame Bergmütze der österreichischen Gebirgstruppe abgelöst wurde. Auch die mit Leder besetzte Hose wurde durch die wegen ihres Schnittes sogenannte Keilhose ersetzt. Für den Wintereinsatz kam die Ausrüstung mit Schiern hinzu. Diese bestand aus Restbeständen des 1. Weltkrieges und umfasste ein Sammelsurium unterschiedlichster Modelle und Bindungen.

Die Bewaffnung mit leichten und schweren Infanteriewaffen war die gleiche wie bei den anderen Infanterie-Truppen des Heeres. Nur die Gebirgsartillerie hatte eine eigene Ausstattung mit 7,5 cm-Gebirgsgeschützen, Modell Škoda, die für den Gebirgsmarsch in sieben sogenannte „Lasten" zerlegt und auf Tragtieren verlastet werden konnten. Für die nötige Beweglichkeit im Gebirge sorgten kleine Pferde („Bosniaken") und Maultiere. Sie schleppten die schweren Infanteriewaffen (s.MG und Minenwerfer), die zerlegten Geschütze, dazu die Munition sowie die Funkgeräte und die Verpflegung. Die Maultiere erwiesen sich dabei hinsichtlich Trittfestigkeit, Leistungsfähigkeit, Härte und geringerer Anfälligkeit gegenüber Krankheiten als wesentlich geeigneter als Pferde. Die Ausbildung vollzog sich nach den Ausbildungsvorschriften für die Infanterie (A.V.I.) und die Artillerie (A.V.A.). In der Vorschrift „Führung und Gefecht" (F.u.G.) war der Kampf im Gebirge in einem Sonderabschnitt aber nur recht knapp behandelt.

Die Gebirgstruppe zwischen 1933 und 1939[165]

Der von der Reichswehr so sehnlich herbeige-
wünschte grundlegende Wandel in der Rüstungs-
politik wurde unmittelbar mit der
„Machtergreifung" der Nationalsozialisten am 30.
Januar 1933 deutlich spürbar. Bereits ein seit
1932 bestehender Aufbauplan für die künftig aus
36 Divisionen bestehenden Streitkräfte sah vor,
dass sich – beginnend mit 1934 – jedes Infante-
rieregiment der sogenannten ersten Welle ver-
doppeln, diejenigen der zweiten Welle sich ab
dem Folgejahr verdreifachen sollten. Auf diese
Weise entstanden aus 21 Regimentern mit 84 Bataillonen binnen kurzer Zeit 43 Regimenter mit
165 Bataillonen. Am 16. März 1935 erklärte das
Deutsche Reich seine Wehrhoheit. Äußeres Zeichen für diese zwar völkerrechtswidrige, da
gegen den Versailler Vertrag verstoßende, bei
der sich immer noch gedemütigt fühlenden Bevölkerung aber sehr positiv aufgenommenen
Maßnahme war die Wiedereinführung der allgemeinen Wehrpflicht. Gleichzeitig wurde die bislang noch geheime Luftwaffe enttarnt, die
Reichswehr in „Wehrmacht" umbenannt und weitere Rüstungsbeschränkungen für null und nich-
tig erklärt. Damit war auch der Weg frei für die
Renaissance der Gebirgstruppe. Die „Schmach
von Versailles", die tief in der Seele der Reichswehr bohrte, schien überwunden. Das war das
vorherrschende Gefühl bei den Soldaten, nicht
etwa eine allumfassende (allenfalls vereinzelt
existierende) Begeisterung für den Nationalsozi-
alismus. In Bayern wurden aus dort stationierten
Reichswehr-/Wehrmachtsbataillonen und je
einem Bataillon der ohnehin militärisch struktu-
rierten und organisierten Landespolizei die Gebirgsjägerregimenter 99 und 100 gebildet und
zu einer Brigade zusammengefasst. Zur Ausbildung der „weißen" Jahrgänge wurden für die Gebirgsjäger die Ergänzungs-Schützen-Kompanien
59 bis 62 sowie die Ergänzungs-MG-Kompanien
63 und 64 aufgestellt. Im Oktober 1935 bestand
die Infanterie nunmehr aus 77 Regimentern mit
229 Bataillonen. Mit der Besetzung des Rheinlan-
des erhöhte sich das zur Verfügung stehende
Personalreservoir für das Heer um die neu hinzu-
gewonnenen Wehrpflichtigen sowie um die Landespolizei von drei Inspektionen. Eine Änderung
in der Gliederung für die Gebirgstruppe ergab
sich dadurch lediglich in Form der Unterstellung
der Ergänzungskompanien 59 bis 64 unter die
beiden Gebirgsjägerregimenter. 1938 gelang
Hitler der nächste Coup: der „Anschluss"
(Deutsch-)Österreichs an das jetzt „Großdeut-
sche Reich". Für die Wehrmacht natürlich hoch-

*Links: Heeresbergführer der
Wehrmacht*

*Rechts: Geachtet, begehrt,
hart erworben: Das Heeresbergführerabzeichen*

165 Vgl. Tessin, Deutsche Verbände und Truppen
1918 – 1939, S. 235 – 262.

Bergkameraden

willkommen war die Eingliederung von Gebirgstruppen des ehemaligen österreichischen Bundesheeres, die bei Aufstellung der 2. und 3.
Division als deren Kerntruppen verwendet wurden. Die deutsche Gebirgstruppe erhielt damit
schlagartig fünf neue Gebirgsjägerregimenter
(136 bis 140; Geb.Jg.Rgt. 140 ohne Regiments-

stab): Aus (ex-)österreichischen Infanterie- und
Alpenjägerregimentern sowie aus dem Tiroler Jägerregiment wurden durch Umbenennung deutsche Gebirgsjägerregimenter. Diese Verbände
erhielten noch im selben Jahr eine von der übrigen Infanterie abweichende Gliederung in pro
Regiment drei Bataillone zu je fünf (sonst vier)
Kompanien. In der 4., 9. und 14. Kompanie dieser drei Bataillone (die Kompanien wurden innerhalb der einzelnen Regimenter durchgezählt),
den „schweren" Kompanien, waren ein Zug Infanteriegeschütze mit zwei leichten Infanteriegeschützen (7,5 cm) und ein Minenwerferzug
zusammengefasst. Die drei Stabskompanien (5.,
10. und 15. Kompanie) verfügten über einen Ge-
birgs-MG-Zug mit vier s.MG sowie über einen
Gebirgs-Pionier-Zug. Die 16. Kompanie, die Ge-
birgs-Panzerabwehr-Kompanie mit 12 PaK's unterstand dem Regiment unmittelbar.

Ab 1935 gab es auch offiziell wieder eine Gebirgs-Artillerie, die Geb.Art.Abteilung I/69, die
nach der Rheinlandbesetzung in Geb.Art.Abtei-
lung I/79 umbenannt wurde. Nach der Heeres-
vermehrung vom Oktober 1937 wurde aus der
bisherigen Gebirgsartillerieabteilung das Gebirgsartillerieregiment (Geb.AR) 79 mit zwei Abteilungen, das natürlich der Gebirgsjägerbrigade
als Brigadeartillerie vorrangig zur unmittelbaren
Feuerunterstützung[166] unterstellt war. Der „Anschluss" führte natürlich auch zu einer Verstär-

---

166 *Der artilleristische Feuerkampf unterscheidet zwischen
der „unmittelbaren Feuerunterstützung", dem „allgemeinen
Feuerkampf" und der „Feuerverstärkung".*

Links: Gebirgsjägerschule (Mittenwald)

Rechts: Gebirgsjäger im Feuerkampf (Ausbildungsfoto)

kung der Gebirgsartillerie in Form von zwei neuen Gebirgsartillerieregimentern (Geb.AR 111 und Geb.AR 112) zu je einem Stab und drei Geb. Art.-Abteilungen. 1939 verfügte das deutsche Heer schließlich in seinen drei Gebirgsdivisionen über die Gebirgsartillerieregimenter 79 mit vier Abteilungen und die Geb.AR 111 und 112 mit je drei Abteilungen. Die Abteilungen selbst hatten jeweils zwei leichte Batterien mit je vier 7,5 cm- und einer schweren Batterie mit vier 10,5 cm-Gebirgsgeschützen. Bereits ab Mai 1933 entstand im Zuge der noch geheimen Aufrüstung unter der Tarnbezeichnung „Fahr-Abteilungen" wieder die beobachtende Artillerie[167]. Für die Gebirgstruppe war dies die „GFE", die „Gebirgs-Fahr-Einheit" in Landsberg am Lech. Ihr geheimer „Klarname": Beobachtungsabteilung 4 (Beob.Abt. 4), ab 1. Oktober 1934 dann Beob.Abt. 5, nach außen hin aber nach wie vor die „GFE." Ab Oktober 1935 entfielen die Tarnbezeichnungen. 1938 entstand aus dem ehemals österreichischen Leichten Artillerieregiment 7 die Gebirgsbeobachtungsabteilung 38 (Geb.Beob.Abt. 38) – damit fehlten allerdings für zwei der drei Gebirgsdivisionen zwei der so eminent wichtigen „Augen und Ohren" der schießenden Artillerie, denn für jede Division, auch die anderen, war eine Beobachtungsabteilung vorgesehen. Insgesamt fehl-

ten zur Vollausstattung 18 derartige Abteilungen. Schon daran sieht man, wie unfertig Hitler die Wehrmacht in den Krieg stürzte!

Für die Taktik und dementsprechend für die Gefechtsausbildung hatten sich aus der Erfahrung des Gebirgskrieges einige Besonderheiten ergeben. Der Feuerkampf im Gebirge unterschied sich in den Grundsätzen zum Teil erheblich von demjenigen in normalem, eher flachem Gelände. Er war auch deshalb schwieriger, weil das Gebirge oft mehr Deckung bietet und Ziele daher

Bergkameraden

---

167 Die „beobachtende Artillerie" schießt nicht, sondern sie trägt mit ihren Licht- und Schallmess- sowie den Wetterzügen zur Feindlagefeststellung, Gefechtsfeldüberwachung und Zielortung auf mathematischen, physikalischen und meteorologischen Grundlagen zur Schaffung sogenannter sicherer Schießgrundlagen für den eigentlichen Feuerkampf der Geschütze wesentlich bei.

schwieriger aufzuklären und zu bekämpfen sind, nicht selten nur mit Steilfeuerwaffen. Ein wirkungsvoller Einsatz von Flachfeuerwaffen, auch von schweren Maschinengewehren, im zusammengefassten Feuer war daher auf gewisse Gelegenheiten beschränkt. Es kam hinzu, dass bei der geländebedingten zerstreuten Kampfweise die relativ kleinen Gruppen ihren Feuerkampf entsprechend einem bestimmten Gefechtsauftrag unabhängig führen mussten. Aber auch beim Kampf im Gebirge hatte sich der allgemeine infanteristische Erfahrungs-Grundsatz „Kämpfen heißt feuern!" über das Gewinnen der Feuerüberlegenheit durchgesetzt. Die Hauptschwierigkeit

im Gebirge lag darin, dass es erst nach zeitraubender Herstellung der Nachrichtenverbindungen (in den 1920er Jahren noch weitgehend ohne Sprechfunk) möglich war, zusammengefasstes Feuer zum richtigen Zeitpunkt gegen aufgeklärte und „lohnende" Ziele zu bringen. Gebirgsübungen wurden jährlich im späten Frühjahr überall in den bayerischen Alpen durchgeführt. Damit verbunden waren häufige infanteristische Gefechtsschießen. Artilleristische Schießübungen von Gebirgsbatterien wurden meist im Wettersteingebirge und im Ammerwald durchgeführt. Die Schießaufträge wurden unter sorgfältiger Beachtung der Innen- und Außenballistik mit Hilfe von Schusstafeln umgesetzt. Ferner waren (und sind) die besonderen Bedingungen bei den Korrekturen während des Einschießens infolge der großen Höhenunterschiede zwischen Feuerstellung und Ziel zu beachten. Für die vorgeschobenen Beobachter (VB's) galt (und gilt) zum Beispiel die Faustregel „bergauf - hau' drauf!" resp. „bergab - zieh' ab!"[168] Auch wurde der taktische Einsatz der Infanteriegeschütze im Gebirge geübt: Einzelne vorgezogene Gebirgsgeschütze bekämpften Einzelziele wie Schießscharten im direkten Richten. Sie wurden dazu für kurze Zeit aus ihrer Deckung in offene oder versteckte Stellung hinausgeschoben und nach erfülltem Schießauftrag wieder zurückgenommen. Ein allgemeines Kennzeichen bei den Gefechtsbewegungen im Gebirge war, dass im Vergleich zu herkömmlichem Ge-

---

168 „Berg auf - hau' drauf": Längenkorrekturen von unten nach oben müssen wesentlich kräftiger ausfallen als bei etwa gleichen Höhen von Feuerstellung und Ziel. Beim Bergab-Schießen muss(te) der VB seine Korrekturen dagegen deutlich minimieren.

lMG im Feuerkampf (MG 34). Das MG 34 war aufgrund seiner hohen Fertigungs- qualität (geringe Toleran- zen) sehr kälte- und damit störanfällig

*Oben: Ein Gebirgsgeschütz
im Feuerkampf*

*Unten: Unterkunftsbau
(„Iglu"). Die Natur zwingt
dazu und die Kameradschaft
in der Gebirgtruppe lässt es
gar nicht anders zu, als dass
jeder mit anpackt; hier ein
nicht mehr ganz „taufri-
scher" Portepéeunteroffizier*

lände im Gebirge mit einem wesentlich größeren Zeitaufwand für ein und dieselbe Tätigkeit gerechnet werden musste. Das Beziehen einer Feuerstellung oder eines Bereitstellungsraumes dauert einfach viel, viel länger! Das galt natürlich auch für die Versorgung der Truppe mit Verpflegung und Munition. Bei der Gefechtsausbildung wurde unter Anleitung gebirgskriegserfahrener Offiziere der einzelne Mann, der Gebirgsjäger, zum Einzelkämpfer erzogen und die „kleine Kampfgemeinschaft" an das selbstständige Handeln hinsichtlich „Feuer und Bewegung" gewöhnt wie auch an den Einklang von Deckung und Feuerwirkung im entscheidenden Moment. Die Bewegungsfähigkeit im Gelände beruhte auf der Ausbildung im Ersteigen und Erklettern von Höhen und Tälern. Die Kletterausbildung wurde etwa für ein Drittel der Kopfstärke der Einheit angesetzt, für einen kleineren Teil die Ausbildung im Eis. Diese fand nicht nur in den deutschen Alpen statt, sondern auch in Seilmannschaften in Österreich und der Schweiz. Lehrgänge für militärische Bergführer begannen schon etwa 1930, also bereits vor der „Machtergreifung", mit zivi-

len Bergführern als Ausbilder. In der Gebirgstaktik entwickelte sich auf Grund der Erfahrungen in den Offensiven des Deutschen Alpenkorps von 1917 die Diskussion, ob es eher auf den Besitz beherrschender Höhen oder auf das Öffnen bzw. Sperren der Täler mit ihren Talstraßen ankommt. Einerseits ist in der Verteidigung der Besitz beherrschender Höhen, somit die beobachtete Feuerwirkung gegen vordringenden Feind, von Vorteil. Andererseits würde ein Angreifer diese Höhen nicht unmittelbar ersteigen müssen, sondern konnte bestrebt sein, durch schwerpunktmäßige Vorstöße in Tälern diese Hindernisse von den Flanken und vom Rücken her zu umgehen, während der Feind mit Feuer niedergehalten wurde. Daraus ergab sich die Schlussfolgerung, dass auch der Verteidiger seine Abwehrschwerpunkte im Sperren der Täler suchen muss, um sich, zumal in einem Schlüsselgelände, halten zu können. In Planübungen und schriftlichen Winterarbeiten wurde dieses Problem gelegentlich behandelt und besprochen. Auch Militärzeitschriften thematisierten diese besonderen Herausforderungen. Entsprechend den damaligen Richtlinien wurde auch der hinhaltende Kampf im Gebirge geübt. Die Ausbildung in der Gebirgstruppe war - wie in der gesamten Reichswehr - bis 1934 auf eine Verdreifachung im Kriegsfall gerichtet. Die Führer-, Unterführer- und Spezialistenklassen in den Einheiten dienten als Kader für den Aufwuchs von neuen Verbänden, Einheiten oder Stäben. Die sehr kleine Gebirgtruppe - sieben Kompanien und zwei Batterien - war ohnehin kaum in der Lage, in einem Verteidigungsfall mehr als nur hinhaltenden Kampf zu leisten. Ein Ausblick: Ab 1934 wurden auch die Gebirgstruppen durch Aufteilung der Einheiten

und Stäbe so verstärkt, dass 1935 aus dem einzigen vorhandenen Gebirgsjäger-Bataillon in Kempten und Lindau zwei neue Bataillone (mit zusätzlichem Standort Berchtesgaden) gebildet werden konnten. Diese wurden - zum Teil mit Personal der bayerischen Landespolizei als Verstärkung - in die beiden Gebirgsjäger-Regimenter 99 und 100 umgegliedert. Später entstand das dritte Regiment, das Geb.Jäg.Rgt. 98; damit war die 1. Gebirgsdivision aufgestellt. Nach dem Einmarsch in Österreich im März 1938 wurden die 2. und 3. Gebirgsdivision aus überwiegend österreichischen Soldaten gebildet. Es war insgesamt schon erstaunlich, wie aus dem bescheidenen Kern des Reichsheeres, verstärkt durch Personal der Landespolizei und des ehemaligen österreichischen Bundesheeres, in wenigen Jahren eine Gebirgstruppe mit beachtlicher Leistungsfähigkeit hervorging. Die Gebirgstruppe wurde im Zweiten Weltkrieg weiterhin vergrößert, und auch die Waffen-SS stellte eigene Gebirgsformationen auf (s.u.). Natürlich kam es bei diesen Vermehrungen zu Problemen, zumal unter Kriegsbedingungen. Insgesamt aber konnten diese so gut bewältigt werden, dass sich die Gebirgstruppen später in den harten Kämpfen in Norwegen, in Griechenland und auf Kreta, im Kaukasus, in den Karpaten, in den italienischen Alpen, aber auch in der russischen Ebene be-

währten. Die Eigenart des Kampfes im Gebirge prägte auch weiterhin den Charakter des Gebirgsjägers. Die harten Anforderungen durch die raue Umwelt der hohen Berge und das mühsame Überwinden nur schwer gangbarer Hänge und Pässe bei widrigem Wetter stellten - außer dem Kampf gegen den eigentlichen Feind - zusätzliche Aufgaben an Willensstärke und Ausdauer.

Gebirgsgeschütz in Feuerstellung. Hier besonders deutlich, dass die damalige Gebirgsartillerie vorwiegend in der unmittelbaren Feuerunterstützung bzw. als Infanterie-Begleitgeschütz eingesetzt wurde.

Die deutschen Gebirgstruppen im 2. Weltkrieg[169]

Die Gebirgstruppe kämpfte während des 2. Welt-krieges weniger im Hochgebirge als vielmehr in unwegsamen Gebieten, so in Norwegen, Jugosla-wien, Italien, Griechenland, der UdSSR und in Finnland. Auch bei triphibischen Operationen wie der Invasion Norwegens im April 1940 („Unter-nehmen Weserübung") und der Landung auf Kreta („Unternehmen Merkur") im Frühjahr 1941 kam sie zum Einsatz. Da in den von Deutschland besetzten Ländern Europas unwegsame Bergre-gionen wie der Apennin oder der Balkan bevor-zugtes Operationsgebiet von Partisanen waren, wurde die Gebirgstruppe insbesondere zur Parti-sanenbekämpfung eingesetzt. Zum bekanntes-ten wirklichen Hochgebirgseinsatz kam es im August 1942 während der deutschen Sommerof-fensive: die Besteigung des Elbrus. Im Laufe des Zweiten Weltkrieges verfügte die Wehrmacht über 11 Gebirgsdivisionen.

- 1. Gebirgs-Division
- 2. Gebirgs-Division
- 3. Gebirgs-Division

- 4. Gebirgs-Division
- 5. Gebirgs-Division
- 6. Gebirgs-Division
- 7. Gebirgs-Division
- 8. Gebirgs-Division
- 9. Gebirgs-Division (vormals 9. Gebirgs-Division (Ost))
- 10. Gebirgs-Division (vormals 9. Gebirgs-Division (Nord))
- 188. Gebirgs-Division (vormals 188. Reserve-Gebirgs-Division)

Hinzu kamen ab 1941 sechs Gebirgsdivisionen der Waffen-SS:

- 6. SS-Gebirgs-Division „Nord"
- 7. SS-Freiwilligen-Gebirgs-Division „Prinz Eugen"
- 13. Waffen-Gebirgs-Division der SS „Handschar"
- 21. Waffen-Gebirgs-Division der SS „Skanderbeg"
- 23. Waffen-Gebirgs-Division der SS „Kama"
- 24. Waffen-Gebirgs-(Karstjäger-)Division der SS

Diese Großverbände waren von sehr unterschied-licher Qualität und Herkunft und wurden

---

[169] *Zur reinen Ereignisgeschichte siehe Kaltenegger, Deutsche Gebirgsjäger im Zweiten Weltkrieg sowie ders., Die Geschichte der deutschen Gebirgstruppe 1915 bis heute. We-sentlich tiefergehend und wissenschaftlich auf dem neuesten Forschungsstand: MGFA, Das Deutsche Reich und der Zweite Weltkrieg.*

überwiegend im „Bandenkampf", also im Partisanenkrieg, eingesetzt, wobei besonders die Division „Prinz Eugen" durch ihre Brutalität und eine Vielzahl von Kriegsverbrechen auffiel. Der Begriff „Bandenkampf" wurde übrigens sehr weit gefasst, auch die Ermordung und Deportation Unschuldiger bzw. Nichtbeteiligter, darunter vornehmlich von Juden, fiel unter diesen Begriff. In den Verantwortungsbereich der SS fiel bekanntlich auch die Polizei mit Heinrich Himmler, dem „Reichsführer SS und Chef der Deutschen Polizei", an der Spitze. Unter den 1942 von der Ordnungspolizei aus bisher selbstständigen Bataillonen gebildeten Regimentern war auch das Polizei-Gebirgsjäger-Regiment 18, dem 1943 eine Polizei-Gebirgs-Artillerie-Abteilung unterstellt wurde. Den Verbandsbezeichnungen wurde zwar durch Erlass vom 24. Februar 1943 der Zusatz „SS-" vorangestellt, die Polizeiregimenter blieben jedoch administrativer Bestandteil der Ordnungspolizei. Taktisch war das Polizei-Gebirgsjäger-Regiment 18 ab März 1943 der 6. SS-Gebirgs-Division „Nord" unterstellt. Zuletzt seien in dieser Zusammenfassung noch die 1. Ski-Jäger-Division und einige außerhalb der Gebirgsdivisionen verwendete Gebirgstruppenteile genannt. Übergeordnete Großverbände waren die 20. Gebirgs-Armee, das XV., XVIII., XIX., XXI., XXII., XXXVI., XXXXIX. und LI. Gebirgs-Armeekorps sowie das Gebirgs-Korps Norwegen. Ihnen waren teilweise auch Nicht-Gebirgstruppenteile unterstellt.

Die Propagandamaschinerie des NS-Regimes schlachtete die unbestreitbaren Erfolge der Gebirgstruppe natürlich aus. Dementsprechend wurden sie - vor allem das militärisch sinnlose, alpinistisch dagegen herausragende Elbrus-Unternehmen - zuweilen überbewertet. Zum Aushängeschild der Gebirgstruppe wurde vor allem Generaloberst Eduard Dietl (1890 - 1944; NSD-AP-Mitglied bereits seit 1921) stilisiert, er war fortan der „Held von Narvik". Während Dietl aber im Nachkriegsdeutschland und in der Bundeswehr hohes Ansehen genoss (bis zur Umbenennung der Füssener „Generaloberst Dietl-Kaserne" in - jetzt „entnazifiziert" - „Allgäu-Kaserne" im November 1995), war Generaloberst Ferdinand Schörner (1892 - 1973), dem übelste und brutalste Methoden der Disziplinierung zur Last gelegt werden, von Anfang an „persona non grata". Er gilt als der Archetyp eines gewissenlosen NS-Generals.

Oben Links: Generaloberst Eduard Dietl (1890 - 1944; NSDAP-Mitglied seit 1921)

Oben Rechts: „Mei Ruah möcht´ i" - ein nachvollziehbarer Wunsch des OFw Gsinn

Unten: OFw Gsinn mit seiner (wahrscheinlich) Ehefrau

Kriegsverbrechen

Ein niedergebranntes Dorf. Die „natürliche" Folge eines gnadenlosen Krieges oder ein bewusster Gewaltakt gegen die Zivilbevölkerung? Man weiß es in diesem Fall nicht.

Auch die Gebirgstruppen der Wehrmacht und Waffen-SS blieben in Hitlers rassenideologischem Vernichtungskrieg nicht unschuldig, auch sie begingen auf mehreren Kriegsschauplätzen, auf dem Balkan, in Italien und Griechenland, Kriegsverbrechen, auch sie hielten sich allzu oft an Hitlers Befehl vom 16. Dezember 1942:
„Wenn dieser Kampf gegen die Banden sowohl im Osten wie auf dem Balkan nicht mit den allerbrutalsten Mitteln geführt wird, so reichen in absehbarer Zeit die verfügbaren Kräfte nicht mehr aus, um dieser Pest Herr zu werden. Die Truppe ist daher berechtigt und verpflichtet, in diesem Kampf ohne Einschränkungen auch gegen Frauen und Kinder jedes Mittel anzuwenden, wenn es nur zum Erfolg führt."[170]
Anfang Juli 1943 wurde die 1. Gebirgsdivision nach Westgriechenland in den Epirus verlegt. Die Erfolge der kommunistisch ausgerichteten griechischen Widerstandsorganisation ELAS im Partisanenkampf hatten eine Verstärkung der deutschen Besatzungstruppen notwendig gemacht. Als Antwort sollte der militärische Druck intensiviert werden. Dazu kam es am 16. August 1943: In dem westgriechischen Dorf Komeno töteten Soldaten der Division 317 Einwohner, weil sich ELAS-Partisanen aus dem Ort mit Nahrungsmitteln versorgt hatten. Allein in den drei Mona-

170 *Bundesarchiv (Hrsg.), Europa unterm Hakenkreuz. Die Okkupationspolitik des deutschen Faschismus in Jugoslawien, Griechenland, Albanien, Italien und Ungarn (1941-1945). Heidelberg 1996, S. 219.*

ten zwischen Anfang Juli und Anfang Oktober 1943 zerstörten die Gebirgsjäger etwa 207 Ortschaften mit 4.500 Häusern und töteten über 2.000 Griechen und Albaner, darunter Frauen, Alte und Kinder. Darüber hinaus unterstützten Gebirgstruppen die Geheime Feldpolizei bei der Deportation der jüdischen Bevölkerung in Griechenland. Ein Indiz dafür, dass es höchst selten zu Gefechten mit Partisanen kam, ist die Tatsache, dass „nur" 23 Gebirgsjäger in diesem Zeitraum gefallen sind. Aber gerade in einem Partisanenkrieg gibt es keine eindeutige Trennung (und damit Schuldzuweisung) in „gut" und „böse". Oft genug fanden deutsche Soldaten nach den Kampfhandlungen ihre von Partisanen entführten oder gefangen genommenen Kameraden bestialisch verstümmelt und grausam ermordet vor. Der gegenseitige Hass schaukelte sich immer mehr hoch, die Brutalitäten eskalierten. Das soll nichts entschuldigen, aber erklären. General der Gebirgstruppe Ludwig Kübler wurde 1947 in Jugoslawien wegen Kriegsverbrechen auf dem Balkan, vor allem im Kampf gegen die nicht minder brutal vorgehenden Tito-Partisanen, zum Tode verurteilt und hingerichtet. Wut über den erneuten „Verrat" der italienischen Verbündeten (nach dem 23. Mai 1915, als sich das eigentlich verbündete Italien auf die Seite der Entente schlug) war auch der Anlass für die Soldaten der 1. Gebirgsdivision, etwa 5.200 italienische Soldaten und fast alle Offiziere, zumeist erst nach Ende der Kämpfe, zu exekutieren. Die Angehörigen

*Oben: In Kriegsgefangen-
schaft geratene Angehörige
der Roten Armee*

*Unten: Lanz (Mitte) bei einer
Lagebesprechung auf Korfu
(1943). Aus Tarnungsgrün-
den sind seine Rangabzei-
chen verhüllt.*

der italienischen Division „Acqui" hatten sich auf
den griechischen Inseln Kefalonia und Korfu kurz
zuvor den Deutschen ergeben. Diese Massener-
schießung erfolgte aufgrund von Befehlen des
Oberkommandos der Wehrmacht und stellte
einen klaren Verstoß gegen das Kriegsvölkerrecht dar. General der Gebirgstruppe Hubert
Lanz wurde von einem amerikanischen Militärgericht deswegen zu 12 Jahren Haft verurteilt, allerdings bereits 1951 wieder aus der Haft
entlassen. Ein letztes Beispiel: Soldaten der 1.
Kompanie des Gebirgspionierbataillons 818 erschossen im toskanischen Falzano bei Cortona
drei Männer und eine 74-jährige Frau als Vergeltung für den Tod von zwei deutschen Soldaten,
die am 26. Juni 1944 im Gefecht mit italienischen
Partisanen gefallen waren. Am Tag darauf töteten
die Gebirgssoldaten zehn weitere Zivilisten mit
Dynamit und Maschinengewehren. Vor dem Hintergrund der neuen weltpolitischen Lage – Stich-
worte: Kalter Krieg, Wiederbewaffnung – flaute
die juristische Aufarbeitung bald nach dem Krieg
rasch ab. Ehemalige Feinde wurden zu neuen
Verbündeten, da wollte man keine alten Gräben
aufreißen. Erst aufgrund neuerer Forschungen[171]
und Ermittlungen italienischer Behörden kam
wieder Bewegung in die strafrechtliche Verfolgung. Das Militärgericht in La Spezia verurteilte
in den Jahren 2005 und 2006 wegen des Vorfalls
in Falzano den Kompaniechef der Gebirgspioniere, Josef Scheungraber, und zehn weitere ehemalige deutsche Gebirgssoldaten in Abwesenheit
zu lebenslanger Haft. Lediglich Scheungraber

wurde Ende 2008 auch in Deutschland vor Ge-
richt gestellt und erhielt am 11. August 2009 „le-
benslang". Die anderen zehn in Italien
Verurteilten wurden in Deutschland bisher nicht
belangt. Es liegen rund 200 weitere Namen von
Angehörigen der Gebirgstruppe der Wehrmacht
vor, die Kriegsverbrechen begangen haben sollen. Häufiges Hindernis für eine gerichtliche Ver-
urteilung ist der Umstand, dass, auch wenn die
Vorsätzlichkeit der Tötungen vor 60 oder 70 Jahren nachweisbar ist, es nicht gelingt, diese zwei-
felsfrei als Mord im juristischen Sinn zu belegen.
Totschlag verjährt (und ist es nach so langer Zeit
auch), Mord aber nicht.

171 *Zum Beispiel Meyer, Blutiges Edelweiß. Die 1. Gebirgs-Division im Zweiten Weltkrieg. Berlin 2008.*

Die Gebirgsdivisionen des Heeres

General der Gebirgstruppe
Ludwig Kübler (rechts; 1889
– 1947)

1. Gebirgsdivision[172]

Vorgängerin als Division war die am 1. Juni 1935 aufgestellte 1. Gebirgsbrigade mit Oberst Ludwig Kübler als Kommandeur. Der Brigadestab befand sich in München, dem Sitz des vorgesetzten Generalkommandos des VII. Armeekorps. Es war zwar beabsichtigt, den Stab der Brigade später nach Garmisch-Partenkirchen zu verlegen, der Kriegsausbruch verhinderte dies jedoch. Zum 15. November 1935 erhielt Kübler den Auftrag zur Aufstellung von zwei Gebirgsjägerregimentern sowie einer Gebirgsartillerieabteilung mit drei Batterien. Die Gebirgsjägerregimenter 99 und 100 bestanden aus drei Bataillonen mit je vier Kompanien (je neun leichte und zwei schwere MG, drei leichte Granatwerfer), zwei schweren Kompanien (eine mit einem Pionierzug und vier schweren MG, die andere mit sechs mittleren Granatwerfern und zwei leichten Infanteriegeschützen) sowie einer Panzerjäger-Kompanie (= 16. Kompanie) mit zwölf Pak 3,7 cm. Am 1. Oktober 1937 wurde die Aufstellung des Gebirgsjägerregiments 98 angeordnet, mit dem die Brigade faktisch Divisionsstärke erreichte. Kübler

---

172 Dazu auch: Kaltenegger, Die Stammdivision der deutschen Gebirgstruppe. Weg und Kampf der 1. Gebirgs-Division 1935 - 1945.

wurde zum 1. Januar 1938 zum Generalmajor befördert, die Brigade am 1. April 1938 in 1. Gebirgsdivision umbenannt. Das ursprünglich dritte Regiment, das Gebirgsjägerregiment 100, ging allerdings im Jahr 1940 an die 5. Gebirgsdivision. Im Polen-Feldzug kam die 1. Gebirgsdivision zusammen mit der 2. Gebirgsdivision im Rahmen der XIV. Armee an der slowakischen Grenze zum Einsatz. Am 4. September 1939 erfolgte der Einmarsch in Südpolen. Teilweise mussten die Soldaten zwischen 35 und 60 Kilometer am Tag marschieren. Am 8. September nahmen die Jäger, nachdem sie den San überschritten hatten, nach schweren Gefechten den Dukla-Pass. Am 10. September 1939 erließ Generalmajor Kübler den bekannten Befehl zur „Sturmfahrt auf Lemberg": Dem Feind sollte der Rückzug nach Osten verwehrt und er damit zur Kapitulation gezwungen werden. Bereits am 12. September 1939 wurde Lemberg erreicht und eingeschlossen. Mit dem Einmarsch der Roten Armee am 20. September endeten die Kampfhandlungen. Im Zuge des Angriffs auf Frankreich („Fall Gelb") marschierte die Division am 10. Mai 1940 in Luxemburg ein, am 12. Mai 1940 wurde die belgische Grenze überschritten. Am 14. Mai 1940 erreichte sie - noch ohne Gefechtsberührung - die Maas, die am 15. Mai 1940 überschritten wurde und gewann den Oise-Aisne-Kanal, wo sie sich zur Verteidigung

einrichtete. Der nun folgende Stellungskrieg
dauerte bis zum 4. Juni. In den Morgenstunden
des 5. Juni forcierten die Regimenter 99 und 100
dann den Kanal - unter horrenden Verlusten
beim I. Btl./100! Zwar konnten die Bataillone des
Gebirgsjägerregiments 99 die wichtigen Höhen
nehmen und halten, aber 16 Prozent der deutschen Angreifer waren entweder gefallen oder
verwundet. Der Rest des Frankreich-Feldzuges
bis zum Waffenstillstand am 22. Juni verlief vergleichsweise ereignislos.

„Seelöwe", „Felix" und Jugoslawien (1940/41):
Die für nach dem Sieg über Frankreich vorgesehene Invasion Großbritanniens im Frühjahr 1941
(„Seelöwe") musste allerdings nach der verlorenen „Battle of Britain" - zur Erleichterung der Gebirgsjäger - aufgegeben werden. Das AOK 16,
dem die 1. Gebirgsdivision unterstand, hatte für
die geplante Landung das Geb.Jg.Rgt. 100 und
die I./AR 79 bereitzustellen. Ab Oktober 1940
führte Generalmajor Hubert Lanz die Division.
Kübler übernahm als General der Gebirgstruppen
das neu aufgestellte XXXXIX. Korps. Am 3. November 1940 schieden das Geb.Jg.Rgt. 98 und
die I./AR 79 aus dem Divisionsverband aus und
traten zur 5. Gebirgsdivision über. Für die für
1941 geplante Eroberung der britischen Festung
Gibraltar, dem Tor zum Mittelmeer, wurde aus
Teilen der 1. Gebirgsdivision zusammen mit anderen Truppenteilen eine als „Sturmdivision" bezeichnete Kampfgruppe gebildet. „Felix" hätte
die Seeherrschaft Großbritanniens im Mittelmeer
entscheidend schwächen können. Doch der spanische Diktator Franco verweigerte schließlich

seine Mitwirkung; damit war das Unternehmen
gescheitert. Zwischen dem 5. und 8. April 1941
verlegte die 1. Gebirgsdivision in den Raum beiderseits der Drau zwischen Völkermarkt, Blei-
burg und St. Paul in Kärnten. Am 9. April drangen
Teile des Geb.Jg.Rgt. 99 nach Jugoslawien ein
und gewannen Karlstadt (13. April). Die Verluste
während dieses Feldzuges blieben mit einem Unteroffizier und fünf Mannschaften recht gering.
Drei Unteroffiziere und sechs Mannschaften wurden verwundet.

Russland-Feldzug

Rechts: Vormarsch 1941: Gebirgsjäger passieren das Wrack einer sowjetischen Polikarpow I-16 „Rata" (Ratte)

Unten: Ein Gelände, in das Gebirgssoldaten einfach nicht gehören: Steppe – soweit das Auge reicht ...

Ab dem 22. Juni 1941 stieß die Division nach Lemberg vor, das am 27. Juni genommen wurde. Mitte Juli gewann sie im Verband des XXXXIX. Korps die „Stalin-Linie". Geschickt konnte Lanz die sowjetische Verteidigung austricksen und die Regimenter 98 und 99 durchschleusen – unter Missachtung eines anders lautenden Befehls Küblers, der einen Frontalangriff befohlen hatte. Anfang August näherte sich die Division Uman, wo sie in den folgenden Kesselschlachten etwa

22.000 Gefangene einbringen konnte. Anschließend ging es weiter bis zum Dnjepr, der in der Nacht zum 8. September überschritten wurde. Über die Nogaische Steppe gewannen die Gebirgssoldaten das Asowsche Meer (4. bis 10. Oktober), anschließend wandten sie sich nach Süden, erreichten am 20. Oktober Stalino im Donezk-Becken und – in ständiger Fühlung mit der 1. Panzerarmee – bis Ende Oktober den Mius und bildeten auf der anderen Flussseite einen Brückenkopf. Der plötzlich eintretende harte Winter mit Temperaturen von unter –30° und ohne Winterausrüstung zwang zur Einstellung der Operationen. Mittlerweile betrug die durchschnittliche Kompaniestärke 44 Mann, die einen gut 700 Meter breiten Gefechtsstreifen zu verteidigen hatten. Eine ihrer Nachbardivisionen war die 4. Gebirgsdivision. Erst am 17. Mai 1942 wurden die Angriffsoperationen an der gesamten Ostfront wieder aufgenommen. In der Schlacht um Charkow (17. bis 28. Mai) durchbrach die 1. Gebirgsdivision die sowjetischen Stellungen und stieß 45 Kilometer in Feindgebiet vor. Das Ergebnis: ca. 25.000 Gefangene, 150 erbeutete Geschütze, 70 bis 80 PaK's, 50 Flugabwehrkanonen, 12 Raketen- und über 100 Granatwerfer, 2.500 Lkw, 200 Traktoren, 1.500 bespannte Fahrzeuge, 10.000 Pferde, 70 Tankwagen und 94 Panzer. Ende Juni 1942 erreichten die Gebirgsjäger Rostow und wurden in das XXXXIX. Korps (wieder) eingegliedert. Am 5. August überschritt die 1. Gebirgsdivision den Don bei Rostow. Am 11. Au-

Oben: „Schlachtfeldtouris-
mus": Gebirgsjäger besichti-
gen einen liegengebliebenen
T–34 – ein mitunter gefähr-
liches Unterfangen, denn
mitunter waren die aufgege-
benen Panzer mit Sprengfal-
len versehen.

Unten: Beim Einmarsch in
das Terrorreich Stalins noch
freundlich begrüßt, änderte
sich das infolge der verbre-
cherischen NS-Besatzungs-
politik bald grundlegend.

Links: Wundgelaufene Füße werden behandelt

Rechts: Ein besorgter Blick des Funkers nach oben: Deckung vor Feindflugzeugen (vermutlich ein VB-Trupp [vorgeschobener Beobachter])

Unten: Im Kaukasus

gust konnte die Brücke von Tscherkessk unzerstört genommen werden, womit der Übergang über den Kuban gesichert war. In der Zeit vom 12. bis zum 21. August 1942 nahmen die Gebirgsjäger die Hochpässe des Kaukasus im Elbrus-Gebirge, stürmten den Kluchor-Pass. Ein Hochgebirgszug aus Soldaten der 1. und 4. Gebirgsdivision erklomm am 21. August 1942 den Gipfel des 5.642 Meter hohen Elbrus. Eine alpinistische Meisterleistung, die Goebbels' Propag-

anda-Apparat auch weidlich ausschlachtete, die aber gleichzeitig militärisch sinnlos war – was sogar Hitler so sah! In der Zeit vom 28. August bis zum 5. September zerschlug die Division in Höhen zwischen 3.000 und 4.000 Metern eine sowjetische Brigade; ein Angriff auf Tuapse scheiterte jedoch wegen Kräftemangels. Mitte September 1942 wurde die Division (ohne Geb. Jg.Rgt. 99) aus der Front gelöst und in den Pontischen Kaukasus verlegt mit dem Auftrag, mit der Gruppe „Lanz" (Geb.Jg.Rgt. 98 und 13) zur Schwarzmeerküste durchzubrechen. Dieser Versuch scheiterte, am 2. November 1942 brach der Angriff unter schweren eigenen Verlusten zusammen. Da Hitler sich weigerte, Truppenteile zeitgerecht zurückzunehmen, erlitt die 1. Gebirgsdivision weitere blutige Verluste. Um die Jahreswende 1942/43 schließlich setzte sich das XXXXIX. Korps auf einer Front von 400 km Breite vom Waldkaukasus in den Kuban-Brückenkopf ab und entzog sich damit der Vernichtung durch die Rote Armee. Am 23. Januar 1943 räumten die Division und die ihr zugeteilten Einheiten die letzten Bergstellungen und gingen auf Maikop zurück. Bis dahin hatten die Gebirgssoldaten 4.955 km zu Fuß zurückgelegt, 925 km mit der Bahn. Die Gesamtverluste der Division betrugen bis zum 31. Dezember 1942 13.227 Mann, davon waren 141 Offiziere, 457 Unteroffiziere und 2.651 Mannschaften gefallen und 288 Offiziere, 1.218 Unteroffiziere und 8.205 Mannschaften verwundet; ein Offizier, 14 Unteroffiziere und 252 Mannschaftsdienstgrade galten als vermisst.

Auf dem Balkan

Abschied an die Front am Bahnhof von Bayerisch Gmain

Aus den Kämpfen um den Kuban-Brückenkopf wurde die Division im Frühjahr 1943 herausgelöst und zum Einsatz gegen Partisanen auf den Balkan verlegt („Unternehmen Schwarz"). Von Bulgarien aus zog die Division nach Montenegro (15. April bis 16. Juni 1943). Anfang Juli 1943 verlegte die 1. Gebirgsdivision nach Westgriechenland in den Epirus, um eine dort erwartete alliierte Invasion abzuwehren, zu der es allerdings nicht kam. Stattdessen wurden einzelne Truppenteile im Kampf gegen griechische und albanische Partisanen eingesetzt. Dabei gingen sie auch gegen Zivilisten vor (s.o.). Bei einem Großunternehmen gegen Tito-Partisanen und serbische „Tschetniks" (Freischärler) im Frühsommer 1943 machte die 1. Gebirgsdivision 498 Gefangene. 411 davon erschoss sie ohne Verfahren. Auf der ionischen Insel Kefalonia kam es dann zum bereits erwähnten Massaker an italienischen Kriegsgefangenen, einem der schwersten deutschen Kriegsverbrechen im Mittelmeerraum. Vom 4. Dezember 1943 bis zum 10. April 1944 war die Division dem V. SS-Gebirgs-Korps unterstellt und in Bosnien und Kroatien eingesetzt. Am 2. Januar 1944 traten die Gebirgsjäger zum - wie sie glaubten und hofften - entscheidenden Schlag gegen die kommunistischen Tito-Partisanen an, verfehlten den Rebellenführer jedoch um Haaresbreite. Im März 1944 wurde die Division als OKH-Reserve nach Ungarn verlegt. Nachdem sie in ihrem Abschnitt kriegsmüde ungarische Verbände entwaffnet hatte, wurde sie am 30. April 1944 herausgezo-gen und zur Verteidigung der Karpatenpässe eingesetzt. Auch in dieser Situation konnten die Truppen die instabil gewordene militärische Lage festigen. Schon Anfang Mai 1944 gingen sie wieder zurück nach Griechenland und kämpften erneut vom 3. Mai 1944 bis zum 20. Juli 1944 gegen Partisanen, vom 25. Juli bis 27. August dann in Montenegro. Dort trafen sie auf inzwischen straff organisierte Partisanenverbände. Im September 1944 stand die 1. Gebirgsdivision weit auseinandergezogen an der jugoslawisch-bulgarischen Grenze in schweren Abwehrkämpfen. Die Division war zusammen mit der 7. SS-Freiwilligen-Gebirgs-Division „Prinz Eugen" in einen Hexenkessel geraten. Durch einen sowjetischen Panzerkeil in der Stärke von fünf Divisionen und einer Brigade wurde die Division am 30. September 1944 in drei Teile gespalten. In dieser aussichtslosen Lage wurde sie vom 1. bis zum 14. Oktober 1944 gegen die Morava zurückgenommen, wobei es zu erbitterten Gefechten kam. Das Feld-Ersatz-Bataillon wurde dabei vollständig aufgerieben. Mitte Oktober zog die Division in den Raum südlich von Belgrad. Vor den Toren der Stadt zeichnete sich für die 1. Gebirgsdivision eine Katastrophe ab, denn seit dem 5. Oktober 1944 standen ihr am Nordufer der Donau starke sowjetische Kräfte gegenüber. Erst am 12. Oktober 1944 erhielt die Division den Befehl zum sofortigen Rückzug hinter die Morava. Am 17. Oktober 1944 entschloss sich der Divisionskommandeur zum Durchbruch nach Westen, um eine drohende Einkesselung zu vermeiden.

Oben: Gebirgsjäger in ihrem Element

Rechts oben: Verwundeten-versorgung

Rechts mitte: ... und nicht in ihrem natürlichen Habitat

Rechts unten: Der Kompa-niechef mit seinem Kompa-nietrupp

Sämtliche Waffen, die nicht auf Tragtiere gepackt werden konnten, mussten aber vernichtet werden. Der Ausbruch gelang, allerdings unter Zurücklassung aller nicht gehfähigen Verwundeten (!). Nur zwei Tage später wurde die Division erneut eingeschlossen. Ein Ausbruchsversuch scheiterte. 5.000 Gebirgsjäger blieben im Kessel südlich von Belgrad zurück, darunter auch der Divisionskommandeur Stettner Ritter v. Grabenhofen. Er ist seitdem vermisst. Im Drina-Save Dreieck wurde eine neue Abwehrfront errichtet. Einen Monat lang, vom 23. Oktober bis zum 21. November, war die Division in Stellungskämpfe hinter der Drina verwickelt. Nach getrennt geführten Operationen ging die Division südlich des Plattensees – endlich wieder geschlossen – zum Stellungskrieg über und wurde aufgefrischt. Am 17. Dezember 1944 übernahm Generalleutnant Josef Kübler, Bruder von General Ludwig Kübler, die Division. Bis zum 5. März 1945 konnten die Gebirgsjäger zwischen der Drau und dem Plattensee alle Angriffe der Roten Armee abweisen – allerdings unter schweren Verlusten. Im Frühjahr 1945 nahm die Division vom 6. bis zum 22. März im Verband des XXII. Armeekorps (General Lanz) an der letzten großen Schlacht auf dem südöstlichen Kriegsschauplatz (Ungarn, Plattensee) teil. Trotz örtlicher Erfolge endete die Schlacht mit einer Niederlage der Wehrmacht. Am 12. März 1945 wurde die Division in 1. Volks-Gebirgs-Division umbenannt. Am 26. März 1945 gelang der Roten Armee nördlich des Plattensees der Durchbruch, die Division musste sich erneut weit zurückziehen. Es wurde ein Wettlauf mit der Zeit, den die Gebirgsjäger gewannen. Im Feistritztal erfolgte Ende April 1945 der letzte größere Angriff der Division. Der Frontabschnitt konnte bis Kriegsende gehalten werden. Am 7. Mai 1945 erhielt sie den Befehl, sich am 8. Mai 1945 bis 21 Uhr hinter die Enns abzusetzen. Bis zum 12. Mai 1945 leitete der Divisionsstab bei Liezen noch die Aufnahme der „Rückkämpfer" aus dem Osten hinter die amerikanische Demarkationslinie. Im US-Kriegsgefangenenlager Mauerkirchen endete für die Division der Krieg. Bis Mitte Juli 1945 wurden alle Gebirgsjäger entlassen.

2. Gebirgsdivision[173]

Die Division wurde ab dem 1. April 1938 in Innsbruck (Wehrkreis XVIII) aus Einheiten des früheren österreichischen Bundesheeres aufgestellt und nahm ab dem 1. September 1939 im Rahmen der Heeresgruppe Süd am Angriff auf Polen teil. Während des „Sitzkrieges" (bis zum 9. Mai 1940) lag sie zunächst im Raum St. Goar zur Sicherung der Front gegen Frankreich, wurde aber im März 1940 dem „Gebirgskorps Norwegen" unterstellt. Unter diesem Dach nahm sie an der Invasion Norwegens teil und unterstützte im Raum Narvik die 3. Gebirgsdivision, die unter erheblichem Druck der Briten stand.

173 *Dazu Kräutler/Springenschmid, Es war ein Edelweiss. Schicksal und Weg der 2. Gebirgsdivision.*

Anschlussverwendung: Besatzungstruppe im nördlichen Norwegen und in Lappland. Ab Juni 1941 war die Division Bestandteil des XIX. Gebirgskorps (20. Gebirgsarmee) und nahm am erfolglosen Durchbruchsversuch nach Murmansk teil. Sie griff zunächst aus dem Raum Parkkina die sowjetischen Grenzstellungen bei Kuosmaivi an, dann folgten Stellungskämpfe auf der Fischer-Halbinsel. Von Juli 1942 bis Oktober 1944 war die Division weiter an der Murmansk-Front eingesetzt. Sie blieb noch bis Ende 1944 in diesem Raum, obwohl Finnland im September 1944 einen Waffenstillstand mit der Sowjetunion geschlossen hatte und die deutschen Truppen in Lappland sich nach Norwegen zurückziehen mussten. Die Division erlitt bei der Winteroffensive 1944/45 erhebliche Verluste. Anschließend zog sie sich unter Abwehr- und Absetzkämpfen zur norwegischen Grenze zurück, kam dann nach Dänemark und schließlich zusammen mit der 6. Gebirgsdivision „Nord" der Waf-

fen-SS an die Westfront. Hier wurden die meisten Regimenter neu aufgestellt, allerdings reichte deren Qualität nicht mehr an frühere Jahre heran. Im Rahmen der Heeresgruppe G nahm sie im Februar 1945 an den Kämpfen entlang der Saar und der Mosel teil, bevor sie sich nach Süddeutschland zurückzog, wo sie sich dem XII. Korps anschloss. Die versprengten Überreste ergaben sich im Mai 1945 in Tirol den Amerikanern.

3. Gebirgsdivision[174]

Die am 1. April 1938 in Graz aufgestellte Division ging aus der 5. und der 7. Division des österreichischen Bundesheeres hervor. Sie nahm im Verband des XVIII. Korps (14. Armee, Heeresgruppe Süd) am Polen-Feldzug teil und wurde anschließend im Westen im Raum Traben-Trarbach mit Sicherungsaufgaben betraut. Im April 1940 erfolgte der Einsatz im Rahmen der Besetzung Norwegens („Unternehmen Weserübung"). Bekannt wurde der Großverband, als die Kampfgruppe Dietl zusammen mit der Kriegsmarine Narvik eroberte. Einem ihrer Regimenter (Geb. Jg.Rgt. 138) gelang es, obwohl arg geschwächt, Trondheim zu nehmen. Die Kämpfe waren so schwer, dass Dietl daran dachte, seine restlichen Truppen in die schwedische Internierung zu führen. Die Division verblieb zunächst als Besatzungstruppe in Norwegen, stieß dann aber zu Beginn des Russland-Feldzuges über die norwegisch-finnische Grenze bis zur Liza vor. Dort wurde sie in verlustreiche Stellungskämpfe verwickelt, im Oktober durch die 6. Gebirgsdivision abgelöst und marschierte schließlich zu Fuß vom Eismeer in den Raum Vaasa. Nach der Auffrischung auf dem Truppenübungsplatz Grafen-

Links oben: Jenseits aller Bergromantik

Links mitte: 7,5 cm GebG 36 (Gebirgsgeschütz 36) im direkten Richten

Links unten: „Batterie - Feuer!" 7,5 cm GebG 36 im Feuerkampf (direktes Richten)

Rechts: sMG (MG 34) in Feuerstellung

---

174 Dazu Ruef, Karl, *Odyssee einer Gebirgsdivision.*

127

Oben links: Verwundeten-bergung an einer Steilwand

Oben rechts: Hier wird das Bergen eines Verletzten mit Hilfe einer einfachen Seil-bahn geübt

Rechts: „Wann kommt der Iwan?" Schützengraben an der Ostfront

Mitte: Irgendwann hat jeder die Schnauze voll und will einfach nicht mehr ...

Unten: Auch Mulis brau-chen eine Marschpause. Im Hintergrund eine 7,5 cm PaK 40, angehängt an eine erbeutetes, ehemals franzö-sisches Halbkettenfahrzeug „Citroen-Kégresse C6 P19"

wöhr kam der Verband erneut nach Norwegen als Besatzungstruppe in den Raum Lillehammer. Ab Herbst 1942 war die Division an wechselnden Schauplätzen der Ostfront eingesetzt, beteiligte sich auch an dem Versuch, die 6. Armee in Sta-lingrad zu entsetzen, kämpfte, inzwischen auf eine Kampfgruppe zusammengeschmolzen, an-schließend als Teil der 1. Panzerarmee in der Uk-raine, bevor sie sich durch Ungarn in die Tschechoslowakei zurückzog, wo sie in das XXXXIX. Panzerkorps eingegliedert wurde. 1945 kämpfte sie zunächst in Oberschlesien. Zuletzt focht die Division im Stellungskrieg in der Hohen Tatra und kapitulierte im Mai im Raum Olmütz.

4. Gebirgsdivision[175]

Die Division wurde zwischen Oktober 1940 bis Mitte März 1941 vor allem durch Abgaben aus der 25. und der 27. Infanteriedivision auf dem Trup-penübungsplatz Heuberg aufgestellt. Ihre Heimat war der Wehrkreis IV, der Sachsen und Teile Preu-ßens und Schlesiens umfasste. Noch im selben Jahr wurde die Truppe nach Bulgarien verlegt, wo sie im Verband der 12. Armee am Balkanfeldzug teilnahm und anschließend Besatzungstruppe im Raum Belgrad wurde. Nach dem Balkanfeldzug ging die Division als Teil der 17. Armee der Hee-resgruppe Süd an die Ostfront. Lemberg, der Übergang über den Sereth, der Durchbruch durch die Stalin-Linie und Winniza waren die ersten Sta-tionen. Weitere Kämpfe folgten bei Uman (mit schweren Verlusten), am Dnjepr, am Asowschen Meer, während der Einnahme von Stalino und der Verfolgung über den Mius. Das Jahr 1942 begann zunächst mit Abwehrschlachten im Donez-Raum, in der Mius-Stellung und um Rostow. Während der deutschen Sommeroffensive („Fall Blau" mit Ziel

---

175 Dazu Braun, Julius, Enzian und Edelweiss.
Die 4. Gebirgs-Division 1940 - 1945. Bad Nauheim 1955.

Stalingrad und den Ölfeldern von Baku) erkletterten am 21. August Teile der Division zusammen mit Hochgebirgsjägern der 1. Gebirgsdivision den Elbrus. 1943 begann der Rückzug zum Kuban, gefolgt von weiteren Abwehrkämpfen südlich von Noworossijsk, westlich von Melitopol und im Cherson-Brückenkopf. Spätestens ab diesem Zeitpunkt gab es nur noch eine Richtung: zurück. Die Wehrmacht hatte endgültig die strategische Initiative verloren. Winniza, der Kessel von Tscherkassy, erneut Uman, dann der Rückzug zum Dnjestr und Abwehrkämpfe in den Waldkarpaten waren die Wegmarken in die Niederlage. Es folgten weitere Abwehrkämpfe in der Hohen Tatra und der Rückzug nach Oberschlesien, und dann, mit dem 12. April 1945 beginnend, die Schlacht um Troppau. Die Division, sie war inzwischen Teil der 1. Panzerarmee und so zusammengeschmolzen, dass sie im OKH nur noch als Kampfgruppe geführt wurde, zog sich hinhaltend kämpfend bis hinter die March nordostwärts Brünn zurück. Nach dem gelungenen Ausbruch aus dem sowjetischen Kessel bei Olmütz scheiterte das weitere Absetzen über die von den Amerikanern besetzte Moldau. Bei der Kapitulation geriet der Großteil der Division in sowjetische Gefangenschaft.

5. Gebirgsdivision[176]

Die Division wurde am 25. Oktober 1940 im Raum Salzburg/Zell am See aus dem Geb.Jg.Rgt. 100 (1. Gebirgsdivision), der 10. Infanteriedivision (mot.) und anderen freigewordenen Truppenteilen aufgestellt. Allerdings kamen die meisten Gebirgsjäger nicht aus Österreich, sondern aus Bayern. Divisionskommandeur war für lange Zeit der bei seinen Männern äußerst populäre und charismatische Julius „Papa" Ringel. Nach der Ausbildung in den bayerischen Alpen verlegte sie auf den Balkan und übernahm dort eine herausragende Rolle beim Durchbruch durch die „Metaxas-Linie" der Griechen, drang dann über Saloniki und die Thermopylen bis nach Athen vor und kämpfte gegen die Commonwealth-Truppen. Ringels Gebirgsjäger spielten auch eine Schlüsselrolle bei der Eroberung Kretas („Unternehmen Merkur") als Teil der deutschen Angriffsstreitkräfte. Während der Schlacht um Maleme kamen die hart kämpfenden Gebirgstruppen den auf Kreta eingeschlossenen Fallschirmjägern zu Hilfe und trugen so zum Wendepunkt des Kampfes auf der Insel bei. Aber nicht nur reguläre Truppen kämpften gegeneinander, auch die kretische Zivilbevölkerung beteiligte sich – eine Spirale von Kriegsverbrechen setzte sich so in Gang. So berichtet Generalmajor Julius Ringel, Kommandeur der 5. Gebirgsdivision, über ein Gefecht vom 4. Juni 1941:

„Ein zäher und verbissener Kampf, an dem sich sogar Kinder und Frauen beteiligen. Es wird schärfstens durchgegriffen. Nachdem die Gräueltaten der griechischen Bevölkerung und wahrscheinlich auch durch griech. Soldaten bekannt geworden waren, befahl die Div. für jeden deutschen Verwundeten oder Gefallenen 10 Kreter zu erschießen, Gehöfte und Dörfer, in denen deutsche Truppen beschossen werden, niederzubrennen, in allen Orten Geiseln sicherzustellen."[177]

Links: Besorgte Gesichter vor dem Einsatz. Gebirgsjäger werden in Ju-52 3/m-Transportern verladen

Rechts: General der Gebirgstruppe Julius Alfred („Papa") Ringel (1889 - 1967)

---

176 Dazu auch: Ringel, Julius, *Hurra, die Gams. Die 5. Geb. Div. im Einsatz.*
177 Bundesarchiv (Hg.), *Europa unterm Hakenkreuz. Die Okkupationspolitik des deutschen Faschismus in Jugoslawien, Griechenland, Albanien, Italien und Ungarn (1941-1945)*, Band 6, S. 157.

Die Exoten unter den Tragtieren

*Links: Warten auf den Feind
- warten, warten ...*

*Rechts: Ein Hochgebirgszug
in seinem Element. Interessant ist die Tatsache, dass
die Soldaten keine Hand-
schuhe tragen.*

Noch während der Kampfhandlungen begannen die deutschen Truppen daraufhin, Geiseln zu nehmen, eine damals völkerrechtlich abgedeckte Vergeltungsmaßnahme. Eine weitere Antwort waren Aktionen wie das „Sonderunternehmen Völkerbund" (1. bis 9. September 1941) gegen kretische Partisanen, die während „Merkur" deutsche Fallschirmjäger ermordet hatten. Drei Standgerichte in Paleochora, Chora Sfakion und im Zuchthaus Agia verurteilten die Angeklagten in der Regel zum Tode, andere wurden „auf der Flucht" oder bei bewaffnetem Widerstand umgehend erschossen. Den „Völkerbund"-Maßnahmen fielen bis September 1941 über 2.000 Kreter zum Opfer - und das war völkerrechtlich nicht mehr abgedeckt. Ende November 1941 kehrte die Division in die Heimatgarnisonen im Raum Salzburg zurück. Im Februar 1942 wurde sie an

*8 cm Granatwerfer in Feuer-
stellung*

die Ostfront verlegt und kam dort im Rahmen der Heeresgruppe Nord an der Wolchow-Front vor Leningrad zum Einsatz. Im Dezember 1943 wurde die Division nach Italien verlegt und der 10. Armee unterstellt. Sie kämpfte erbittert in den Abwehrschlachten, darunter bei Monte Cassino, und zeichnete sich dabei in den Kämpfen an der „Gustav-" und „Goten-Linie" aus. Es folgten Stellungskämpfe in der Lombardei und Sicherungsaufgaben in den Westalpen, am Monte Viso und am Kleinen St. Bernhard. Im Mai 1945 kapitulierten die Reste im Raum Turin.

6. Gebirgsdivision[178]

Aufgestellt am 1. Juni 1940 auf dem Truppenübungsplatz Heuberg in den Chiemgauer Alpen kämpfte die „6." im Frankreichfeldzug vom Rhein bis in den Raum Saint-Dié. Anschließend wurde sie Besatzungstruppe, Anfang 1941 nach Südrumänien verlegt und nahm am Krieg gegen Griechenland teil. Auch hier diente sie im Anschluss als Besatzungstruppe. Im Sommer wurde sie im Raum Semmering aufgefrischt und ging dann nach Finnland. Im Oktober 1941 löste die Division, jetzt der Heeresgruppe Nord unterstellt, die 3. Gebirgsdivision an der Murmansk-Front ab. Dort blieb sie bis zum Oktober 1944, „beschäftigt" mit schweren Abwehr- und Stellungskämpfen und der Bekämpfung feindlicher Kommandoeinheiten hinter der Front. Nach dem Ausscheiden Finnlands musste sie sich, nun auch noch gegen die ehemaligen Verbündeten kämpfend, während des Lapplandkrieges als Teil der 20. Gebirgs-Armee in den Raum Kilpisjärvi zurückziehen. Anfang 1945 wurde Finnland endgültig geräumt, die Truppe zog sich bis zum

---

178 Dazu auch: Ruef, Karl, *Gebirgsjäger zwischen Kreta und
Murmansk. Die 6. GD. im Einsatz.*

Lyngen-Fjord zurück und ging nach der gesamtdeutschen Kapitulation in englische Gefangenschaft.

7. Gebirgsdivision[179]

Die Division wurde am 15. November 1940 in Bad Kissingen als 99. leichte Infanteriedivision[180] aufgestellt. Nach einem Einsatz im Rahmen von „Barbarossa" wurde sie aus dem Raum Kiew abgezogen und auf den Truppenübungsplatz Grafenwöhr verlegt, wo sie am 22. Oktober 1941 zur 7. Gebirgsdivision umgegliedert wurde. Teile der Division kämpften als „Gruppe Hoffmeister" im März 1942 im Nordabschnitt der Ostfront am Ilmensee, später im Verband der „Stoßgruppe Seydlitz" im Raum Koslowa - Kudrowa. Der Rest der Division verlegte als „Gruppe Krakau" – benannt nach dem Divisionskommandeur – nach Finnland. Im Juli und August 1942 wurde auch die „Gruppe Hoffmeister" nach Finnland in den Kiestinki-Abschnitt transportiert und wieder mit den anderen Teilen der Division zusammengeführt, die anschließend die finnische Division J ablöste. Es folgten Abwehrkämpfe in Nordfinnland gegen überlegene sowjetische Kräfte. Als Finnland am 19. September 1944 mit der Sowjetunion einen separaten Waffenstillstandsvertrag unterzeichnete, steckten die Deutschen auf einmal in der Klemme, denn nun hatten

sie zwei Gegner: die Rote Armee und ihre ehemaligen Verbündeten. Die Finnen hatten sich nämlich verpflichtet, die Wehrmacht-Verbände zu entwaffnen und der Sowjetunion als Gefangene zu übergeben. Die Deutschen mussten sich nun den Rückzug nach Norwegen freischießen, es kam zum „Lapplandkrieg". Ab Oktober 1944 wehrte die Division als Teil des XVIII. Gebirgskorps (20. Gebirgsarmee) in der „Sturmbockstellung" im Länderdreieck Norwegen - Finnland - Schweden sowjetische Angriffe ab. Ab Januar 1945 setzte sie sich zunächst in den Raum Narvik, dann nach Südnorwegen ab, um anschließend ins Reich zurückverlegt zu werden, wo sie in die dortigen Abwehrschlachten eingreifen sollte. Aber der Krieg endete, bevor die Verlegung vorgenommen werden konnte. Die Division ergab sich den Briten im Raum Lillehammer.

8. Gebirgsdivision

Aus der 157. Reservedivision (Wehrkreis VII, Garmisch) wurde am 1. Oktober 1944 die 157. Gebirgsdivision, Ende Februar 1945 in 8. Gebirgsdivision umbenannt. 1942 – noch als Reservedivision – ver-

---

179 Dazu auch: Ruef, Karl, Gebirgsjäger zwischen Kreta und Murmansk. Die 6. GD. im Einsatz.
180 Die „leichten Divisionen" waren ein Mittelding zwischen den motorisierten Infanterie- und den Panzerdivisionen und zählten zu den sog. „Schnellen Truppen". Allerdings konnten sie schon während des Polen-Feldzugs die in sie gesetzten Erwartungen nicht erfüllen: einerseits zu schwach, um als Panzerverbände eingesetzt zu werden, andererseits zu schwerfällig, um die Kavallerie zu ersetzen. Sie wurden daher nach und nach zu Panzer-Divisionen umgegliedert.

legte sie als Besatzungstruppe nach Frankreich. Wahrscheinlich hat die Division, von der nicht allzu viel bekannt ist, nie ihre volle Sollstärke erreicht. Ihr Kern umfasste wahrscheinlich die Geb.Jg.Rgt.'er 142 und 144 sowie das Gebirgsartillerieregiment 124. Im April 1944 Verlegung an die Ostfront zur Partisanenbekämpfung. Nach der alliierten Invasion in Südfrankreich („Operation Dragoon") auch dort Einsatz gegen Partisanen und alliierte Fallschirmjäger in den Räumen um Besançon, Lyon, Grenoble und Avignon. Die Division musste sich im Verlauf der Kämpfe aus Südfrankreich zurückziehen und kam nach Italien. Wiederum wurde die Truppe in schwere Abwehrkämpfe verwickelt und schließlich bis zum Po zurückgedrängt. Im Januar 1945 löste die 5. Gebirgsdivision sie ab. Die „8." kämpfte nun im Raum südlich Bologna (Italien), erst als Reserve, dann zum Entsatz der 4. Fallschirmjägerdivision. Zu diesem Zeitpunkt umfasste sie kaum noch mehr als 3.000 Mann. Nach letzten Einsätzen am Gardasee und im Etsch-Tal kapitulierten die Reste der Division am Monte Pasubio (Dolomiten).

9. (und „10.") Gebirgsdivision

Die konfuse Situation gegen Ende des Krieges führte dazu, dass im März 1945 gleich zwei Divisionen unter dieser Bezeichnung geführt wurden, und zwar die 9. Gebirgsdivision (Nord) – in Norwegen zusammengestellt (besser: zusammengewürfelt) aus Truppen, die am Rückzug durch Finnland teilgenommen hatten –, und die 9. Gebirgsdivision (Ost), zuvor die „Kampfgruppe Semmering", benannt nach dem Semmering-Pass in Österreich. Die Feldpost-Übersicht verzeichnet beide Umbenennungen übrigens nicht mehr.

9. Gebirgsdivision (Ost)

Die Kriegsgliederung nennt die 9. Gebirgsdivision (Ost) sowohl am 12. April 1945 als auch am 7. Mai 1945 nur als „Kampfgruppe Raithel" (III. Panzerkorps, 6. Armee). Die „Beförderung" zur 9. Gebirgsdivision wurde auf Antrag der 6. Armee am 25. April 1945 genehmigt - unter Eingliederung der Gebirgsdivision „Steiermark". Als „ad-hoc"-Division bestand sie aus der Gebirgsartillerieschule Dachstein, dem SS-Gebirgser-

satzbataillon Loeben und übrig gebliebenem Luftwaffen-Personal. Die Division focht am Semmering-Pass gegen die nachrückende Rote Armee, zog sich dann aus dem Raum Payerbach bis zum Hochwechsel zurück, um die Zugänge zur Steiermark zu verteidigen. Dann Rückzug zur Enns, wo sie sich am Ende des Krieges jedoch auflöste. Einigen Verbänden, Einheiten und Splittergruppen gelang die Flucht in den Westen, wo sie in amerikanische Kriegsgefangenschaft gingen. Andere waren weniger glücklich und fielen in die Hände der Roten Armee.

9. Gebirgsdivision (Nord)

Aus der „Divisionsgruppe Kräutler" wurde im März/April 1944 der Divisions-Stab z.b.V. 140 bzw. die Divisions-Gruppe „K" formiert. Die Division erschien in der Kriegsgliederung vom 12. April 1945 als „Div.Gr.K (Div.z.b.V.140)" der Armee-Abteilung Narvik. 1944/45 kämpfte sie in Finnland und Norwegen nördlich der sogenannten „Straße der Gebirgsjäger", von der Fischer-Halbinsel bis vor Louhi. Es folgten Rückzugs- und Abwehrkämpfe bis zur Aufnahme in die „Schutzstellung Rovaniemi". Weitere Abwehrkämpfe und Absetzbewegungen auf die „Sturmbock-Stellung" bei Kautokeino, dort Stellungskämpfe. Bis zur Kapitulation zog sie sich nach Norwegen zurück. Noch am 8. Mai 1945 (!) wurde die Division auf Grund eines Fernschreibens des Oberkommandos der Wehrmacht an das Gebirgsarmee-Oberkommando 20 rückwirkend zum 6. Mai in „9. Gebirgs-Division (Nord)" umbenannt. Nach dem Krieg gaben Traditionsvereine ihr willkürlich die Bezeichnung „10. Gebirgsdivision".

188. Gebirgsdivision

Vorläufer war die Ersatzdivision Nr. 188 des stellvertretenden Generalkommandos des XVIII. Armeekorps (Salzburg). Sie diente damit eigentlich nur als Ausbildungsverband für Gebirgsjäger, die anschließend zu den regulären Gebirgsdivisionen versetzt wurden. Am 8. Oktober 1943 erfolgte die Umbenennung und Umgliederung in 188. Reserve-Gebirgsdivision, wobei ein Teil der Division

Links: Zweiter Weltkrieg. Gebirgsjäger beim ungeliebten, aber überlebensnotwendigen Stellungsbau

Rechts: Ein Schlachtfeld. Erster oder Zweiter Weltkrieg?

Focke Wulf FA 223

FA 223 Pionierkaserne

immer noch als Ersatzdivision in Deutschland blieb, während der andere - als Feldausbildungs-Division mobil und mit Feldpost-Nummern versehen - nach dem Frontwechsel Italiens nach Oberitalien in den Raum Belluno - Tarvisio (Tarvis) - Goricia (Görz) für Sicherungsaufgaben und Einsätze gegen italienische Partisanen verlegt wurde. Am 1. März 1945 wurde die Division in 188. Gebirgsdivision umbenannt, entsprechend umgegliedert und gegen Partisanen in Kroatien und Istrien ostwärts von Triest, im Raum Postojna, sowie nördlich von Fiume eingesetzt. In den schweren Abwehrkämpfen am Monte Acuto, bei Bisterca und Villa del Nevoso stark dezimiert gingen die Reste der Division in jahrelange jugoslawische Gefangenschaft. Der Kommandeur Hans v. Hößlin wurde von einem jugoslawischen Tribunal verurteilt und 1947 hingerichtet.

1. Ski-Jägerdivision

Diese Division, gegen Jahresende 1943 ursprünglich als Brigade aufgestellt, wurde Mitte 1944 zu einer Division „aufgeblasen" - zumindest auf dem Papier, denn sie erhielt auch nicht mehr Kampfkraft, sondern bestand weiterhin aus den beiden Ski-Jägerregimentern 1 und 2, dazu kamen die üblichen Pionier-, Nachrichten- und Panzerjägereinheiten. Der Verband ging Sommer 1944 zuerst im Mittelabschnitt der Ostfront in den Einsatz, geriet dabei aber in den Strudel des Untergangs der Heeresgruppe Mitte. Später im Jahr wurde sie in die Tschechoslowakei verlegt, danach in den Norden von Polen. Am Ende des

Krieges stand sie wiederum in der Tschechoslowakei, wo sie im Mai 1945 vor der Roten Armee kapitulierte. Offensichtlich war man zu der Ansicht gelangt, dass die Division nicht besonders schlagkräftig sei, denn es blieb bei diesem einzigen derartigen Divisionsverband. Allerdings erhielten immerhin zehn Ski-Jäger das Ritterkreuz zum Eisernen Kreuz.

Zuletzt sollten die vier Hochgebirgsjägerbataillone nicht unerwähnt bleiben. Ihr geplanter Einsatzraum war, wie der Name schon sagt, Hochgebirgsregionen, aber letztlich gab es eigentlich keinen Bedarf für solche Formationen, sodass ihre Angehörigen auf die übrigen Gebirgsdivisionen aufgeteilt wurden. Vor ihrer Auflösung wurde das 1. und 2. Bataillon noch an der Ostfront, das 3. und 4. Bataillon in Italien eingesetzt. Das Hochgebirgsbataillon 3 bewährte sich hier vor allem bei Monte Cassino außergewöhnlich.

Links oben: Focke-Achgelis Fa 223 „Drache" im Karwendel-Gebirge

Links unten: Hochtechnologie gegen Kriegsende. Die Tandem-Hubschrauber Focke-Achgelis Fa 223 „Drache" bewährten sich im Gebirge außerordentlich gut.

Rechts: Hubschrauber Focke-Achgelis Fa 223 „Drache" im EDinsatz

Unten links: 1945: Rückzug an allen Fronten. Das Ende der alten Gebirgstruppe

Unten rechts: ... irgendwo ...

Gebirgstruppen der Deutschen Bundeswehr[181]

Gebirgsjäger um 1958

Naturgemäß ist eine Darstellung der Geschichte der deutschen Gebirgstruppe ab 1956 in erster Linie eine Geschichte von Gliederungen, Organisations- und Umrüstungsmaßnahmen, Umbenennungen, Heeresstrukturen und Neuaufstellungen. Die Bundeswehr und damit auch ihre Gebirgstruppe wurden im Lauf der Jahrzehnte hinsichtlich ihres Selbstverständnisses immer mehr zu einer reinen Friedensarmee, die im Extremfall eines Krieges zwischen der NATO und dem „Warschauer Pakt" von sich womöglich gesagt hätte: „Wir haben versagt!", denn ihr Kernauftrag lag bis zum Epochenjahr 1989/90 in der Abschreckung des potenziellen Gegners im Osten, in der Verhinderung eines Krieges. „Kämpfen können, um nicht kämpfen zu müssen", „der Friede ist der Ernstfall" oder gar „Eintopf verbindet", das waren die Parolen und Losungen der 1970er und 1980er Jahre. Der Igel – friedfertig, aber stachelig und wehrhaft – wurde zum Symbol einer in weiten Teilen von Politik und Gesellschaft von Anfang an und bis heute ungeliebten, gar verachteten Armee. Umso mehr, als die Kriegsgeneration, die die Bundeswehr aufgebaut hatte, die aktive Bühne verließ. Lediglich in Bayern und Baden-Württemberg war die Bundeswehr, vor allem auf den Dörfern und in den Kleinstädten, fest verwurzelt und Teil des gesellschaftlichen Lebens.

Im Rahmen der Wiederaufstellung (west-)deutscher Streitkräfte war ursprünglich vorgesehen, neben den zwölf Divisionen und einigen selbstständigen Brigaden des Feldheeres auch zwei Gebirgsbrigaden zu formieren. Eine davon sollte in den Alpen, die andere im Bayerischen Wald stationiert werden. Aufgrund der Erfahrungen aus zwei Weltkriegen wurde es nämlich als unabdingbar und notwendig erachtet, über Großverbände zu verfügen, die befähigt waren, auch in schwierigem Gelände und unter extremen Witterungsbedingungen eingesetzt zu werden und dazu besonderer Ausbildung, Ausrüstung und Bewaffnung bedurften. Sie sollten zu einem erheblichen Teil auch luftbeweglich sein. In einem ersten Schritt dazu wurde am 19. Juli 1956 in Mittenwald mit der Aufstellung der Gebirgsbrigade 104 begonnen. Sie sollte neben Stab und Stabskompanie aus Gebirgsjägerbataillonen, Gebirgspanzerjägern, Gebirgsflugabwehr, Gebirgsartillerie sowie aus Fernmelde- und Versorgungstruppen bestehen. Mittenwald wurde

181 Nach Hackensellner, Eberhard, Die 1. Gebirgsdivision der Bundeswehr. In: Aichner, Ernst (Hg.), Deutsche Gebirgstruppen vom 1. Weltkrieg bis zur Gegenwart. Ingolstadt 1986 (= Veröffentlichungen des Bayerischen Armeemuseums, Bd. 6), S. 35 - 42. Ferner: Sünkler, S. 34 - 43.

damit zur Wiege der neuen Gebirgstruppe. In den dortigen Kasernen, die ab 1936 die Truppenunterkünfte für Teile des Gebirgsjägerregiments 98 und des Gebirgspionierbataillons 54 der alten 1. Gebirgsdivision waren, zogen nun die kriegsgedienten Soldaten ein, die sich freiwillig zur neuen Gebirgstruppe gemeldet hatten. Kommandeur der Gebirgsbrigade wurde Oberst Buchner, ein Offizier der alten Gebirgstruppe. Bereits im November desselben Jahres ordnete der damalige Verteidigungsminister Franz Josef Strauss jedoch an, anstelle einer der in der ursprünglichen Heeresplanung vorgesehenen Panzergrenadierdivisionen nun eine Gebirgsdivision aufzustellen. Als Kader dazu sei auf das Personal der Gebirgsbrigade 104 zurückzugreifen. Ab dem 1. Dezember 1956 begann die Aufstellung der Division, welche die Bezeichnung 1. Gebirgsdivision erhielt. Die 1. Gebirgsdivision wurde als achter der zwölf vorgesehenen Großverbände formiert, weswegen alle ihre Divisionstruppen gemäß des früheren Nummerierungssystems der Bundeswehr mit einer „8" beginnen (z. B. Gebirgspionierbataillon 8). Diese „8" aber sollte 25 Jahre später zu Auseinandersetzungen über die Bezeichnung der Di-

vision führen. Die ersten Bataillonskommandeure waren naturgemäß erfahrene Offiziere des 2. Weltkrieges, teilweise hoch dekoriert. Das erste Halbjahr 1957 stand ganz im Zeichen des Aufbaus der Division. Am 16. März rückten die ersten 1.300 ungedienten Freiwilligen in die Kasernen in Mittenwald ein. Ihnen folgten am 1. April die ersten Wehrpflichtigen.

Die 1. Gebirgsdivision gliederte sich ab dem 1. Juli 1957 in zwei Gebirgskampfgruppen, ein Gebirgsartillerieregiment und die entsprechenden Divisionstruppen. Die Soldaten der Division trugen Bergmütze, Keilhose und Bergschuhe sowie als einzige Soldaten des Heeres am rechten Oberarm und an der Mütze ihr Divisionsabzeichen, das Edelweiß. Die Bewaffnung bestand im allgemeinen aus von der US-Armee zur Verfügung gestelltem Gerät – zum Teil sogar noch mit nur notdürftig zugeschweißten Gefechtsschäden durch die ehemaligen Gegner, die jetzigen NATO-Verbündeten. Die Rad-Kfz waren überwiegend deutsche Modelle. Da die Division zwischenzeitlich auf 3.800 Mann angewachsen war, wurden die Mittenwalder Kasernen zu klein. Mit Jahresbeginn kam es zu ersten Verlegungen in neue Standorte. Gleichzeitig begann die Aufstellung derjenigen Truppenteile, die zur Umgliederung in den Divisionsverband erforderlich waren. In Mittenwald verblieben der Divisionsstab mit Stabskompanie, Musikkorps, Fernmeldekompanie, Feldjägerkompanie, Gebirgsinstandsetzungs- und Gebirgsquartiermeisterkompanie. Ebenfalls in Mittenwald verblieben Stab und Stabskompanie der Gebirgskampfgruppe B 8 mit den beiden Gebirgsjägerbataillonen 8 und 18, der Gebirgspanzeraufklärungskompanie 8 und der Gebirgstragtierkompanie 8, die zunächst aus 22 sizilianischen Mulis und 22 Haflingern bestand. Auch Stab und Stabsbatterie des Gebirgsartillerieregiments 8 behielten Mittenwald als Standort bei. Die Gebirgskampfgruppe A 8 unter Oberst Loreh

Oben: Skiausbildung um 1960 (Penzkofer)

Mitte: Bergmarsch im Karwendelgebiet

Unten: Aus Feinden wurden Verbündete und Freunde: Ein Amerikaner zwischen zwei Deutschen

Links: Gebirgspioniere des Gebirgspionierbataillons 8 (damals noch in Brannenburg) haben eine Behelfsbrücke errichtet (Penzkofer)

Rechts: US-Kampfpanzer M-47 in Hammelburg, 1956 (Penzkofer)

verlegte im Juni 1957 mit Stab und Stabskompanie zunächst nach Berchtesgaden, zum Jahresende nach Traunstein und im Juli 1958 nach Bad Reichenhall. Neben dem neu aufgestellten Gebirgsjägerbataillon 38 gehörten damals auch die Truppenteile in Traunstein und Degerndorf (Gebirgspanzerjägerbataillon 8, Gebirgsflugabwehrbataillon 8, Gebirgspionierbataillon 8, Gebirgssanitätskompanie 8) zur Gebirgskampfgruppe A 8. Verstärkt wurde sie durch das II./Gebirgsartillerieregiment 8[182], das aus Mittenwald nach Bad Reichenhall verlegte, während das I. Bataillon nach Füssen kam. Im April 1958 wurde die 1. Gebirgsdivision der NATO unterstellt, und bereits im August 1958 meldete der Divisionskommandeur, dass die 1. Gebirgsdivision für einfache Verteidigungsaufträge eingesetzt werden könne.

Im Herbst des gleichen Jahres zogen die Truppenteile der Division erstmals ins Manöver. Dazu griff die Gebirgskampfgruppe B 8 – verstärkt durch das Gebirgspanzerjägerbataillon 8 und Pi-

oniere – in den ersten Übungstagen durch Niederbayern an, um dann, nach einem Marsch über Wasserburg nach Traunstein, den Angriff entlang der Autobahn München – Salzburg nach Osten fortzusetzen.

Zwischen Traunstein und Teisendorf trafen die „Angreifer" dann auf die Gebirgskampfgruppe A 8. Mit einer Feldparade bei Teisendorf wurde die Herbstübung 1958 abgeschlossen. Das Jahr 1959 brachte für die Division die Umgliederung in die zweite Heeresstruktur und damit verbunden die Aufstellung einer zusätzlichen Brigade und weiterer Truppenteile. Ab 1. April gliederte sich die Division in zwei Gebirgsjägerbrigaden, eine Panzerbrigade, ein Artillerieregiment und Divisionstruppen. Neuer Divisionskommandeur wurde Generalmajor Gartmayr, bereits seit 1957 stellvertretender Divisionskommandeur. Zur Erklärung: Der „stellvertretende Divisionskommandeur" ist zugleich Kommandeur der Divisionstruppen. Ihm unterstehen im Frieden alle Truppenteile der Division, die nicht organisch zu den drei Brigaden oder zum Artillerieregiment gehören. Im Rahmen der Umgliederung in die neue Struktur wurde aus der Gebirgskampfgruppe B 8 die Gebirgsjägerbrigade 22, die im Mai 1959 Oberst Ernst übernahm. Ihre beiden Gebirgsjägerbataillone in Mittenwald wurden in Gebirgsjägerbataillon 221 und 222 umbenannt. Die Gebirgspanzerjägerkompanie 220, die Gebirgspionierkompanie 220 und das Versorgungsbataillon (Geb) 226 wurden zusätzlich aufgestellt. Die bisherige Gebirgskampfgruppe A 8 in Bad Reichenhall führte nunmehr die Bezeichnung Gebirgsjägerbrigade 23. Damit ist diese Brigade heute (2014), nach der Auflösung der 1. Gebirgsdivision, der einzige noch verbliebene Gebirgstruppenverband der Bundeswehr. Das aus Mittenwald stammende Gebirgsjägerbataillon 28 wurde in Gebirgsjägerbataillon 231, das bisherige II./Gebirgsartillerieregiment 8 in Gebirgsartilleriebataillon 235 umbenannt. Neu aufgestellt wurden

Vom Lacherkar zur Soinhütte (um 1967). Dieses Foto hätte auch 30 Jahre früher entstehen können. (Penzkofer)

182 *In der Bundeswehr werden die vormaligen „Abteilungen" der Artillerie und Heeresflugabwehr – da aus der Artillerie hervorgegangen – als „Bataillone" bezeichnet, und aus den „Wachtmeistern" wurden auch hier „Feldwebel".*

die Gebirgspionierkompanie 230, die Gebirgspanzerjägerkompanie 230 und die Gebirgspanzeraufklärungskompanie 230, ferner das Versorgungsbataillon 236. Ebenfalls neu formiert wurde die Panzerbrigade 24. Die hierfür vorgesehenen Truppenteile wurden aus ihren bisherigen Unterstellungsverhältnissen herausgelöst, umbenannt oder neu aufgestellt. Der Stab der Brigade kam zunächst nach Murnau, wechselte später aber nach Landshut in Niederbayern, wo die Brigade Anfang der 1990er Jahre im Zuge der Streitkräftereduzierung aufgelöst wurde. Aus Personalabgaben der Gebirgsjägerbataillone 18 und 28 wurde das Panzergrenadierbataillon 242 in Füssen aufgestellt, das Panzerbataillon 243 entstand aus dem Gebirgspanzerjägerbataillon 8 in Traunstein, das Panzerbataillon 244 aus dem Panzerjägerbataillon 4. Das I./Gebirgsartillerieregiment 8 wurde auf Panzerhaubitze umgerüstet und als Panzerartilleriebataillon 245 der Panzerbrigade 24 unterstellt. Das Versorgungsbataillon 246 und die Panzerpionierkompanie 240 entstanden.

In einer Gebirgsjäger-Kantine um 1959 (Penzkofer)

Auch beim Artillerieregiment und den Divisionstruppen ergaben sich einschneidende Veränderungen. Stab und Stabsbatterie des Gebirgsartillerieregiments 8 wurden in „Stab und Stabsbatterie Divisionsartillerieführer (Geb) 8" umbenannt, da das Regiment, nach Unterstellung und Umgliederung seiner beiden Bataillone in Brigadeartilleriebataillone, über keine unmittelbar unterstellte Artillerie mehr verfügte.
In den 1960er Jahren erfolgten dann eine Reihe weiterer Umgliederungen, Verlegungen und Neuaufstellungen mit dem Ziel, die 1. Gebirgsdivision endgültig an die Organisationsform „Heeresstruktur 2" anzupassen. Das Divisionskommando, das sich in den Jahren des Aufbaues in Mittenwald befand, zog 1960 nach Garmisch-Partenkirchen um. 1962 wurde die Gebirgsjägerbrigade 22 durch das neu aufgestellte Gebirgsartilleriebataillon 225 in Sonthofen verstärkt. 1966 trat das bisherige Panzerbataillon 243, das aus Traunstein nach Landsberg verlegt hatte, als Gebirgspanzerbataillon 224 ebenfalls zur Gebirgsjägerbrigade 22. 1964 erhielt auch diese Brigade durch eine Neuaufstellung in Pocking ihr organisches Panzerbataillon, das Gebirgspanzerbataillon 234. Die Panzerbrigade 24 wurde 1966 zur Panzergrenadierbrigade 24 umgegliedert und nach Landshut verlegt, wo bereits 1965 das Panzerbataillon 244 seinen neuen Standort gefunden hatte. 1968 wurde dort die Panzerjägerkompanie 240 aufgestellt. Ein Jahr später fand das Panzerartilleriebataillon 245 in Landshut seine endgültige Heimat.
Auch das Artillerieregiment der Division wurde, beginnend ab 1960 mit dem „Artilleriebataillon (Geb) 82", neu aufgestellt, 1966 kamen die Gebirgsschallmess- und die Gebirgsradarbatterie 8 hinzu. In diesem Zuge wurde die alte Bezeichnung Gebirgsartillerieregiment 8 ebenfalls wieder eingeführt. Das Gebirgsflugabwehrbataillon 8, das von Traunstein nach Füssen umgezogen

war, war schon 1959 in Flugabwehrbataillon 10 umbenannt worden und aus der 1. Gebirgsdivision ausgeschieden. Aus Teilen seines Personals wurden 1960 die Gebirgsflugabwehrbatterien 220 und 230 aufgestellt. Im Zuge der Umgliederung erhielt die Division auch eine Heeresfliegerstaffel, die neben dem Flächenflugzeug Do 27 mit dem französischen Hubschrauber „Alouette II" und dem amerikanischen Transporthubschrauber Sikorsky „H–34 `Choktaw´" ausgerüstet wurde. Neu entstand das Versorgungsbataillon (Geb) 8, in das die Gebirgstragtierkompanie 8 eingegliedert wurde. Aus den Flugabwehrbatte-

Leichter Kampfpanzer M–41 mit dem Edelweiß am Turm: Die Bundeswehr setzte den ca. 24 Tonnen schweren Panzer als Spähpanzer in den Panzeraufklärungsbataillonen ein
Bild: Wilhelm Birker, Ingolstadt

*Links: Ein „Feierliches Ge-
löbnis" in den 1960er Jahren
(Penzkofer)*

*Rechts: Auch (oder gerade)
ein Bataillonskommandeur
braucht mal eine Pause*

*Unten: Gefechtspause bei ei-
ner Übung am Hohen Asten
(Penzkofer)*

*Bell UH-1D „Iroquois" (diese
Bezeichnung war in der Bundeswehr jedoch nicht üblich)
bei einer Bergrettungsübung*

rien der Brigaden, die 1960 in Traunstein zusam-
mengezogen wurden, entstand 1963 wieder das
Gebirgsflugabwehrbataillon 8. Die Heeresfliegerstaffel 8 wurde 1969 zum Gebirgsheeresflieger-
bataillon 8 erweitert, das zusätzlich Hubschrauber
des Typs Bell „UH-1D `Iroquois´" erhielt.

Anfang der 1970er Jahre musste sich die 1. Gebirgsdivision erneut einer Umgliederung unter-
ziehen, die „Heeresstruktur 3" stand vor der Tür.
Die wesentlichsten Veränderungen waren die
Aufstellung des Gebirgspanzeraufklärungsba-
taillons 8 in Freyung und des Gebirgsinstandset-
zungsbataillons 8 in Sonthofen. Aus dem
Versorgungsbataillon (Geb) 8 wurde das Ge-
birgsnachschubbataillon 8, das Gebirgsheeres-
fliegerbataillon 8 wurde wieder zu einer Staffel
„degradiert". Im Rahmen dieser Maßnahme glie-
derten die beiden Gebirgsjägerbrigaden ihre
Panzerbataillone in Gebirgspanzerjägerbataillone
um, die Gebirgsartilleriebataillone in Panzerartil-
leriebataillone. Die Versorgungsbataillone der
Brigaden wurden aufgelöst. Die Brigaden verfügten stattdessen nunmehr über je eine Nach-
schub- und Instandsetzungskompanie sowie
über je eine Tragtierkompanie. Aus den Panzer-
spähkompanien wurden Brigadespähzüge. Im
Gebirgsartillerieregiment 8 wurden die Kapazitä-
ten für Aufklärung und Feuerkraft verstärkt. Die
Gebirgsschallmess- und die Gebirgsradarbatterie
8 wurden zur Gebirgsbeobachtungsbatterie 8
zusammengefasst. Das Luftlandeartilleriebatail-
lon 255 wurde in Gebirgsartilleriebataillon 81
umbenannt, der 1. Gebirgsdivision unterstellt
und mit der amerikanischen Kanone 175 mm auf
Selbstfahrlafette M-107 ausgestattet. Als 4. Batterie erhielt dieses Bataillon die nuklearfähige
203 mm Feldhaubitze M-110 des Artilleriebatail-
lons 82, übrigens auf demselben Fahrgestell wie
die M-107. Das neue Gebirgsraketenartillerieba-
taillon 82 erhielt den Mehrfachraketenwerfer 110

Links: Tragtieralltag

Rechts: Ausbildungsmarsch mit Tragtieren. Das untere trägt MILAN- Panzerabwehr-lenkflugkörper

SF, eine Art „Stalinorgel". Bereits Ende der 1970er Jahre wurden Maßnahmen für die erneute Umgliederung der Division in die „Heeresstruktur 4" eingeleitet, welche die Division mit Masse ab 1. Oktober 1981 einzunehmen begann. Diese neue Organisationsform war mit wesentlichen Veränderungen in der Gliederung, Ausrüstung und Bewaffnung verbunden. Dabei musste in besonderem Maße um den Erhalt der Gebirgstruppe, aber auch um die Bezeichnung der Division gerungen werden. Mangelndes Verständnis für Tradition führte dazu, dass man die Division nun „8. Gebirgsdivision" nennen wollte. Alle Anträge, dies nicht zu tun, blieben erfolglos. Erst das Eingreifen des damaligen bayerischen Ministerpräsidenten Franz Josef Strauß, empörte Briefe von ehemaligen Gebirgsjägern und von Vertretern verschiedenster Bevölkerungsgruppen sowie entsprechende Artikel in der Presse führten dazu, dass ein Kompromiss gefunden wurde, der allerdings – wie das bei Kompromissen eben meist der Fall ist – nicht befriedigte. Ab 1. Oktober 1981 hieß die Division offiziell „1. (8.) Gebirgsdivision", eine Bezeichnung, die von Truppe und Stäben schlichtweg ignoriert wurde: Nach wie vor war es die „1. Gebirgsdivision". 1982 gelang es dem Kommandierenden General des II. Korps, Generalleutnant Chalupa, beim Inspekteur des Heeres die Zurücknahme der neuen Benennung zu erreichen. Die Division hieß seitdem nun auch offiziell wieder „1. Gebirgsdivision". Die Panzergrenadierbrigade 22 ging im Zuge der Umgliederung aus der Gebirgsjägerbrigade 22 hervor, ihr Stab, der seit Entstehen der Gebirgsdivision in Mittenwald lag, wurde nach Murnau verlegt. Die

Panzergrenadierbataillone 221 und 222 entstanden neu in Murnau. Das bisherige Panzergrenadierbataillon 242 in München wurde zum Panzergrenadierbataillon 223 und trat unter das Dach der Panzergrenadierbrigade 22. Das Gebirgspanzerjägerbataillon 224 wurde Panzerbataillon und verblieb ebenso wie das Panzerartilleriebataillon 225 in Füssen bei der Brigade. Neu gegliedert wurde auch die Gebirgsjägerbrigade 23. In ihr ist die Gebirgskomponente der Division zusammengefasst. Ausrüstung und Bewaffnung dieses infanteriestarken Großverbandes wurden geändert, die gepanzerten Gefechtsfahrzeuge und gepanzerten Truppenteile abgegeben. Zur Gebirgsjägerbrigade 23 traten neben den Gebirgsjägerbataillonen 231 und 232 in Bad Reichenhall bzw. Berchtesgaden nun auch die beiden Mittenwalder Gebirgsjägerbataillone, die dazu in Gebirgsjägerbataillon 233 und 234 umbenannt wurden. Das Gebirgsartilleriebataillon 235 in Bad Reichenhall blieb bei der

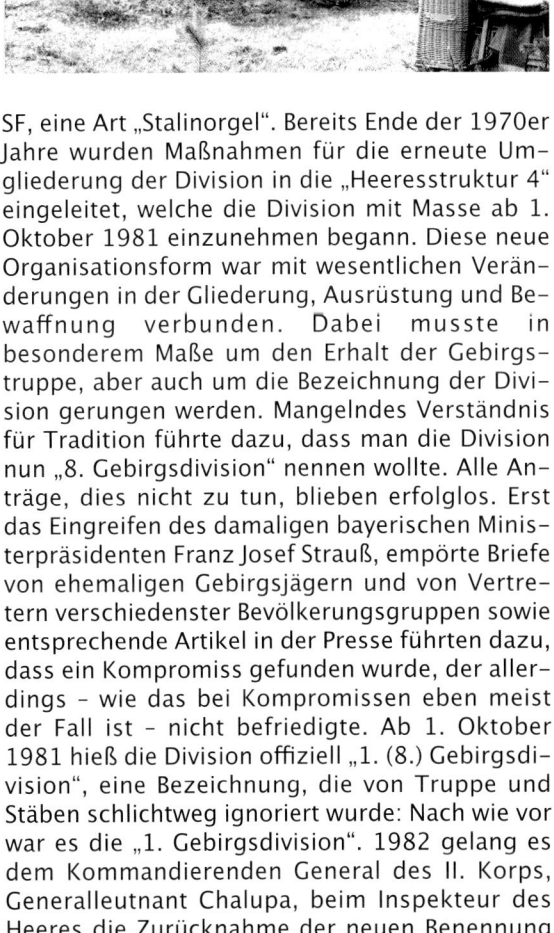

Muli bekommt neue „Schuhe": der Hufschmied bei der Arbeit (Penzkofer)

Links: Im Winter die perfekte natürliche Tarnung

Rechts: Scharfschützentrupp in Stellung – und das heißt warten, warten, warten ... und frieren!

Brigade. Die beiden bisherigen Tragtierkompanien wurden zur Gebirgstragtierkompanie 230 in Bad Reichenhall zusammengefasst, die damit über 85 Tragtiere verfügte – etwa zwei Drittel Maultiere, ein Drittel Haflinger. Zur Brigade trat die Gebirgspanzerjägerkompanie 230 in Landsberg, während die Versorgungs- und Instandsetzungsdienste in der Gebirgsversorgungskompanie 230 eine neue Organisationsform fanden. Viele, vor allem die rein infanteristischen Truppenteile der Gebirgsdivision, waren zu einem erheblichen Teil gekadert, d.h. es fehlte im Frieden das Personal, das erst im Verteidigungsfall oder auch für Übungen eingezogen wurde, um die volle Kriegsstärke zu erreichen. Trotz dieser Umstände ist es als positiv zu werten, dass die 1. Gebirgsdivision mit der Ge-

birgsjägerbrigade 23 ein relativ hoher Anteil an „echten" Gebirgstruppen erhalten blieb, der zum Einsatz auch in unwegsamem und schwierigem Gelände geeignet ist. Die dritte Brigade der Division, die Panzergrenadierbrigade 24, wurde zur Panzerbrigade 24 (später mit dem Beinamen „Niederbayern") umgegliedert. Sie verfügte über die Panzerbataillone 241 und 244 in Landshut, das Panzerbataillon 243 (seit 1981) in Pocking, das Panzergrenadierbataillon 242 in Feldkirchen sowie über das Panzerartilleriebataillon 245 in Landshut. Auch bei den Divisionstruppen gab es Veränderungen. Bereits 1978 wurde das Gebirgsflugabwehrbataillon 8 in Traunstein zum Gebirgsflugabwehrregiment 8 umgegliedert und ab 1979 mit dem modernen Flakpanzer 1 „Ge-

Links: Waffenträger „Wiesel" („Ü-Eipanzer"/Überraschungsei-Panzer, wegen seiner geringen Größe) mit Panzerabwehrlenkflugkörper TOW in Beobachtungsstellung

Rechts: Hier sieht man sehr gut, wie klein der Waffenträger „Wiesel" ist

pard" ausgerüstet.[183] Im Zuge der Umgliederung erhielt die 1. Gebirgsdivision, übrigens als einzige Division des Heeres, ein divisionsunmittelbares, also selbstständiges Panzerbataillon, das – 1997 wieder aufgelöste – Gebirgspanzerbataillon 8 in Pocking. Die Gebirgsdivision war damit der panzerstärkste Großverband der damaligen Bundeswehr. Im Mobilmachungsfall verfügte die Division über weitere zwei Gebirgsjäger- und ein Sicherungs- sowie über fünf Feldersatzbataillone. Diese Verbände, deren Gerät im Frieden eingelagert ist, wurden personell nur für Übungen oder im Verteidigungsfall aufgefüllt.

Die Aufklärungskapazität des Gebirgsartillerieregiments 8 wurde durch die 1980 erfolgte Aufstellung des Gebirgsbeobachtungsbataillons 83 weiter erhöht. Hand in Hand mit der Umgliederung lief die Ausstattung der 1. Gebirgsdivision mit modernstem Gerät. Waren die Panzerverbände der Division bei ihrer Aufstellung zunächst mit den amerikanischen Kampfpanzern M 41 und M 47 ausgestattet, so trat bereits 1967/68 eine Verbesserung durch die Umrüstung auf den Kampfpanzer M 48 ein, der durch den deutschen Kampfpanzer „Leopard 2" in der Panzerbrigade 24 abgelöst wurde. Die übrigen Panzerbataillone und das Gebirgspanzeraufklärungsbataillon 8 erhielten den Kampfpanzer „Leopard 1", ebenso die Gebirgspanzerjägerkompanie 230 der Gebirgsjägerbrigade. Die Panzerjägerkompanien haben vom Kanonenjagdpanzer und dem mit der Panzerabwehrrakete „SS 11" ausgestatteten Raketenjagdpanzer auf das moderne Waffensystem „Jaguar 1", einen mit der französischen Panzerabwehrrakete HOT bewaffneten Raketenjagdpanzer, umgerüstet. Die Panzergrenadiere, einst mit dem misslungenen Schützenpanzer HS 30 ausgestattet, „ritten" anschließend mit dem Schützenpanzer „Marder" ins Gefecht (resp. ins Manöver). Panzergrenadiere und Gebirgsjäger waren und sind für die Panzerabwehr zusätzlich mit einer hohen Zahl an Panzerabwehrlenkraketen MILAN ausgestattet, wobei sich die MILAN gerade in Afghanistan auch hervorragend zum „Knacken" von zu Bunkern umfunktionierten Lehmhütten eignet. Das Gebirgsflugabwehrregiment 8 wechselte vom hoffnungslos veralteten amerikanischen Flakpanzer M 42 auf den „Gepard", ein völlig autonomes Waffensystem. Bei der Divisionsartillerie wurde die beliebte und weitreichende (bis ca. 40 Kilometer) Selbstfahrlafette 175 mm M 107 (sowie die 203 mm M 110) aus- und die bald als „Flugplatzgeschütz" verspottete, von einem 7 to-Lkw gezogene „Feldhaubitze 70" eingegliedert. Die Heeresfliegerstaffel der Division wurde von der französischen „Alouette II" auf die deutsche BO-

Oben: Kampfwertgesteigerte Version der zuverlässigen Panzerhaubitze M-109G aus US-Produktion

Links: Auch die Härtesten unter den Harten müssen mal verschnaufen!

105 umgerüstet. Die Ausstattung mit diesen neuen Waffensystemen erhöhte die Kampfkraft der Division erheblich, vor allem hinsichtlich der für den „24 Stunden-Kampftag" unumgänglichen Nachtkampffähigkeit. Als die 1. Gebirgsdivision im September 2001 aufgelöst wurde, war sie auch der zahlenmäßig stärkste Großverband der Bundeswehr. Sie gehörte lange Jahre zur AMF-Eingreiftruppe der NATO (Alliied Mobile

---

[183] *Im Zuge der „Neuausrichtung der Bundeswehr", so der offizielle Terminus für die so-und-so-vielte Umstrukturierung der Streitkräfte, wurde die Heeresflugabwehrtruppe (neben der Panzerjägertruppe) mittlerweile abgeschafft. Die Flugabwehr ist seitdem Aufgabe der Luftwaffe. Die „Geparden" wurden verkauft.*

Oben und links: Hier erreicht jemand seine Leistungsgrenze. Die Gebirgssoldatinnen müssen dasselbe leisten wir ihre männlichen Kameraden

Unten: Grabenkrieg - nicht in der Schlammhölle an der Somme, sondern im Gebirge

Force), sammelte wertvolle Erfahrungen bei Wintermanövern in Norwegen und wurde zum Aushängeschild der Infanterie.

Mit der im Zuge der „Neuausrichtung der Bundeswehr" durchgeführten Außerdienststellung der 1. Gebirgsdivision (2001) - inklusive der Panzerbrigade 24 und der zur Panzergrenadierbrigade 22 umgewandelten ehemaligen Gebirgsjägerbrigade 22 - blieb von den deutschen Gebirgstruppen nur die Gebirgsjägerbrigade 23 mit drei Gebirgsjägerbataillonen (231, Bad Reichenhall; 232, Bischofswiesen; 233, Mittenwald), das Gebirgsartilleriebataillon 225 und das Gebirgspionierbataillon 8 in Ingolstadt (vormals Brannenburg) übrig. Die Brigade wechselte als einziger noch verbliebener Großverband der Gebirgstruppe zur sozusagen „artfremden" 10.

Der omnipräsente MTW (Mannschaftstransportwagen) M 113 bei einer Watübung in der Traun (Penzkofer)

Panzerdivision (Sigmaringen). 2003 wurde das Gebirgsinstandsetzungsbataillon 8 als Gebirgslogistikbataillon 8 der Gebirgsjägerbrigade 23 unterstellt. 2003 verlegte das Gebirgspionierbataillon 8 von Brannenburg nach Ingolstadt, organisatorisch von der Pionierlehrbrigade 60 zur Gebirgsjägerbrigade 23. Am 1. Juli 2007 wurde Gebirgspanzerartilleriebataillon 225 in das Gebirgsaufklärungsbataillon 230 umgegliedert. Die Gebirgsartillerie, einst mit der in Teillasten zerlegbaren 105 mm-Gebirgshaubitze OTO-Melara (Italien), ausgerüstet, erhielt - wie alle anderen Artilleriebataillone - reguläre Panzerhaubitzen und war damit nicht mehr Teil der Gebirgstruppe. Das Panzeraufklärungsbataillon 5 aus Sontra wurde teilweise zunächst noch in das neu aufgestellte Gebirgsaufklärungsbataillon 230 eingegliedert, aber bereits zum 30. Juni 2008 aufgelöst. Am 1. Oktober 2007 wurde das Fernmeldebataillon 210 in Gebirgsfernmeldebataillon 210 umbenannt. Bei den Feiern zum 50-jährigen Bestehen der Brigade am 16. Juni 2008 wurde ihr der Beiname „Bayern" verliehen.

Die weitere Zukunft scheint 2014 noch nicht ganz klar zu sein, denn die genannten Verbände sind natürlich auch in nicht-alpinem Gelände sehr gut brauchbar. Weitere Kräfte wurden verzettelt, indem ein Bataillon (571, Schneeberg) der Jägerbrigade 37 unterstellt wurde. Im Einsatz im Jahr 2005 erhielt der Verband eine Aufklärungskompanie (230) aus Freyung. Die Bataillone sind mit dem Transportpanzer „Fuchs", dem Luftlan-

Oben: Ein Quantensprung hinsichtlich der Mobilität der Gebirgstruppe: das GTK „Boxer" (gepanzertes Gruppen-transportkraftfahrzeug), das „Mutterschiff der Infanterie"

Mitte: Bv 206S „Hägglund" in Afghanistan

Unten: Der „Hägglund" in der Sanitätsversion

depanzer „Wiesel" (im Soldatenjargon wegen seiner geringen Größe oft liebevoll-scherzhaft als „Ü-Ei-Panzer" (Überraschungs-Ei) bezeichnet, dem Überschneefahrzeug Bv 206 „Hägglund" und ab 2014 auch mit dem neuen Gruppentransportkraftfahrzeug (GTK) „Boxer" ausgestattet. Der „Hägglund" hat sich inzwischen so gut bewährt, dass er sogar in einer neuen, leicht gepanzerten Ausführung (Bv 206 S) von den Fallschirmjägern übernommen wurde. Zurzeit haben die Gebirgsjäger noch einen Überschuss an Panzerabwehrwaffen. Sie gehören zusammen mit den Jägern und Fallschirmjägern zur Infanterie und schließen als mittlere Kräfte mit „erhöhter Durchsetzungs- und Überlebensfähigkeit" die Lücke zwischen den leichten und den mechanisierten Kräften, den Panzergrenadieren. Seit dem Einsatz in Somalia (März 1993 bis März 1994) und besonders seit dem Engagement auf dem Balkan (Bosnien, Kosovo) hat sich in den Führungsetagen der Verteidigungsministerialbürokratie die Überzeugung (wieder) festgesetzt, dass für den Kampf unter extremen Witterungs- und Geländebedingungen, und zwar zu jeder Jahreszeit und im Extremfall auch in über 2.000 Höhenmetern, Gebirgsjäger recht brauchbar sein können. Andererseits darf bei der Rekrutierung und Ausbildung nicht vergessen werden, dass immer mehr verstädterte junge Männer und auch Frauen zu den Gebirgsjägern gehen, ohne die geringste Vorstellung davon zu haben, was sie in der Einheit oder im Gebirge erwartet.

Im erweiterten Aufgabenspektrum wie z.B. im ISAF-Einsatz in Afghanistan sind zusätzlich wertvolle Erfahrungen gesammelt worden, die für ein weiteres Bestehen der Gebirgstruppe von weit-

reichender Bedeutung sind. Immer wieder stoßen die klassischen Verbände des Kalten Krieges mit ihren Trossen, Stäben und vollmotorisierten Einheiten an ihre Grenzen, wenn es um Beweglichkeit und Durchhaltefähigkeit geht. Lange wurden die „Gebirgler" in ihren Kniebundhosen, Gamaschen und Schi-Blusen und mit ihrem für „Flach-

Oben: Es ist immer noch der einzelne Mensch, der ein Gefecht entscheidet

Rechts: Man muß sich nur zu helfen wissen ...

land–Tiroler" nördlich des „Weißwurst–Äquators"[184] oft nur schwer verständlichen Dialekt teils belächelt, teils als Sonderlinge abgetan. Zur Zeit der Panzerdivisionen und atomaren Mittelstreckenraketen war wenig Platz für Spezialisten dieser Art. Erst, als auf dem Balkan wieder schwer zugängliche Beobachtungsposten in über 2.000 m hochwinterlicher Höhe besetzt werden mussten und Bergretter für Rettungsoperationen gesucht wurden, erinnerte man sich dieser Männer. Wurden in den 1960er- und 1970er Jahren noch rein humanitäre Nothilfeeinsätze in befreundeten Staaten geleistet, zum Beispiel im italienischen Friaul nach einem schweren Erdbeben, so änderte sich das spätestens ab 1996 mit dem deutschen Einsatz auf dem Balkan. Unter teils schwierigsten Bedingungen in unklarer Minenlage sowie unter ständiger Bedrohung durch irreguläre Kräfte wurden zahlreiche Rettungs- und Bergungsoperationen erfolgreich durchgeführt. Die Hochgebirgszüge sind durchweg Schibeweglich und können auch unter arktischen Bedingungen operieren. Sie bilden die Speerspitze der Gebirgtruppe in der Wegbereitung mit Klettersteigen und Seilgeländern. Angeleitet werden sie von erfahrenen Heeresbergführern, sozusagen den „Experten unter den Spezialisten". Nur wenige kommen in den Genuss, überhaupt zur Aus-

---

184 Damit ist die von West nach Ost verlaufende Main-Linie gemeint. Alles, was sich nördlich davon befindet, gilt für bodenstämmige Bayern in Fundamentalabgrenzung als „Preußen".

bildung zugelassen zu werden. Viele scheitern beim Sichtungslehrgang, der ein Jahr vor der regulären Ausbildung beginnt. Die Ausbildung ist so langwierig und umfassend, dass ein Lehrgang kaum mehr als 15 Soldaten pro Jahr umfasst, und nur wenige länger dienende Soldaten, hauptsächlich Unteroffiziere mit noch einigen Jahren an Restdienstzeit, werden überhaupt zugelassen.

Die persönliche Bewaffnung der Gebirgsjäger umfasst neben der „Heckler & Koch"-Pistole P8 (9 mm x 19 Para), dem 5,56 mm-Sturmgewehr G36 in seinen verschiedenen Varianten (ebenfalls von „Heckler & Koch") und der 4,6 mm-Maschinenpistole MP7 (eine konzeptionell neuartige PDW/personal defence weapon; sie löste die beliebte 9 mm „Uzi" ab) die Maschinengewehre MG3 (7,62 mm) und – 2014 noch im Zulauf – MG4 (5,56 mm) und die mittlerweile hochbewährten „Gewehre großer Reichweite" (vulgo „Scharfschützengewehre") G22 und G82. Aufgrund der Afghanistan-Erfahrungen erlebte das alte G3 (7,62 mm) eine unerwartete Renaissance, da es eben auch Lehmhüttenwände durchschlägt, was die 5,56 mm-Munition aus dem G36 nur mit Mühe kann. Die nicht mehr ganz so neue Granatmaschinenwaffe sowie die auch gegen Bunker und aus geschlossenen Räumen heraus einsetzbare Panzerfaust 3 verleihen der Truppe die benötigte zusätzliche Feuerkraft im Gefecht. Insgesamt hat heute eine Infanteriegruppe die Kampfkraft eines Zuges, wenn nicht gar einer Kompanie der 1980er Jahre! Dazu trägt auch das „IdZ"-Programm (Infanterist der Zukunft) bei, das allmählich die Truppe erreicht und zum „IdZ – erweitertes System" fortentwickelt wird. Althergebracht, aber natürlich modernisiert sind die traditionellen Karabinerhaken, Eispickel und Bergseile. Hochmodern wiederum sind die Nachtsichtbrillen LUCIE, GPS-Navigationsgeräte, der Laserentfernungsmesser VECTOR und Laserzielmarkierer, die auch in den neuen Gebirgsaufklärungszügen eingeführt sind. In Afghanistan suchte ein Teil der auch mit deutschen Gebirgsjägern besetzten CJSOTF-76[185] im Verbund mit anderen Spezialverbänden nach Amerikas „Staatsfeind Nr. 1", Osama bin Laden – und verzettelte sich dabei in einem Katz-und-Maus-Spiel an der pakistanischen Grenze mit versprengten Taliban. Im Mai 2011 konnte der islamisch-fundamentalistische Top-Terrorist von US-Navy-Seals in seinem Unterschlupf in einer pakistanischen Stadt endlich aufgespürt und getötet werden.

... und gemeinsam geht es ohnehin besser

---

185 *„Combined Joint Special Operations Task Force 76".*

sMG-Stellung: aus dem MG
08 des Ersten Weltkrieges
wurde das MG34 oder MG
42 des Zweiten Weltkrieges,
heute ist es das MG 3

Einsätze

*Links: Spähtrupp mit Waffen-
träger „Wiesel": der vordere
mit Panzerabwehrlenkflug-
körper TOW, der hintere mit
20 mm-Maschinenkanone*

*Rechts: Waffenträger „Wiesel"
mit Panzerabwehrlenkflug-
körper TOW überwacht einen
Geländeabschnitt in ex-Jugo-
slawien*

Soldaten und ganze Einheiten der Gebirgsjägerbrigade 23 waren und sind an zahlreichen Aus-
landseinsätzen der Bundeswehr beteiligt. Die
Brigade stellte in den 1990er Jahren das zweite
Hauptkontingent des deutschen Unterstützungs-
verbandes für Somalia und verlegte dazu mit der
verstärkten 2. Kompanie des Gebirgsjägerbataillons 231 und Teilen der Stabskompanie für die
UN-Mission UNOSOM II nach Belet Uen in Soma-

lia (ingesamt ca. 300 Mann), wo sie eine indische
Kampfbrigade logistisch unterstützen sollte.
Indes: Die Inder rückten gar nicht erst an, und so
taten die deutschen Soldaten das, was sie nach
Meinung eines Großteils der deutschen Öffent-
lichkeit und Medien ohnehin nur tun sollten:
Brunnenbohren und Mädchenschulen bauen.
Kämpfen? - So etwas hat deutsches Militär gefäl-
ligst zu unter- und anderen zu überlassen! Infol-

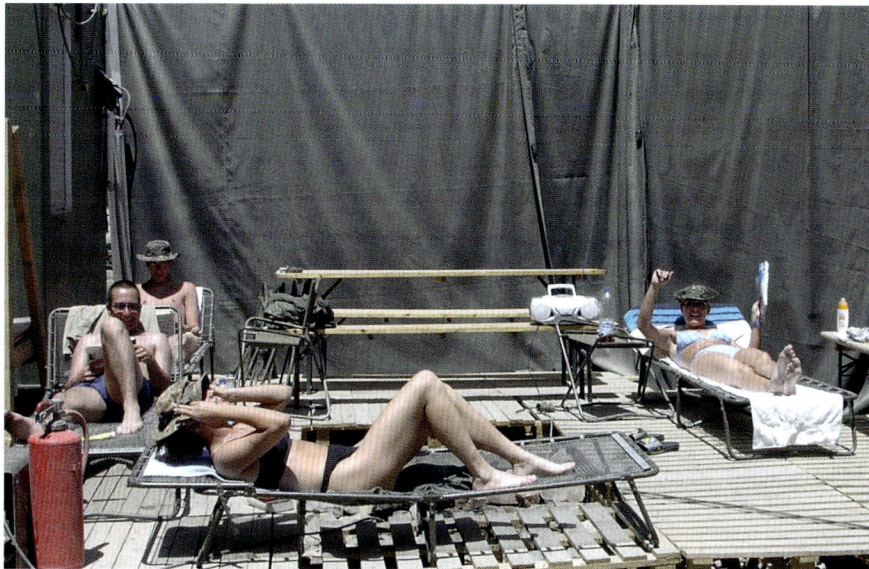

gedessen – welch Wunder! – waren die Deutschen im Gegensatz zu denjenigen Nationen, die auch, völkerrechtlich legitimiert, Zwangsmaßnahmen zur Friedensschaffung durchführen durften und dies auch taten, bei der Bevölkerung sehr beliebt. Schießen durften die deutschen Gebirgsjäger nur in Notwehr, wenn sie angegriffen wurden. Bei Kampfhandlungen mussten dann die 500 italienischen Blauhelmsoldaten eingreifen, die zum Schutz der Deutschen in Belet Uen stationiert worden waren. In der Nacht zum 21. Januar 1994 kam es jedoch zu einem Zwischenfall: Ein junger Somali drang in das deutsche Lager ein. Nach mehreren erfolglosen Warnschüssen zielte der Wachsoldat aus 130 Metern Entfernung auf dessen Beine, der Schuss traf jedoch tödlich. Es folgten Einsätze im ehemaligen Jugoslawien. Vom November 2002 bis Mai 2003 war die Brigade der Leitverband für das sechste Einsatzkontingent der Kosovo-Friedenstruppe KFOR. Im Januar 2003 ging das Bataillon 233 mit Unterstützungskräften für sieben Monate nach Afghanistan. Von Mai bis September 2005 stellte die Gebirgsjägerbrigade 23 das elfte Einsatzkontingent KFOR der Bundeswehr, Ende 2008 das achtzehnte ISAF-Kontingent in Afghanistan, wobei das Gebirgsjägerbataillon 232 das Panzergrenadierbataillon 212 als „Quick Reaction Force" (QRF) ablöste. Ab Anfang Januar 2010 wurden Teile der Brigade (Gebirgsfernmeldebataillon 210) in den Kosovo verlegt. Dort wurde es als Fernmeldekompanie des Unterstützungsbataillons KFOR im Rahmen des fünfundzwanzigsten deutschen Einsatzkontingents eingesetzt. Wie belastend die Auslandseinsätze sind, wird am Beispiel des Gebirgsjägerbataillons 231 deutlich. Man darf auch nicht vergessen, dass es mit dem Einsatz allein nicht getan ist. Hinzukommen die Einsatzvor- und nachbereitungen, die ebenfalls Monate verschlingen. Am meisten aber belastet die Soldaten die Schizophrenie der bundesdeutschen, friedensge- und -verwöhnten „Wohlfühl-Gesellschaft": Herausgerissen aus einem pazifistischen, zudem oftmals juristisch

überregulierten Umfeld, finden sie sich – trotz aller Vorbereitung – urplötzlich in einem Krieg wieder, der lange Zeit nicht einmal als ein solcher bezeichnet werden durfte (und es verfassungsrechtlich auch nicht ist). Aus Angst vor dem Verlust der Wählergunst verstieg sich die politische Klasse in verschwurbelte, vernebelnde Wortungetüme wie „nichtinternationaler bewaffneter Konflikt", „Stabilisierungseinsatz" statt „Krieg" oder „Ausbildungs- und Schutzbataillon". Das klingt friedlich und politisch-korrekt, tatsächlich aber sind das Kampftruppenverbände, die mit ihren afghanischen Schützlingen in harte, brutale Gefechte gehen, in denen das im christlich-abendländischen Westen gewohnte Humanitäre Völkerrecht, das frühere Kriegsvölkerrecht, beim Gegner nichts mehr gilt.[186] Im Gefecht ein echter Nachteil, denn die westlichen Einsatzkräfte, zumal die Bundeswehrsoldaten, halten sich daran sowie an die von ihren Parlamenten demokratisch beschlossenen und vorgegebenen Regeln („rules of engagement") und können deshalb oft nicht so agieren, wie es taktisch eigentlich sinnvoll – und menschlich auch manchmal verständlich – wäre. Aber das unterscheidet die Soldaten eben von den „Aufständischen", den Taliban. Die Aus- und Inlandseinsätze der Gebirgsjägerbataillons 231 im Überblick:

- 23. Dezember 1995 bis 31. Juli 1996:
  Auslandseinsatz in Sibenik/Kroatien bei GECONIFOR
- 28. Juli bis 06. August 1997:
  Die 4. Kompanie ist im Hochwasser-Katastropheneinsatz bei Frankfurt an der Oder eingesetzt
- 26. Dezember 1998 bis 24. März 1999:
  Teile des Bataillons nehmen am Mazedonien-Einsatz SFOR teil

---

186 So werden an den Sanitätsfahrzeugen die Schutzzeichen („Rotes Kreuz") übermalt, da die islamischen Taliban diese eigentlich völkerrechtlich geschützten Fahrzeuge bevorzugt angreifen.

Links: Wer hätte sich das 1915 oder 1938 oder 1965 vorstellen können? Heeresbergführerinnen (2014) (Penzkofer)

Rechts: Auch das gibt es – muss es geben! – im Auslandseinsatz (hier in Afghanistan): die spärliche Freizeit braucht man, um „abzuhängen", bevor man wieder zur Patrouille oder Konvoibegleitung `raus muss.

In Afghanistan ist es jedoch NICHT romantisch!

KFOR-Beobachtungsposten im Kosovo

- 11. Juli 2002:
  Im Landkreis Traunstein wird um 12.45 Uhr Katastrophenalarm ausgelöst. Beginn des Einsatzes der Gebirgsjägerbrigade 23 zur Bekämpfung des Hochwassers im Regierungsbezirk Oberbayern
- 15. November 2002 bis 16. Mai 2003:
  Der Stab sowie die 1. und 3. Kompanie des Gebirgsjägerbataillons 231 nehmen am KFOR Einsatz im Kosovo teil
- Mai 2005 bis September 2005:
  Die 2. Kompanie nimmt am EUFOR-Einsatz in Bosnien und Herzegowina teil
- Januar 2007 bis Juni 2007:
  Die 4. Kompanie nimmt am EUFOR-Einsatz in Bosnien und Herzegowina teil,
- September 2008 bis Januar 2009:
  KFOR-Einsatz des ganzen Bataillons.

Eine trockene Auflistung - und die Einsatzrealität? In der Nähe von Baghlan (Afghanistan, ISAF-Einsatz), 150 Kilometer südwestlich von Mazar-i-Sharif, einem Hauptstützpunkt der Bundeswehr, begannen knapp 100 deutsche Soldaten (darunter etwa 40 Gebirgsjäger) - Kampftruppe, Minenräumer und Sanitäter - und 2.500 Afghanen der ANF (Afghan National Forces) am 14. April 2010 mit der „Operation Taohid" zur Befriedung und Sicherung dieses Raumes von „insurgents", radikal-islamischen Taliban. Nach einem unerwartet ruhigen Beginn der Operation aber fährt ein „Eagle IV" - eine Art gepanzerter, großer Jeep - kurz vor einer Brücke auf eine in der Straße

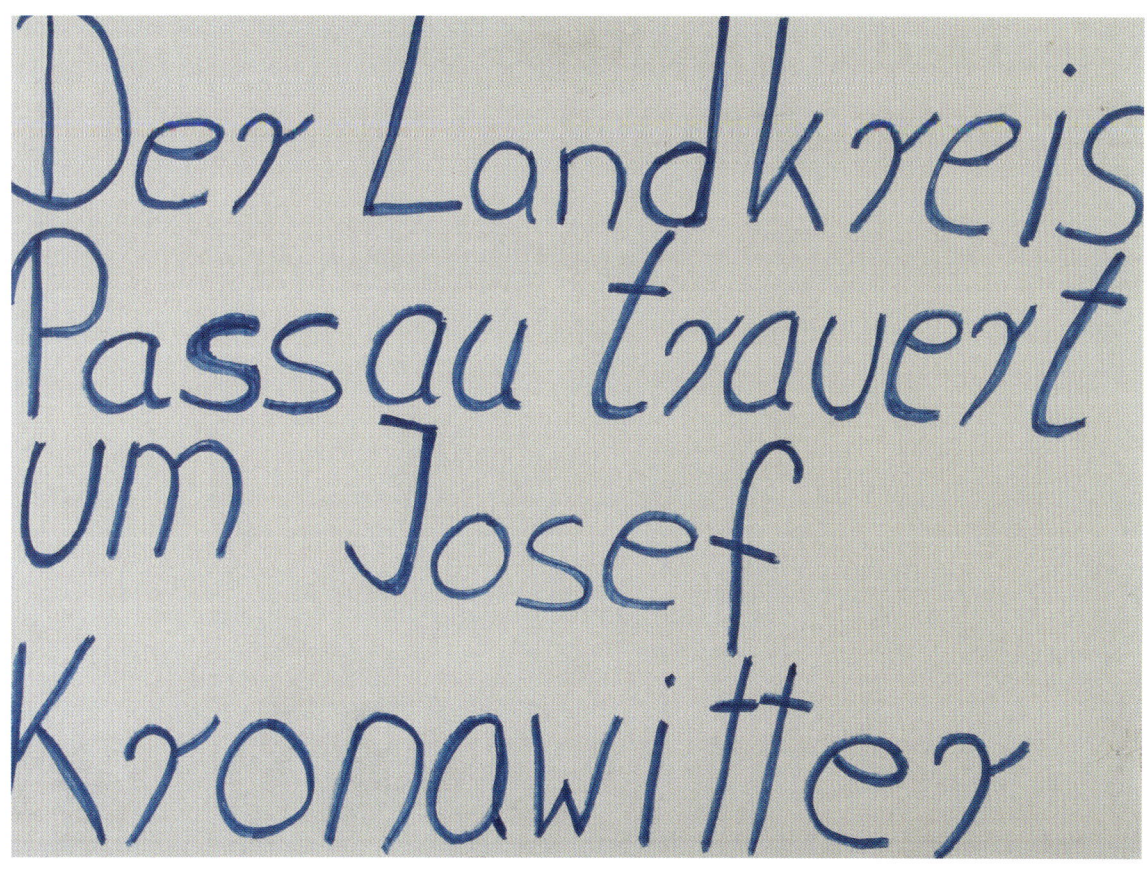

Oben: Dieses Schild wur-
de nach der Trauerfeier
für Josef Kronawitter und
seine am Karfreitag 2010 in
Afghanistan gefallenen Kameraden in Ingolstadt dem
Bayerischen Armeemuseum
übergeben.
Bild: Bayerisches Armee-
museum, Ingolstadt

Mitte: Trauerfeier für gefallene Gebirgsjäger nach
dem „blutigen Karfreitag" in
Ingolstadt (2010) (Penzkofer)

Unten: Trauerfeier für gefallene Gebirgsjäger nach
dem „blutigen Karfreitag"
im Feldlager in Afghanistan
(2010) (Penzkofer)

vergrabene IED (Improvised Enemy Device; selbstgebastelte Mine bzw. Sprengfalle). Am Steuer sitzt der 24-jährige Stabsunteroffizier Josef Kronawitter vom Ingolstädter Gebirgspionierbataillon 8, zu Hause im niederbayerischen Untergriesbach. Mit an Bord befinden sich Major Jörn Radloff (38) von der Unteroffiziersschule des Heeres (Weiden, Oberpfalz) und Hauptfeldwebel Marius Dubnicki (32), ebenfalls Angehöriger des Gebirgspionierbataillons 8. Radloff ist erst unmittelbar zuvor auf ein Trittbrett des „Eagle IV" gesprungen, um sich ein kurzes Stück mitnehmen zu lassen. Alle drei werden durch die Detonation getötet – weitere drei Gefallene der Bundeswehr. Lange Zeit lautete der verlogene, aber politisch-korrekte Terminus für derartige Ereignisse „einsatzbedingte Todesfälle" (!).[187] Das einfache, graue Pappschild, mit dem ein Untergriesbacher während der Trauerfeier vor dem Ingolstädter Münster an den Tod Kronawitters erinnerte, befindet sich heute im Bayerischen Armeemuseum (siehe Foto). Fünf weitere Soldaten wurden zum Teil schwer verwundet.

---

187 Vgl. Seliger, S. 162 – 166. Wenig später, aber noch am selben Tag, fiel ein weiterer deutscher Soldat in Afghanistan: Oberstabsarzt Dr. Thomas Broer (33, Bundeswehrkrankenhaus Ulm). Broer saß übrigens in einem geschützten San-Kfz „Yak", als eine RPG (Rocket Propelled Grenade) das Sanitätsfahrzeug traf!

Die Traditionspflege der Gebirgstruppe

Auch das ist mittlerweile eine Tradition: die Zusammenarbeit und Kameradschaft mit Gebirgssoldaten der NATO-Verbündeten (hier ein US-Soldat)

Und das wird zu einer Tradition: eine Gebirgssoldatin

Auf Initiative des damaligen Bundesverteidigungsministers Franz Josef Strauß erhielten von 1964 bis 1966 drei Kasernen der Bundeswehr die Namen von Generälen der Gebirgstruppe der Wehrmacht: „Generaloberst-Dietl-Kaserne" in Füssen, „General-Kübler-Kaserne" in Mittenwald und die „General-Konrad-Kaserne" in Bad Reichenhall. Nach langen und teilweise leidenschaftlich bis polemisch geführten Debatten verfügte 1995 der damalige Bundesverteidigungsminister Volker Rühe bei zwei der Kasernen deren Umbenennung in „Allgäu-" (Füssen) bzw. „Karwendel-Kaserne" (Mittenwald). Der 1952 von Rudolf Konrad gegründete „Kameradenkreis der Gebirgstruppe e.V." ist eine Vereinigung, die sich zunächst aus ehemaligen Soldaten der Gebirgstruppe der Wehrmacht zusammensetzte. General a.D. Hubert Lanz wurde kurz nach seiner Haftentlassung Ehrenvorsitzender des Kameradenkreises und Vorsitzender im Traditionsverband der 1. Gebirgs-Division. Mit der Gründung der Bundeswehr traten mehr und mehr aktive Soldaten und Reservisten dem Kameradenkreis bei. Das Traditionsverständnis, das bei Kameradenkreis und aktiver Truppe lange Zeit herrschte, drückte Franz-Josef Strauß in einer Ansprache am 17. Februar 1986 anlässlich des 30-jährigen Jubiläums der 1. Gebirgsdivision so aus: „Für die deutsche Gebirgstruppe war Ge-

neral Kübler als Mensch und Soldat ein Vorbild. Ihm hat die Truppe bis auf den heutigen Tag viel zu verdanken." Auch sein Nachfolger Edmund Stoiber, selbst Mitglied des Kameradenkreises, attestierte 2001 der Gebirgstruppe anlässlich der Feier zur Auflösung der Division 2001 eine „unangreifbare Traditionspflege". Der Kameradenkreis hält jedes Jahr an Pfingsten am Ehrenmal der Gebirgstruppe auf dem Hohen Brendten bei Mittenwald eine Gedenkveranstaltung für die gefallenen und vermissten Angehörigen der Gebirgstruppe ab. Mit der 68er-Bewegung, spätestens aber mit der umstrittenen „Wehrmachts-Ausstellung" des politisch dezidiert links orientierten Hamburger „Instituts für Sozialforschung" von 1995 aber änderte sich diese zum Teil schon recht blauäugige, auch verdrängende Sicht auf die eigene Vergangenheit mit dem Ergebnis, dass das Pendel in das andere Extrem umschlug. Zum Teil gewalttätige Demonstrationen gegen die „Ewiggestrigen", „Alt"- und „Neonazis" und „Militaristen" am Hohen Brendten, zunehmender Druck von sich lautstark-kompromisslos gebärdenden Bürger- resp. Friedensinitiativen konnten ihren ideologischen Druck bis in die Regierungsebenen tragen. Es setzte eine wahre „Bilderstürmerei" ein mit dem Ergebnis, dass Traditionsnamen abgelegt werden mussten, selbst solche, denen keinerlei verbrecherisches Handeln nachzuweisen ist (zum Beispiel beim Jagdgeschwader 74 „Mölders"), oder eben Kasernen politisch unverfängliche Landschaftsbezeichnungen erhielten. Die Wehrmacht als Ganzes und alles, was mit ihr zusammenhing, war nicht mehr „traditionswürdig" für die Bundeswehr. Aber nicht nur die Wehrmacht, sondern gleich alle früheren deutschen Armeen.

Der Kameradenkreis wies seinerseits alle Vorwürfe, ein Hort nationalsozialistischen Gedankenguts zu sein, zu Recht als ungerechtfertigt

zurück und erklärte, dass er vielmehr aktiv durch Völkerverständigung zum Frieden beitrage. Der Kommandeur der 10. Panzerdivision, dem die Gebirgsjägerbrigade 23 untersteht, betonte 2005 in seiner Ansprache am Ehrenmal, dass das Gedenken „ausdrücklich auch die Kriegstoten der anderen Seite und die Opfer von Verfolgung und Verbrechen, die von Deutschen und im deutschen Namen begangen wurden" umfasse und es eben nicht um eine „unzeitgemäße und kritiklose Heldenverehrung, sondern auch um ein kritisches Bekenntnis zur deutschen Geschichte und Orientierung am Leiden der Verfolgten und Gedemütigten, um politisches Mitdenken und Mitverantworten, demokratisches Wertebewusstsein, Vorurteilslosigkeit und Toleranz, Bereitschaft und Fähigkeit zur Auseinandersetzung mit den ethischen Fragen des soldatischen Dienstes" gehe. Die Bundesregierung teilte auf eine „kleine

Oben links: Die Uniformen haben sich seit 1915 geändert, aber sonst?

Oben rechts: Auch in diesem Fall so wie vor 100 Jahren - eigentlich

Unten: Befehlsausgabe

151

*Oben: Die jährliche Gedenk-
feier am Hohen Brenten*

*Rechts: Inschrift am Denk-
mal*

*Ganz rechts: Das Gebirgs-
jägerehrenmal am Hohen
Brenten*

E R R I C H T E T
V O N D E N
H E I M G E K E H R T E N
H A M E R A D E N D E R
G E B I R G S T R U P P E
1 9 5 7

Anfrage" der Fraktion der Linkspartei, der
SED-Nachfolgepartei der DDR, mit, dass „Toten-
ehrungen im Rahmen von Gedenkfeiern für die
Opfer von Krieg und Gewaltherrschaft ausdrücklich in der Traditionspflege der Bundeswehr"
stünden und „die Zusammenarbeit zwischen der
Bundeswehr und dem Kameradenkreis der Gebirgstruppen sowie die Teilnahme von Soldaten
der Streitkräfte an der so genannten ‚Brendten-
feier' daher nicht zu beanstanden seien". Angehörigen des österreichischen Bundesheeres
wurde die Teilnahme an der Brendten-Freier hingegen durch Weisung des österreichischen Ver-
teidigungsministers Norbert Darabos aus dem
Jahr 2007 wegen fehlender Distanz der Veran-
staltung zur NS-Ideologie untersagt.

Uniformierung und Ausrüstung der Gebirgstruppe der Deutschen Bundeswehr

Hatten wir bei der Gebirgstruppe des Ersten Weltkriegs gerade einmal vier Jahre und bei der Wehrmacht die Entwicklung 1939 – 1945 zu betrachten, so stehen wir bei der Bundeswehr einer Geschichte und Entwicklung von über 50 Jahren gegenüber. Die Anforderungen des alpinen Kampfgebiets sind noch die gleichen wie vor 100 Jahren, nur haben sich die technologischen Möglichkeiten fortentwickelt. Dennoch, selbst im Elektronikzeitalter verzichtet man bei aller Technik nicht auf Tragtiere.

Moderne Werkstoffe haben den Kampf gegen die Elemente, dem sich der Gebirgssoldat stellen muss, erträglicher gemacht. Generell ist die Ausrüstung des Soldaten besser geworden, das Anforderungsprofil hat sich jedoch auch verändert. Es ist nicht mehr nur die Kampffähigkeit im Klima des Hochgebirges. Im Rahmen der Auslandseinsätze auf fremden Kontinenten sind andere Klimazonen zum Einsatzgebiet des Gebirgssoldaten geworden, für die er entsprechend ausgerüstet sein muss. Bei den Einsätzen auf dem Balkan, in Somalia, Afghanistan und Mali waren stets die Spezialisten der Gebirgstruppe unter den Ersten. Überraschend kam daher 2001 die Auflösung der Gebirgsdivision und Reduktion der Gebirgskampffähigkeit auf die Brigade 23 im Zuge des allgemeinen Truppenabbaus.

Das folgende Kapitel soll einen Überblick über die historische Entwicklung des Erscheinungsbildes der Gebirgstruppe der Bundeswehr seit ihrer Aufstellung geben. Es würde den Rahmen sprengen, auf alle Details von Bekleidung und Ausrüstung einzugehen. Es wurde lediglich versucht, die gebirgstruppentypische Bekleidung und die persönlichen Ausrüstungsgegenstände im Rahmen der allgemeinen Entwicklung darzustellen. Viele Details sind heute schon sehr schwer zeitlich einzuordnen, gerade wegen der sehr fließenden Zeiträume der Tragezeiten und der unterschiedlichen Zeitpunkte des Zulaufs bei den verschiedenen Einheiten. Das Buch verdeutlicht, dass die Bundeswehr schon abgeschlossene Kapitel hinter sich hat und allmählich zum Gegenstand historischer Betrachtung und Dokumentation werden muss.

Stahlhelm M1955

Um die Form des Stahlhelms der Bundeswehr war bereits 1954 eine heftige Diskussion entbrannt. Die Traditionalisten wollten unbedingt den Stahlhelm der Wehrmacht, der vom Bundesgrenzschutz, THW und Bereitschaftspolizei getragen wurde, auch in der neuen westdeutschen Armee sehen. Mit seinen steilen Flanken war dieser Helm jedoch schon überholt, denn bereits 1944 hatte im Führerhauptquartier ein neues Muster mit wesentlich günstigeren ballistischen Werten vorgelegen. Dieses Modell gelangte allerdings bei der Nationalen Volksarmee der DDR 1956 zur Einführung.

Ein nicht unerheblicher Teil der am Entscheidungsfindungsprozess Beteiligten sowie die Natoverbündeten lehnten den Wehrmachtshelm M1935/42 jedoch als Symbol des Naziregimes und des Weltkriegs vehement ab. Nichts sollte in der neuen deutschen Bundeswehr an die Zeit vor 1945 erinnern. So war es nicht verwunderlich, dass man sich für einen mit dem US-amerikanischen Modell fast identischen Helm aus Belgien entschied. Ausschlaggebend war dafür unter anderem, dass die deutsche Industrie bereits das Modell für die US-Truppen fertigte und dieser Helm in einigen anderen Nato-Ländern bereits eingeführt war.

Der Helm bestand aus einem Innenhelm aus gewebearmiertem Polyesterharz – nicht wie oft behauptet aus Pappmaché – der grau gespritzt war, und der genau darauf passenden Kalotte aus Mangan-Hartstahl. Das luftige Futter war aus Gurtbandstreifen konstruiert und hatte einen schmalen ledernen Sturmriemen. Zu gewissen Gelegenheiten konnte der nur 360 g schwere Innenhelm alleine getragen werden. An der Stahlkalotte war ein zweiter, etwas strapazierfähigerer Kinnriemen aus olivgrünem Gurtband befestigt, dessen Verschluss und Verstellmöglichkeiten sehr unbefriedigend waren. Die Oberfläche des Helmes trug einen gesandeten Anstrich in Nato-Oliv. Insgesamt brachte der Helm 1460 g auf die Waage. Um den Rand des Stahlhelms lief eine Metalleinfassung.

War der Helm schon wegen seiner Form gegen große Widerstände eingeführt worden, so waren nach 18 Monaten bereits zwei Alternativen im Truppenversuch. Bei großer Kälte musste man wegen der „zu guten" Belüftung eine Mütze unter dem Helm tragen, denn das Futter war nicht sehr strapazierfähig und es wurden starke Windgeräusche im Fahrtwind kritisiert. Ideologisch wurde wieder der Einwand gebracht, man könne nicht den Helm des früheren Feindes tragen. Doch an der Form änderte sich nichts, lediglich das Konzept der zwei Helmschalen gab man auf.

Oben: Der mit dem US-amerikanischen Helm nahezu identische deutsche Helm bestand aus zwei Teilen. Der Innenhelm konnte als selbstständige Kopfbedeckung zum Dienst getragen werden. (GMS BW219/1)

Rechts: Die Ausstattung des Innenhelms bestand aus an der Kalotte angenieteten Gewebebändern.

Stahlhelm FJ60

Bereits am 12. September 1958 kam der neue, nun einteilige Helm zur Truppe. In der Form dem Vorgänger sehr ähnlich, war er an den außen sichtbaren sechs Nieten für das Futter und dem Sturmriemen zu erkennen. Das lederne Futter hatte große Ähnlichkeit mit dem des Wehrmachtshelms, es bestand aus zehn Zungen, die im Zentrum mit einem Senkel zusammengebunden waren. Der Futterring war an vier Punkten an der Kalotte angenietet, weshalb ein Wechseln des Futters sehr umständlich war. Eine Größenverstellung des Schweißleders war nicht möglich, was die Bewirtschaftung sehr kompliziert machte und fallweise zu einem schlechtem Sitz führte. Der Sturmriemen aus olivgrünem Webmaterial hatte einen neuen Verschluss, der bei zu großer Belastung von selbst aufsprang. Der Rand der Stahlkalotte war nach innen eingebördelt.

Oben: Das Futter ist konstruktiv wieder näher am traditionellen Helm, mit vier Splintnieten an der Kalotte befestigt.

Links: Der FJ60 ist an den sechs Nieten erkennbar. (GMS BW219/3)

Stahlhelm M1A1 und M1A1modifiziert

Oben: Neue Innenausstattung mit Nackenriemen des M1A1modifiziert

Unten: Die beiden seitlichen Nieten weisen auf das gewechselte Futter hin und den neuen Sturmriemen. (GMS BW219/6)

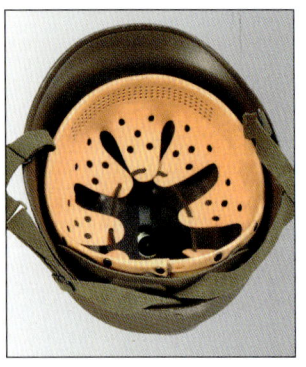

Schon knappe zwei Jahre nach Einführung des FJ 60 wurde am 13. Mai 1960 ein durch die Firma Schuberth überarbeiteter Helm mit einer völlig geänderten Innenausstattung eingeführt. Bisher war der Futterring mit vier Nieten an der Helmkalotte befestigt. Nun hing das Futter an einem Kunststoffeinsatz, der an einem innen im Scheitel angeschweißten Bolzen befestigt wurde. Anfänglich wurde der Befestigungsbolzen durch die Kalotte gesteckt. Im Gegensatz zum Vorläufermodell bot das Futter größere Verstellmöglichkeiten und war unkompliziert zu wechseln. Äußerlich war auf jeder Seite nur eine Niete zu sehen, an welcher der Sturmriemen befestigt war.

Ab Februar 1981 kam ein neuer Sturmriemen mit Nackenriemen in Gebrauch, der einen wesentlich besseren Halt des Helms gewährleistete und ein Verrutschen nach vorne verhinderte. Gleichzeitig wurde das Futter verbessert, das nun durch eine Schraube im Nacken in der Weite exakt verstellt werden konnte. Äußerlich erkennbar sind die mit dem neuen Futter nachgerüsteten alten Helmkalotten an der zweiten, etwa 4 cm nach vorne versetzten Riemenbefestigungsniete. Der Verschluss des Riemens war, wie schon beim Vorläufermo-

dell, so eingerichtet, dass er bei großer Zugbelastung aufsprang. Der Helm hatte eine nato-olivfarbene Rauhlackierung und wog mit Tarnüberzug ca. 1550 Gramm. In dieser Form wurde der letzte wirkliche Stahlhelm der Bundeswehr bis zur Einführung des Kevlargefechtshelmes in den 1990er Jahren getragen.

Oben: Innenausstattung des M1A1

Unten: Helm 1A1 Typ mit einem Sturmriemen. In der Form mit dem Vorgängermodell identisch, jedoch nur jeweils eine Niete seitlich. (GMS BW219/4)

Gefechtshelm

Mit der Entwicklung neuer synthetischer Verbundkunststoffe ist 1987 durch die Firma Schuberth in Braunschweig ein Gefechtshelm entwickelt worden, der aus Aramidgewebe mit Phenolharzbindung besteht. Das neue Material bietet verbesserten Schutz gegen Splitter und Geschosse und durch eine neue Konzeption des Futters eine bessere Dämpfung der auftreffenden kinetischen Energie. Der Helm gehörte ab 1992 zur Truppe. Die Form hat eine leichte Anlehnung an den Wehrmachtstahlhelm, erfüllt aber neue Anforderungen, wie die Möglichkeit der Montage von Nachtsichtgerät und Funkausstattung. Endlich hatte man auch Wert auf eine optimierte Beriemung gelegt, die aus einem Kinngurt, einem Nackengurt, einer Kinnstütze und einem Drucktastenschloss mit blockierbarer Sicherheitsbindung besteht. Der Gefechtshelm, der 1432 g wiegt, wird in vier Größen ausgegeben, die die Kopfweiten von 51 bis 64 abdecken. Der Helm wird mit einem flecktarnbedrucktem Textilüberzug getragen.

Oben: Helm ohne Bezug

Links: Der Gefechtshelm mit Tarnüberzug im fünffarbigen Flecktarnmuster (BAM 17/98)

Unten: Innenausstattung des Gefechtshelms (BAM 694/93)

Tarnmaterial zum Stahlhelm

Wie bereits im Zweiten Weltkrieg gab es auch für den Stahlhelm M1955 einen Tarnüberzug aus Baumwollstoff mit Tarndruck. Dabei wurde in der Anfangszeit das Material der Zeltplane verwendet, das auf beiden Seiten das so genannte Amöbenmuster in unterschiedlicher Farbgebung besaß. Häufig wurden auch Tarnüberzüge aus US-amerikanischem Camouflagestoff oder aus ausgemusterten Feldanzügen verwendet.

Seit Mitte der 1960er Jahre war ein Tarnnetz allgemein eingeführt worden, das mit acht Stahlklammern am Rand des Stahlhelms befestigt wurde. Es diente dazu, Pflanzenteile oder Textilstreifen zur Auflösung der Silhouette zu befestigen.

Weiße Schneetarnbezüge wurden teilweise aus Schneetarnumhängen für alle Helmmodelle bei der Gebirgstruppe gefertigt.

Mit der Einführung der Flecktarnkleidung ab 1990 erhielt der Helm der Bodentruppe einen Bezug in Fünffarbtarndruck mit Schnurzug und aufgenähten Schlaufen, die zur Befestigung von Naturtarnmaterialien verwendet werden konnten. Die Innenseite des Überzugs war weiß und konnte als Wintertarnbezug getragen werden.

Der Gefechtshelm allgemein wird generell mit einem Flecktarnüberzug getragen, entweder in der normalen Fünffarbtarnung oder in Tropen- oder Wüstentarnung, soweit keine Zusatzgeräte, wie Nachtsichtgeräte, am Helm befestigt werden.

Oben: Überzug im Amöbentarnmuster mit amerikanischem Befestigungsgummizug. Auch Überzüge in Splittertarnmuster waren anzutreffen. (GMS BW219/2)

Mitte: Tarnnetz zur Befestigung von Naturtarnmaterial (GMS BW219/5)

Links unten: Flecktarnbezug im normalen fünffarbigen Tarnmuster mit Schlaufen zur Befestigung von Tarnmaterial (GMS BW219/6)

Rechts unten: Gewendeter Überzug zur Schneetarnung (GMS BW219/6)

Kletterhelm

Für Heeresbergführer und Angehörige des Hochgebirgszugs bestand ein Bedarf für einen Kletterhelm, der nicht den ballistischen Anforderungen eines Stahlhelms genügen musste, jedoch einen wirksamen Schutz gegen Steinschlag bieten sollte. Wohl als Verlegenheitslösung wurde der Kunststoffinnenhelm des Helmes M1955 für diesen Zweck modifiziert. Die ursprünglich steingrau lackierte Oberfläche wurde nato-oliv gespritzt und statt des schmalen ledernen Kinnriemens erhielt der Helm die Beriemung des Helmes der Luftlandetruppe. Dieses Riemensystem, das identisch schon bei den Fallschirmspringerhelmen der Wehrmacht verwendet wurde, war mit vier Gewindebolzen befestigt. Die Beriemung gewährleistete einen sicheren Halt des Helms, der eine gute Unterlüftung hatte und mit nur 580 Gramm (inklusive Tarnüberzug) bequem zu tragen war. Innen war im Scheitel ein Schaumgummipolster eingeklebt worden, um einen Schlag besser zu dämpfen. Unter dem Helm konnte im Winter eine Wollmütze getragen werden.

Die Entwicklungen im Bereich der zivilen Sportausrüstung brachte moderne Kletterhelme aus Kunststoff hervor, die auch bei der Bundeswehr Eingang fanden und gegebenenfalls mit Tarnüberzug getragen werden.

Oben: Handelsüblicher Kletterhelm Edelrid ca. 1997 (KGEB)

Mitte: Handelsüblicher Kletterhelm Typ Römer. (KGEB)

Links: Kletterhelm aus einem modifizierten Innenhelm M1955 hergestellt. Deutlich sichtbar der Befestigungsbolzen des Kinnriemens (GMS BW219/10)

Schirmmütze M1955/56

Bei der Aufstellung der Bundeswehr kam eine Schirmmütze zur Einführung, die zunächst keine Ähnlichkeit mit der der Wehrmacht hatte. Bis zum 31. Juli 1956 hatte sie eine relativ große Tellerform und einen großen Schirm. Dann ging man aber zur Sattelform und kleinerem Schirm über. Der Grundstoff war schiefergrau mit einem grauen Seidenripsbund, schwarzem Fiberschirm und einem Sturmriemen aus schwarzem Kunststoff. Die Offiziere trugen eine Deckelbiese aus Aluminiumgespinst und ebensolche oben und unten um den Bund, Generale solche aus Goldgespinstschnur. Auf der Mitte des Deckels saß eine schwarz-rot-goldene Metallkokarde für Mannschaften/Unteroffiziere, eine handgestickte für Offiziere. Halb auf dem Deckel, halb auf dem Bund befand sich ein altgoldfarbener, metallgeprägter Eichenlaubkranz mit gekreuzten Säbeln – ab Juli 1956 bei Offizieren in Silberstickerei. Bei Generalen war das Teilstreitkraftabzeichen von Beginn an in Goldstickerei ausgeführt.

Die Schirmmütze der Generale hatte abweichend von den anderen einen mit grauem Grundstoff bezogenen Schirm mit einer doppelten Reihe Eichenlaub in Goldstickerei.

Die Schirmmütze wurde zum Ausgehanzug, fallweise zum kleinen Dienstanzug getragen.

Oben: Feldwebel 1960
Links oben: Schirmmütze für Mannschaften und Unteroffiziere
Mitte: Schirmmütze für Offiziere, der Schirm noch aus schwarzem Fiberkunststoff
Unten: Schirmmütze für Generale

Schirmmütze M1962

Die Schirme der Offiziere erfuhren mit Verordnung vom 9. August 1962 dahingehend eine Änderung, dass für die Gruppe der Subalternoffiziere und Stabsoffiziere jeweils auf dem Schirm eine eigene Stickerei auf Grundtuch eingeführt wurde. Damit verließ man die Tradition im deutschen Heer und übernahm etwas, das aus der Marine der Wehrmacht bekannt war. Die Mützen der Leutnante und Hauptleute bekamen einen Rand aus stumpfen Zacken, sogenannte Haifischzähne, die der Stabsoffiziere eine Stickerei aus zwei Eichenlaubzweigen, die gegen die Schirmmitte liefen. Die Stickerei war in hellem Silber (Aluminium) ausgeführt.

Ab etwa 1965 wurde der metallgeprägte Mützenkranz der Mannschaften und Unteroffiziere mehr altsilberfarben. Des Weiteren kam mit der Änderung des Viertaschen-Rockes 1962 auch mehr Farbe auf die Uniform. Passend dazu erhielt die Mütze Paspeln in der jeweiligen Waffenfarbe als Vorstoß um den Deckel und oben und unten um den Bund. Deckel und Seidenripsbund hatten etwa die gleiche graue Farbe.

Die Kokarden der Mannschaften und Unteroffiziere waren in dieser Zeit häufig aus Kunststoff, die der Offiziere meist aus Grimpenstickerei oder in Metall geprägt mit schwarzem Samtzentrum.

Oben: Zwei Leutnante mit der neuen Mütze 1962
Oben rechts: Schirmmütze für Mannschaften und Unteroffiziere der Artillerie
Mitte: Schirmmütze für Subalternoffiziere der Feldjäger
Unten: Schirmmütze für Stabsoffiziere

Schirmmütze ab ca. 1970

Rechts: Schirmmütze der Mannschaften und Unteroffiziere der Fernmeldetruppe (GMS BW1421/18)

Unten: Schirmmütze für Leutnante und Hauptleute, hier der Bund aus anthrazitgrauem Filztuch (GMS BW1422/10)

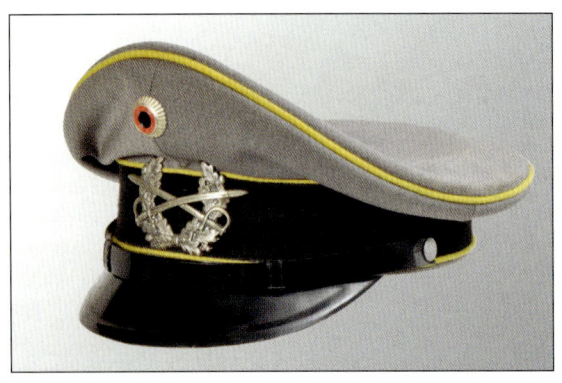

Mit der Zeit wurde das graue Grundtuch der Uniformen und damit auch der Mützen immer heller. Gleichzeitig wurde der Seidenipsbund immer dunkler bis schwarz. Auch konnte man schwarzes Besatztuch oder Filz als Material am Bund finden. Die metallgeprägten, ehemals altgoldfarbenen Teilstreitkraftabzeichen für Mannschaften waren nun altsilberfarben.

An den Mützen der Generale war die gleiche Entwicklung zu beobachten. Man kann hier von keinem neuen Mützenmodell sprechen, da keine entsprechende Verfügung oder ein Einführungsdatum für diesen Mützentyp existieren. Es handelte sich eher um eine modische Entwicklung.

Mit Einführung des Baretts, das bei der Gebirgstruppe nur die Panzereinheiten erhielten, fiel die Schirmmütze aus dem Bekleidungssoll. Ansonsten konnte zum Viertaschenrock auch die Bergmütze getragen werden, zur Schibluse allerdings nie die Schirmmütze.

Bergmütze

Zu Anfang der Bundeswehr kam neben der Schirmmütze die Dienstmütze zur Einführung. Es handelte sich dabei um eine Baschlikmütze, wie sie bereits 1914 bei den Schneeschuhverbänden eingeführt worden war und als Feldmütze und Bergmütze der Wehrmacht getragen wurde. Der durch zwei Knöpfe fixierte Bund konnte heruntergeschlagen werden, um die Ohren bei Kälte zu schützen, was aber bei der Bundeswehr nicht mehr üblich war. Die Mütze aus Uniformtuch besaß in der Offiziersausführung eine silberfarbene Paspel im Deckel, analog bei den Generalen eine goldene. Vorne saßen unter der Kokarde zwei altgoldfarbene gekreuzte Säbel als Teilstreitkraftabzeichen. Die Kokarde der Offiziere war in der Regel die gleiche wie bei den Mannschaften. Schon bald bekam die Mütze auf beiden Seiten je zwei graue Lüftungsnieten, um die Luftventilation zu verbessern.

weich gearbeitet und konnte nach oben geklappt werden. Die Seitenteile waren beim ersten Modell durch zwei Senkel zu verschließen. In Höhe der Ohren befanden sich je vier Löcher, um das Hören zu erleichtern. Diese Öffnungen entfielen beim 2. Modell und die Senkel wurden durch Klettverschluss ersetzt. Ähnliche Wintermützen hatte die Wehrmacht inoffiziell in Anlehnung an russische Fellmützen schon während des zweiten Weltkriegs getragen.

Dieses Mützenmodell hatte sich bewährt und so wurde es unter Verwendung des neuen Fleck-tarnstoffs auch beim Bekleidungssystem-90 übernommen. Abzeichen sind an den Winter-mützen nicht angebracht.

Oben: Feldmütze im Schnitt der Bergmütze, Anfertigung der Firma Peküro, Wupper-tal. Inoffizielles Muster von Offizieren und Heeresberg-führern häufig getragen (GMS BW145/Y)

Unten: Feldmütze in 5-Farb-Tarndruck (GMS BW145/5)

Krempenhut Tropen

Als Kopfbedeckung zur Tropenbekleidung gehört ein Tropenhut aus mittelfeinem Twill mit mehrfach abgesteppter, breiter Krempe, die an beiden Seiten hochgeschlagen und mittels Druckknopf befestigt werden kann. Seitlich angebrachte Hohlnieten sorgen für die Be- und Entlüftung. Mit einem verstellbaren Kinngurt wird ein fester Sitz gewährleistet.

Der Tropenhut wird an Stelle der Feldmütze getragen und in 3-Farb-Tarndruck für den Klimabereich A (heiß/trocken) und in 5-Farb-Tarndruck für den Klimabereich B (heiß/feucht) ausgegeben. Das erste Mal trugen Bundeswehreinheiten bei ihrem UN-Einsatz UNOSOM II in Somalia 1993/94 französische Tropenhüte. Hierbei war die Gebirgsjägerbrigade 23 der Leitverband des 2. Kontingents. Im Anschluss daran wurden eigene Tropenhüte entwickelt und angeschafft, die bei den Einsätzen in heißen Gebieten seitdem getragen werden.

Strickmütze

Oben links: Tropenhut in 5-Farb-Tarndruck (Brig 23)

Oben rechts: Tropenhut in 3-Farb-Tarndruck (Brig 23)

Unten links: Strickmütze aus Perlfang-Gestricke (Brig 23)

Unten rechts: Mütze aus oliv-farbenem Fleecegewebe (Brig 23)

Bereits in der Frühzeit der Bundeswehr gab es eine Helmunterziehmütze als Kälteschutz unter dem Stahlhelm. Seit 2004 erschien als Sonderausstattung eine anthrazitgraue Strickmütze aus 50% Schurwolle und 50% Viskose. Da die Strickmütze sehr aufträgt, ist sie nicht unter dem Gefechtshelm zu tragen. Bei starker Nässeeinwirkung saugt sich das Gestricke auch zu sehr voll Wasser. Die nachfolgende Mütze, die seit 2010 zu Einsatz kommt, ist wesentlich leichter, durch Verwendung von dünnem Viskosefleeces auch unter dem Helm zu tragen und schnell trocknend. Die Innenseite ist frottiert, die Nähte nicht auftragend. Eine Unterdrückung der IR-Signatur soll durch das Kunstfasergewebe auch gegeben sein.

Dienstbluse M1955/56

Die spitz zulaufenden Schulterklappen waren bei den Offizieren mit einer Silberschnur eingefasst, ebenso wie der obere Kragenrand. Bei den Unteroffizieren m.P. war die Krageneinfassung altgoldfarben.

Abzeichen, die sich auf die Zugehörigkeit zur Gebirgstruppe bezogen, gab es bis 1957 nicht. Gerade als Dienstanzug mit Koppel entsprach die Bluse nicht einer praktischen Trageweise und dem Bild eines Soldaten. Beim Sitzen schob sich die Bluse nach oben und verlor ihren Sitz. Die Bluse war unter der Bezeichnung „Affenjacke" oder „Königin Louise-Bluse" in den Soldatenjargon eingegangen. Mit der Einführung der völlig neu gestalteten Uniform 1957 gerieten nach knapp zwei Jahren die Dienstbluse und der Rock auf den Austragetat. Allerdings dauerte es fast bis 1970 bis die letzten Exemplare dieser Kleidungstücke aus der Truppe verschwunden waren. Zuletzt wurden sie noch zum technischen Dienst aufgetragen.

Zur Dienstbluse gehörte ein graues Hemd mit dunkelgrauer Krawatte. Die lange Hose war aus dem selben Stoff wie die Bluse und wurde mit den Stiefeln des Dienstanzugs als Überfallhose und zum Ausgehanzug mit schwarzen Halbschuhen getragen.

Die Uniform der neuen Bundeswehr sollte 1955 ein Aussehen erhalten, das in keiner Weise an die der ehemaligen Wehrmacht erinnerte. So wählte man einen sehr zivilen Schnitt, der keinerlei Ähnlichkeiten mit Uniformen aus der deutschen Vergangenheit hatte. Die Dienstbluse aus schiefergrauem Kammgarn war kurz geschnitten, zweireihig mit drei Paaren altgoldfarbener Knöpfe geschlossen und hatte einen offenen Reverskragen.

Auf dem Kragen wurden bis Juli 1956 Truppengattungsabzeichen aus altgoldfarbenem Metall getragen. Dies traf für die Gebirgstruppe allerdings nicht zu, da deren Aufstellung erst ab diesem Zeitpunkt erfolgte. Als Ersatz kamen farbige Kragenspiegel auf die Krägen, die in der Form und zum Teil auch in den Farben an die Kragenspiegel der Alten Armee und der Wehrmacht angelehnt waren.

Oben: Bluse M1955/56 eines Gefreiten mit Kragenspiegeln der Panzeraufklärer (GMS BW112/56k/9)

Rechts: Wachanzug mit Protokollhelm (Innenhelm) und Webkoppel (GMS BS)

Rock M1955/56

Parallel zur Dienstbluse erhielten die Unteroffiziere m.P. und die Offiziere noch einen langen Rock zum Ausgehanzug. Er war ebenfalls zweireihig geknöpft, hatte einen offenen Reverskragen und seitlich schräg eingeschnittene Taschen ohne Klappen. Der Stoff war mit dem der Bluse identisch. Die Hose war aus dem gleichen Stoff gefertigt. Statt des grauen Hemdes war je nach Anlass ein weißes Hemd gestattet.

Mit Einführung des Viertaschenrocks 1957 wurde der Rock nur noch im Dienst aufgetragen. Mit Verordnung vom 18.10.1957 wurden aus den vorhandenen Beständen Röcke auch an Mannschaften und Unteroffiziere o.P. ausgegeben. Für die Offiziere wurde eine längere Auftragzeit eingeräumt. Ebenso wie die Bluse wurde der lange Rock bei der Gebirgstruppe nie mit den Truppengattungsabzeichen aus Metall, sondern mit Kragenspiegeln ausgestattet. Für Mannschaften und Unteroffiziere waren sie gewebt, für Offiziere silbern handgestickt.

Analog zu den Veränderungen der Uniform wurden Bluse und Rock auch ab Mai 1957 mit dem Gebirgstruppenabzeichen, bzw. ab 1962 mit den Verbandsabzeichen der 1. Gebirgsdivision bzw. der Brigaden getragen.

Oben: Langer Rock M1955/56 eines Leutnants der Gebirgsjäger ab Mai 1957 mit Gebirgstuppenabzeichen getragen (GMS BW112/56I/6)

Links: Langer Rock bei der Vorstellung der neuen Uniformen 1955 (GMS BS)

Schibluse M1957

Mit der Abschaffung der schiefergrauen Uniform durch VMBl. 22.2.1957 kam eine neue Uniform zur Einführung. Dabei erhielt die Gebirgstruppe ein besonderes Bekleidungsstück, die sogenannte Schibluse. Sie war aus grauem Gabardine, im Farbton in etwa wie die bisherigen Uniformen. Der Schnitt lehnte sich an dem der Feldbluse 44 der Wehrmacht an, hatte aber bereits ein konkretes Vorbild in der geplanten Uniform der EVG (Europäische Verteidigungsgemeinschaft) von 1953.

Die Schibluse wurde als "Berganzug" mit Keilhose und Berg/Schischuhen getragen und prägt bis heute das Aussehen der Gebirgstruppe. Interessanterweise wurde die Schibluse im Verordnungsblatt nicht erwähnt, sie taucht in der ZDv 37/10 "Anzugordnung für die Bundeswehr" im Juli 1959 erstmals offiziell als Teil des Dienstanzugs auf.

Die Kragenrevers wurden im Gegensatz zur Bluse von 1955 kleiner, auf der Brust saßen zwei Taschen mit Quetschfalten und geschweiften Klappen. Die sechs Knöpfe aus dunkelgrauem Kunststoff waren durch eine Knopfleiste verdeckt. Der Bund konnte auf beiden Seiten durch eine Schnürung in der Weite verstellt werden, vorne wurde er durch zwei Druckknöpfe geschlossen. Der Rücken war glatt geschnitten, an beiden Ärmeln befanden sich Verschlussriegel, jedoch ohne Funktion.

Für Unteroffiziere war die Kragenkante wie bisher mit einer altgoldfarbenen, gedrehten Schnur eingefasst, für Offiziere mit Silberschnur und für Generale mit Goldschnur.

Die spitz zulaufenden Schulterklappen hatten kein Futter und wiesen bei Offizieren und Generalen eine Kordeleinfassung analog zum Kragen auf.

Die Dienstgradabzeichen auf den Ärmeln für Mannschaften und Unteroffiziere o.P. sowie auf den Schulterklapppen für Feldwebel und Offiziere blieben unverändert.

Ebenso wurden die 1956 eingeführten Kragenspiegel unverändert weiter getragen. Sie waren der einzige Hinweis an der Uniform auf die Waffengattung.

Das Gebirgstruppenabzeichen wurde weiterhin auf dem rechten Ärmel getragen.

Oben: Schibluse M1957 eines Oberfeldarztes. Am linken Ärmel das handgestickte Abzeichen der Ärzte, die Äskulapschlange (GMS BW112/SB1)

Links: Entwurf der EVG–Uniform um 1953. Eine große Ähnlichkeit zur Schibluse, die für die Gebirgstruppe der Bundeswehr 1957 eingeführt wurde, ist offensichtlich.

Gebirgstruppenabzeichen

Mit Erlass vom 4.5.1957 erhielten die Gebirgstruppen ein Ärmelabzeichen. Bei der Gebirgstruppe der Wehrmacht hatte schon ein ähnliches bestanden. Das neue ovale Abzeichen zeigte auf grünem Grund ein Edelweiß mit gelben bzw. goldenen Staubgefäßen, von einer einfachen, silbergrauen Linie eingefasst. Die Tuchunterlage variierte in der Farbe von Wiesengrün über Blaugrün zu Schwarzgrün. Die Stickerei war normalerweise in Silbergrau als Maschinenstickerei ausgeführt, für Offiziere konnten die Blütenblätter in silberner und Staubgefäße in goldener Handstickerei ausgeführt sein. Abgelöst wurde das Abzeichen im November 1962 durch die neuen Verbandsabzeichen.

Laufbahnabzeichen

Oben: Unterschiedliche Ausführungen des Gebirgstruppenabzeichens. Maschinengestickt in Kunstseide oder Lurex, unterschiedliche grüne Tuchunterlagen (GMS)

Links: Die Ärmelabzeichen für Ärzte in silberner Handstickerei und in Maschinenstickerei für Sanitätsmannschaften und -Unteroffiziere. (GMS)

Rechts: Die handgestickten Abzeichen für Zahnärzte, Veterinäre und Apotheker. (GMS)

Als Laufbahn- und Tätigkeitsabzeichen trugen Angehörige des Sanitätsdienstes auf dem linken Unterarm ein entsprechendes, gesticktes Abzeichen in Form eines Äskulapstabes mit Schlange, für Ärzte silbern, handgestickt. Bei Unteroffizieren und Mannschaften mit bestandener Sanitätsprüfung an der Sanitätsschule war das Abzeichen in silbergrauer Maschinenstickerei eingeführt (VMBl. 15.5.1957).

Abzeichen für Zahnärzte, Veterinäre und Apotheker wurden mit VMBl. vom 8.8.1957 festgelegt. Außer für Sanitästmannschaften und -Unteroffiziere wurden die Abzeichen ab 1963 aus Metall auf den Schulterstücken getragen.

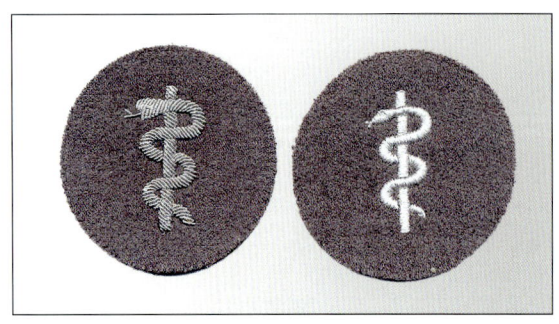

Schibluse M1962

Im Jahr 1962 erfuhr die Heeresuniform einige formale Neuerungen: Das Tuch wurde etwas heller und die Schulterklappen bekamen einen runden Abschluss. Im Gegensatz zum Viertaschenrock kamen bei der Schibluse keine Schulterklappen mit farbigen Vorstoß, bzw. Schulterstücke mit einer steifen Tuchunterlage in der Waffenfarbe zur Einführung. Die Veränderungen der Dienstgradabzeichen auf den Schulterklappen sind im entsprechenden Unterkapitel beschrieben.

Am 27.11.1962 erhielten die Verbände des Heeres ihre Vebandsabzeichen, d.h. höhere Kommandobehörden, Divisionen, Brigaden und Schulen legten auf dem linken Oberarm der Uniform ein gewebtes oder gesticktes Wappen an. Bei der Gebirgstruppe entfiel damit das Edelweißabzeichen auf dem rechten Oberarm, das bisher neben dem Abzeichen für die Luftlandetruppe ein Mittelding zwischen Truppengattungsabzeichen und Verbandsabzeichen eingenommen hatte.

In einem Erlass vom 3. September 1963 wurde ausdrücklich darauf hingewiesen, dass die Schibluse nur mit Keilhose, Bergschischuhen und Dienstmütze (Bergmütze), nicht mit der Schirmmütze getragen werden durfte. Ab den 1980er Jahre war zum Dienstanzug die Kombination von Schibluse und langer dunkelgrauer Hose mit Halbschuhen erlaubt und üblich.

Oben: Schibluse M1962 eines Obergefreiten Unteroffiziersanwärters mit bestandenem Lehrgang, Gebirgsflugabwehrbataillon 8. Träger der Bronzestufe der Schützenschnur. Als Angehöriger der Divisionstruppen am linken Oberarm das Divisionsabzeichen der 1. Gebirgs-Division in maschinengestickter Form (GMS BW112/SB/7)

Links: Seitlicher Schnürbund

Rechts: Schibluse M1962 eines Majors der Gebirgspioniere. Deutsches und französisches Fallschirmspringer- und Einzelkämpferabzeichen (GMS BW112/SB/5)

Verbandsabzeichen

Für die 1. Gebirgsdivision und ihre drei Brigaden entstanden 1962 vier Ärmelabzeichen, die sich an das bestehenden Gebirgstruppenabzeichen anlehnten. Das mit einer schmalen weißen Linie umrandete Edelweiß wurde von einem weiteren Oval umgeben, das bei der 1. Gebirgsdivision weiß mit schwarzen Durchzügen bzw. in handgestickter Ausführung silberfarben war. Bei der Gebirgsjägerbrigade 22 (ab 1981 Panzergrenadierbrigade 22, 1993 aufgelöst) weiß, bei der Gebirgsjägerbrigade 23 rot und bei der Panzergrenadierbrigade 24 (ab 1981 Panzerbrigade 24, 1994 aufgelöst) gelb. Erhaltene Realstücke in Wappenform lassen vermuten, dass man 1962 überlegte, die ovale Form des bisherigen Gebirgstruppenabzeichens zugunsten einer Einheitlichkeit mit den anderen Verbandsabzeichen aufzugeben.

Das Abzeichen der 1. Gebirgsdivision trugen der Divisionsstab sowie die Divisionstruppen. 1994 fusionierte die Division mit dem Wehrbereichskommando VI, wobei alle dem WBK VI unterstellten Dienststellen und Verbände als Gebirgstruppen eingekleidet wurden und das Edelweißabzeichen übernahmen.

Der 1. Gebirgsdivision angegliedert war das Heimatschutzkommando 18 (ab 1981 Heimatschutzrigade 56, 1993 aufgelöst), das ein eigenes Verbandsabzeichen führte. Uniformiert war dieser Verband wie die Gebirgsdivision, also mit der Schibluse etc.

Ebenfalls trug die Gebirgs- und Winterkampfschule naturgemäß Uniform und Ausrüstung der Gebirgstruppe. Das Verbandsabzeichen war das der Infanterieschule.

Oben: Verbandsabzeichen der 1. Gebirgsdivision, rechts daneben Brigade 22, unten links Brigade 23, daneben Brigade 24. Dargestellt sind die Abzeichen in der maschinengestickten Form. (GMS)

Links: Abzeichen der Heimatschutzbrigade 56

Rechts: Wie bei allen Schulen war das Wappenschild mit der entsprechenden Waffenfarbe umrandet. Im Falle der Gebirgs- und Winterkampfschule, die der Infanterieschule angegliedert war, also grün. (GMS)

Rock M1957 und Trageweise ab 1962

Nur drei Jahre nach Aufstellung der Bundeswehr änderte sich das äußere Bild des Soldaten grundlegend. Im Verordnungsblatt vom 22. Februar 1957 wurde ein nun einreihiger Uniformrock mit vier aufgesetzten Taschen und Ärmelaufschlägen eingeführt. Die neuen Röcke, die ab Spätsommer des Jahres zur Truppe kamen, sollten vorerst nur zum Ausgehanzug getragen werden, wobei die alten schiefergrauen Zweireiher zum Dienst aufzutragen waren.

Die neuen Röcke waren aus einem helleren grauen Tuch gefertigt und nahmen den Schnitt der Feldbluse der Wehrmacht wieder auf. Allerdings war der Kragen offen als Reverskragen geschnitten. Die Schulterklappen waren oben spitz zulaufend wie bisher. Die Krageneinfassung für Unteroffiziere, Offiziere und Generale waren auch beibehalten worden. Auf dem rechten Ärmel war das Gebirgstruppenabzeichen angebracht. Knöpfe waren für alle Ranggruppen, außer für Generale, altsilbern.

Die Rangabzeichen für Mannschaften und Unteroffiziere o.P. befanden sich als Streifen oder Winkel auf den Ärmeln.

Zunächst gehörten bei der Gebirgstruppe ein Rock neben zwei Schiblusen zum Ausstattungssoll. Getragen wurde der Rock mit der Schirmmütze – nicht mit der Bergmütze – und mit einer dunkelgrauen langen Hose.

Einige Veränderungen an der Ausstattung der Uniform erfolgten 1962. Die Schulterklappen er-

hielten einen oben runden Abschluss und wurden, ebenso wie der obere Kragenrand, in der Farbe der Truppengattung vorgestoßen. Die Schulterklappen der Offiziere bekamen eine in Waffenfarbe bezogene, steife Unterlage und konnten wieder als Schulterstücke bezeichnet werden. Zeitweise, wenn man die Schulterklappen nicht auswechseln wollte, unterlegte man die spitzen Schulterklappen mit farbigem Tuch.

Ebenso wie an den Schiblusen wurden nun die neu eingeführten Divisions- und Brigadeabzeichen am linken Oberarm angelegt. Das bisherige Gebirgstruppenabzeichen am rechten Ärmel verschwand damit.

Gleichzeitig erhielten die langen anthrazitgrauen Hosen einen Vorstoß in der jeweiligen Waffenfarbe.

Oben: Uniformrock M1957 eines Oberst i.G. der Gebirgsdivision. Spitze Schulterklappen ohne Unterlage, altgoldgarbene Knöpfe (GMS BW112/57/4)

Rechts: Uniformrock M1962 eines Gebirgsjägers. Runde Schulterklappen und Kragen mit waffenfarbigem Vorstoß, Noch mit Gebirgstruppenabzeichen vor Einführung der Verbandsabzeichen (GMS BW112/62/2)

Rock ab 1973

Ab 1973 erfuhr der Viertaschenrock eine erneute Veränderung: Die Ärmelaufschläge fielen weg und das Tuch wurde nochmals etwas heller. Je heller die Rockfarbe wurde, um so dunkler wurde die Tuchhose. Die Vorstöße in Waffenfarbe um den Kragenrand der Mannschaften wurden aus Kostengründen wieder abgeschafft, da sie einen zu großen logistischen Aufwand erforderten. Die Biesen in den Hosen entfielen aus dem gleichen Grund. Generell wurden außer von den Generalen ab 1976 nur noch silberfarbene gekörnte Knöpfe getragen. Für Unteroffiziere m.P. waren nun auch die offiziersmäßigen, handgestickten Kragenspiegel erlaubt. Bisher konnten Unteroffiziere statt der gewebten Spiegel auch mit Lurexfaden maschinengestickte Spiegel verwenden. Im Laufe der Zeit änderte sich auch die Stoffqualität des Rockes hin zu leichteren Geweben und der etwas taillierte Schnitt wurde lockerer und ziviler.

Das Hauptbekleidungsstück in der Gebirgstruppe war und blieb jedoch die Schibluse, weshalb dem Rock nur wenig Bedeutung zukommt.

Da das Gros der Gebirgstruppen keine Barette trug, war üblicherweise die Schirmmütze die Kopfbedeckung zum Rock. Die Bergmütze sah man erst nach Fusionierung mit dem WBK VI öfters, da die Schirmmütze sich nicht mehr im Bekleidungssoll befand.

Oben: Uniformrock 1973 für einen Oberfeldwebel der Panzerbrigade 24. Kammerstück mit noch altsilberfarbenen Knöpfen (GMS BW112/73/12)

Links: Uniformrock eines Oberleutnants des Instandsetzungs-Bataillons 220 der Gebirgsjägerbrigade 22. Helles Tuch und silberfarbene Knöpfe (GMS BW112/73/1)

Gesellschaftsrock M1963

Etwa ab 1960 wurde gerade bei den Militärattachées und Offizieren bei Nato-Stäben der Wunsch nach einer Gesellschaftsuniform immer größer. Die Bundeswehr hatte sich in der Gesellschaft etabliert und wollte auch in der Kleidung nicht außen vor bleiben. Nach einem Wettbewerb kam 1963 die Gesellschaftsuniform zur Einführung. Der Graue Gesellschaftsrock hatte zwei eingeschnittene Schoßtaschen ohne Klappen und war vorne mit vier Knöpfen geschlossen. Der Kragen trug die handgestickten Kragenspiegel; die Rangabzeichen auf den Schulterklappen und das Verbandsabzeichen auf dem rechten Oberarm konnten in handgestickter Ausführung getragen werden.

Zusätzlich war zum großen Gesellschaftsanzug, zu dem auch die Auszeichnungen in Originalgröße angelegt wurden, eine geflochtene silberne, für Generale goldene Fangschnur erlaubt. Die Fangschnur wurde auch zum Dienstanzug von Protokolloffizieren, Attachés und Fahnenbegleitoffizieren angelegt. Der Rock konnte mit weißem Hemd und schwarzem Querbinder und schwarzer Hose, meist mit farbiger Biese getragen werden.

Gesellschaftsanzug M1973

Bereits im Oktober 1973 wurde der graue Gesellschaftsrock durch eine schwarze, kurze Frackjacke mit einem Kragen mit Glanzseidenbesatz und einem Schließknopf mit Kettchen abgelöst. Später kam alternativ eine Smokingjacke mit Schalkragen als Gesellschaftsanzug zur Einführung. Bei beiden Jacken sind sie Schulterstücke handgestickt, ohne waffenfarbige Unterlage. Neben dem weißen Smokinghemd wurden schwarze Hosen mit Seidengalons, Torero- oder Kummerbund getragen.

Oben: Gesellschaftsrock M1963 eines Oberstleutnants im Generalstabsdienst mit großen Ordensdekorationen und Fangschnur (GMS BW112/63/1)

Links: Frackjacke M1973 eines Majors (GMS BW111/73/1)

Rechts: Handgestickte Schulterstücke für Hauptfeldwebel, Leutnant und Major (GMS)

177

Jacke für weibliche Sanitätsoffiziere

Mit der Öffnung der Bundeswehr für weibliche Truppenärzte und Pharmazeuten wurde 1975 eine hellblaue Uniform für Frauen eingeführt. Die einreihige Jacke der Firma Jobis aus Schurwolle mit drei silberfarbenen Knöpfen hatte auf der linken Brust eine aufgesetzte Tasche mit Klappe, sowie zwei weitere jeweils auf dem Schoß auf beiden Seiten. Die Dienstgradabzeichen befanden sich auf mit Silberschnur eingefassten schmalen Tuchriegeln, die anfänglich an der Kragenseite mit einem Metallbügel befestigt waren. Die Schulterstücke waren nur etwa 26 mm breit, sodass eigene Rangsterne und Eichenlaubkränze in verkleinerter Form notwendig waren. Zur Jacke wurden ein gleichfarbiger knielanger Rock oder eine lange Hose getragen. Unter der Jacke standen zur Auswahl eine hellblaue oder weiße Bluse, ein dunkelblauer Blouson oder ein hellblauer Wollpullover.

An der Jacke war das Verbandsabzeichen anzubringen, das teilweise in einer etwas kleineren Form oder in handgestickter Ausführung getragen wurde. Mit Einführung der grauen Uniform für Frauen verschwand die hellblaue Bekleidung sehr rasch.

Jacke für Frauen M1992

Ab etwa 1992 wurde die hellblaue Uniform für Frauen des Heeressanitätsdienstes durch einen grauen Rock ersetzt, der dem der Männer gleicht, jedoch auf die beiden Brusttaschen verzichtet und nach links geknöpft wird. Die Abzeichen wie Kragenspiegel, Schulterklappen/Stücke und Verbandsabzeichen sind mit denen des Rocks ab 1973 identisch.

Seit Januar 2001 steht es Frauen frei, in den Truppendienst auch außerhalb des Sanitätsdienstes einzutreten. Somit ist die graue Jacke für Frauen in allen Truppenteilen anzutreffen.

Unter der Jacke wird eine hellblaue Bluse mit anthrazitgrauem Langbinder getragen. Freigestellt sind ein dunkelgrauer knielager Rock oder lange Hosen mit glatten schwarzen Schuhen.

Zum Ausstattungssoll der weiblichen Soldaten der Gebirgstruppe gehört auch die Schibluse, die allerdings ohne Abänderungen getragen wird.

Oben links: Uniform der weiblichen Sanitätsoffiziere, hier Stabsärztin (Zahnmedizin) (GMS BWw112/1)

Oben: Schulterstücke Stabsärztin, Oberfeldärztin (Zahnmedizin) und Oberstabsapothekerin (GMS)

Links: Jacke für weibliche Soldaten der Gebirgsjäger-Brigade 23 (Brig 23)

Kragenspiegel

Mit Erlass vom 5. Dezember 1956 wurden zur grauen Uniform wieder farbige Kragenspiegel eingeführt. Die Kragenspiegel zeigten zunächst 16 Farben für die verschiedenen Truppengattungen, von denen 1959 drei Farben wieder abgeschafft wurden. Panzergrenadiere erhielten das Grün der Infanterie, Panzerjäger statt Dunkelgrün das Rosa der Panzertruppe und die Quartiermeistertruppe erhielt nach Zusammenlegung mit der Feldzeugtruppe die Bezeichnung Technische Truppe und deren Mittelblau. Generale tragen ponceaurote Spiegel mit goldener Alt-Larisch-Stickerei, wie sie schon seit der Kaiserzeit und in der Wehrmacht üblich war. Offiziere im Generalstabsdienst haben karmesinrote Spiegel mit silberner Kolbenstickerei.
Ursprünglich gab es die Spiegel nur in zwei Ausführungen: handgestickt matt für Offiziere und gewebt für Unteroffiziere und Mannschaften. Offiziersstickereien wurden immer häufiger mit glänzenden Silberfaden hergestellt und Unteroffiziere trugen oft maschinengestickte Spiegel in silbergrauer Kunstseide oder Lurex-Maschinenstickerei. Ab 1972 wurde den Unteroffizieren das außerdienstliche Tragen von Offiziersspiegeln gestattet, was letztlich üblich wurde.
Da in der 1. Gebirgsdivision Einheiten aller Waffengattungen vertreten waren, kommen alle Farbvarianten der Kragenspiegel auch auf der Schibluse vor. Eine spezielle Farbe für Gebirgsjäger wie in der Wehrmacht (hellgrün) gibt es nicht.

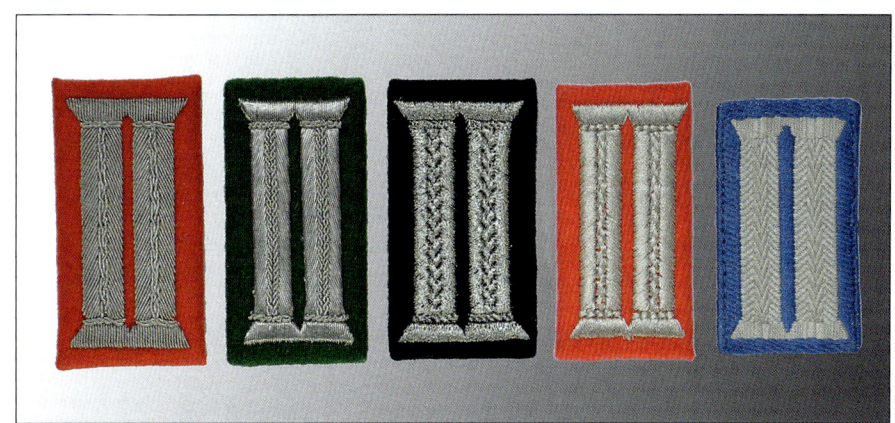

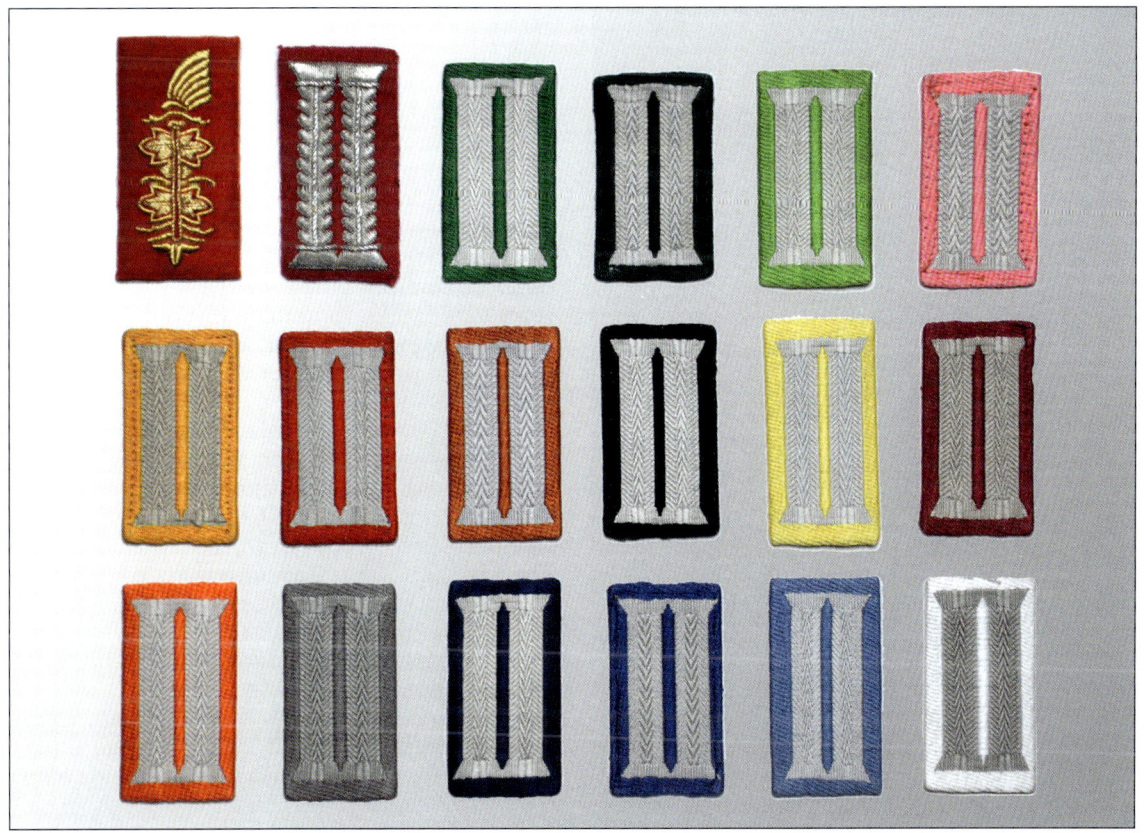

1.Reihe von links: Generale, Offiziere im Generalstabsdienst, Infanterie, Panzerjäger (bis 19.2.1959), Panzergrenadiere (bis 19.2.1959), Panzertruppe.
2. Reihe: Panzeraufklärer, Artillerie, Flugabwehrtruppe, Pioniere, Fernmeldetruppe, ABC-Abwehrtruppe.
3. Reihe: Feldjägertruppe. Heeresfliegertruppe, Sanitätstruppe, Feldzeugtruppe/Technische Truppe, Quartiermeistertruppe (bis 19.2.1959), Militärmusik (GMS)

Oben von links: Kragenspiegel für Offiziere in matter und glänzender Handstickerei, Kragenspiegel für Unteroffiziere m.P. in Maschinenstickerei mit Silberlurexfäden und in Kunstseide. Gewebter Kragenspiegel für Unteroffiziere und Mannschaften (GMS)

Heeresbergführerabzeichen

1958/59 absolvierten dreizehn Offiziere und Unteroffiziere den ersten Lehrgang für Heeresbergführer an der Gebirgs- und Winterkampfschule in Mittenwald-Luttensee. Zum Abschluss erhielten sie das Heeresbergführerabzeichen, das schon auf eine Tradition in der Reichswehr und Wehrmacht zurückblicken konnte.

Das Abzeichen wird in maschinengestickter Form verliehen, meist werden aber an der Schibluse oder dem Rock handgestickte Exemplare getragen. Das Abzeichen ist auf der Mitte der rechten Brusttasche der Schibluse, Feldjacke, Feldhemdes oder entsprechend auf der Gesellschaftsjacke anzubringen.

Das Abzeichen zeigt ein Edelweiß vor gekreuzten Eispickeln auf grünem Grund, umgeben von einem Seilbund mit der Aufschrift „Heeresbergführer".

Dienstgradabzeichen

Oben: Heeresbergführerabzeichen, links handgestickt, rechts maschinengestickt für den Feldanzug (GMS)

Unten von links: Schulterklappe eines Stabsfeldwebels vor August 1957; Oberstabsfeldwebel 1957–1959; Unteroffizier 1959–1962; Oberst 1957–1962 (GMS)

Um die unauffällige graue Uniform in dem betont zivilen Schnitt nicht durch auffällige Abzeichen zu „militarisieren", hatte man 1955 auf farbig unterlegte Schulterstücke und glänzende Metallabzeichen verzichtet. Die Offiziere und Portepeeunteroffiziere erhielten altgoldfarbene Metallwinkel und Rangsterne auf den Schulterklappen. Mannschaften und Unteroffiziere o.P. beigefarbene Streifen und Winkel auf den Ärmeln. Schon ab 1. August 1956 wurden die Rangsterne und Eichenlaubkränze auf den Offi-

ziersschulterklappen altsilberfarben. Die Feldwebeldienstgrade wurden nur durch altgoldfarbene Winkel dargestellt. Der sogenannte Kopfwinkel ab Hauptfeldwebel aufwärts kam erst am 8. August 1957 zur Einführung. Die umlaufende, unten offenen Einfassung mit beiger Kunstseidenborte wurde ab 8. Juni 1959 getragen.

Mit den oben abgerundeten Schulterklappen kam im November 1962 für Mannschaften und Unteroffiziere eine waffenfarbige Paspel und für Offiziere eine farbige Unterlage für den Rock, nicht aber für die Schibluse. Die Sternchen und Eichenlaubkränze wurden in der Zeit um 1970 kleiner und hell aluminiumfarben.

Bis März 1974 unterschieden sich die Mannschaftsdienstgrade durch ein bis drei schräge Streifen an den Ärmeln, die dann durch plastische Balken aus altsilberfarbenem Metall auf den Schulterklappen abgelöst wurden. Die Winkel der Unteroffiziere und Stabsunteroffiziere auf den Ärmeln fielen bereits im November 1962 weg, als die Schulterklappeneinfassungen der Unteroffiziere m. P. und der Stabsunteroffiziere eine unten geschlossene Form erhielten.

Eine Besonderheit zeigt die Schibluse, deren Schulterklappen ab 1962 keinen farbige Unterlage bzw. keinen Paspelvorstoß bekommen hatte. Unteroffiziersanwärter sind am waagrechten Balken auf den Schulterklappen zu erkennen - früher auf den Ärmeln. Offiziersanwärter trugen von 1963 bis 1967 einen hand- oder maschinengestickten Stern auf dem Unterärmel, später eine silberne gedrehte Kordel an der Einsatznaht der Schulterklappe.

Ab 8. August 1957

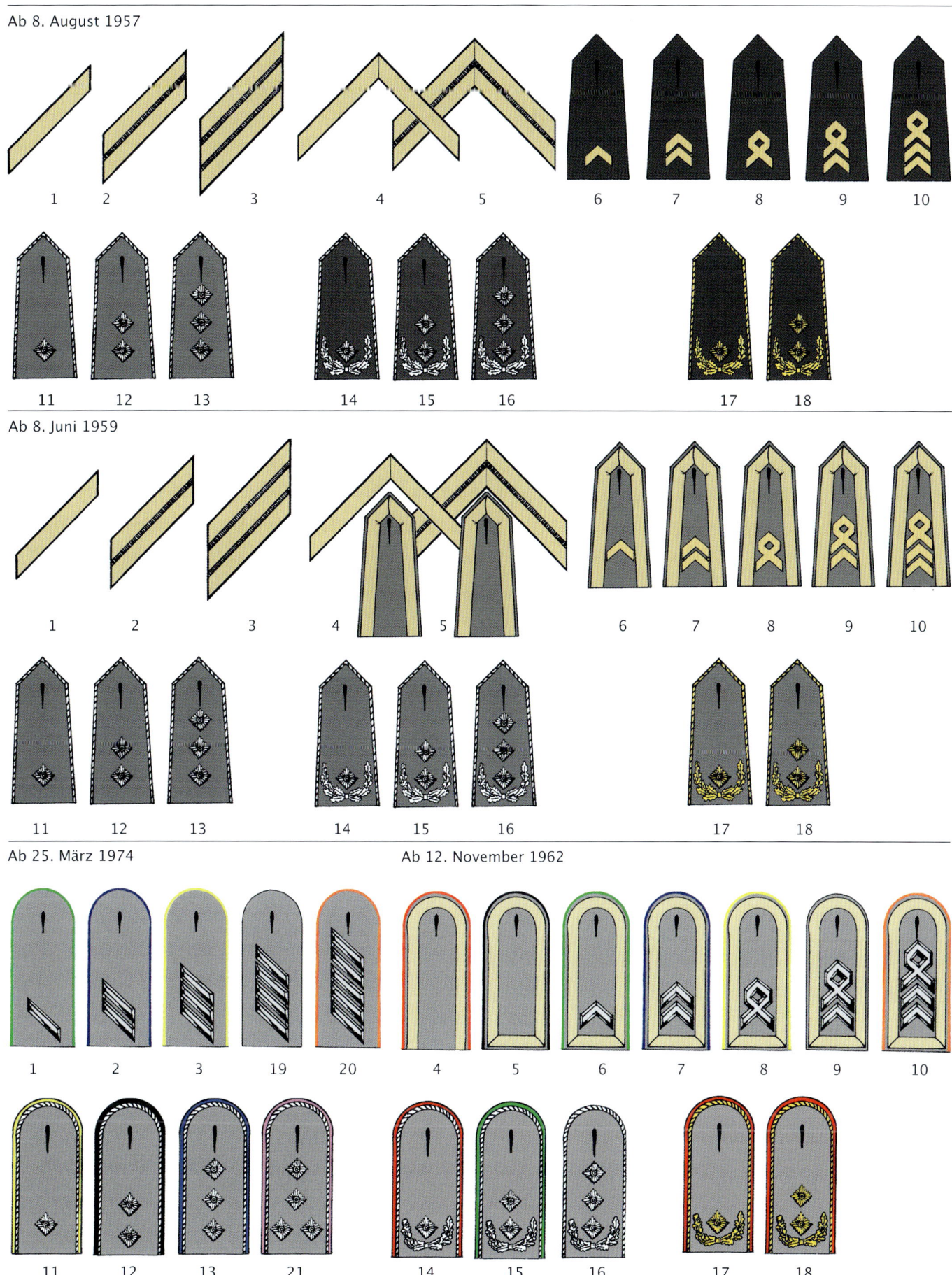

Ab 8. Juni 1959

Ab 25. März 1974   Ab 12. November 1962

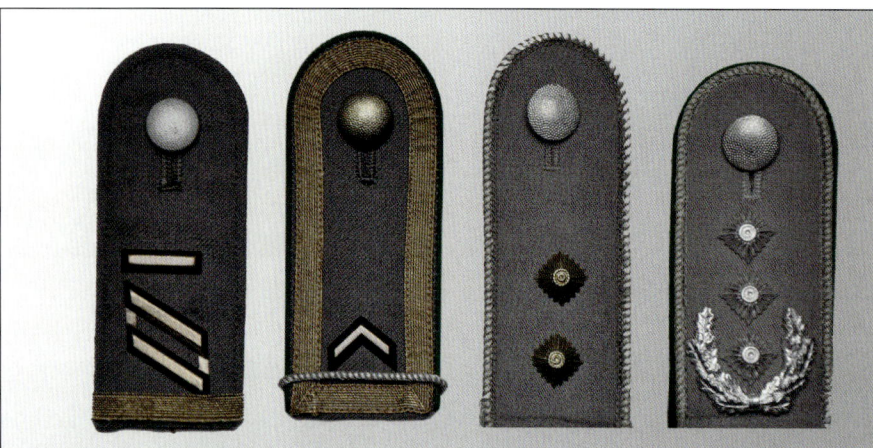

1 Gefreiter
2 Obergefreiter
3 Hauptgefreiter
4 Unteroffizier
5 Stabsunteroffizier
6 Feldwebel
7 Oberfeldwebel
8 Hauptfeldwebel
9 Stabsfeldwebel
10 Oberstabsfeldwebel
11 Leutnant
12 Oberleutnant
13 Hauptmann
14 Major
15 Oberstleutnant
16 Oberst
17 Brigadegeneral
18 Generalmajor (höhere Dienstgrade nicht in
   der Gebirgstruppe)
19 Stabsgefreiter ab 1986
20 Oberstabsgefreiter ab 7. Februar 1996
21 Stabshauptmann ab 1992

Von links: Schulterklappe eines Ober-
gefreiten Unteroffiziersanwärters mit
bestandenem Lehrgang (nach 1974);

Fähnrich, Infanterie; Oberleutnant;
Oberst, Infanterie. Alle in der Form
nach 1962 (GMS)

Hosen zum Dienstanzug

Zum Dienstanzug von 1955 gehörte stets eine lange Hose aus dem selben Stoff wie der Rock bzw. die Bluse, also aus einem schiefergrauen Wollstoff mit zwei eingeschnittenen Hosentaschen und einer Gesäßtasche.

Mit Einführung des Viertaschenrockes kam eine dunkelgraue Hose zur Einführung, die zum Großen Dienstanzug als Überfallhose über den Stiefeln getragen wird. Dazu werden schwarze Hosengummiringe verwendet oder die Hosen mit einem Hohlsaum mit Senkel modifiziert. Mit der Einführung der waffenfarbigen Vorstöße am Rock M1962 erhielten auch die Hosen bis 1969 farbige Biesen.

Zur Schibluse wurde anfangs prinzipiell eine dunkelgraue Keilhose getragen. Später wurde auch die lange graue Hose möglich. Die Keilhose ist aus elastischen Mischgewebe gefertigt. Sie besitzt je zwei Seiten- und Gesäßtaschen sowie in der Anfangszeit auch eine Uhrtasche, die mit knöpfbaren Klappen verschlossen werden.

Für Heeresbergführer und Angehörige der Hochgebirgszüge waren auch dunkelgraue Kniebundhosen getragen worden. Sie besaßen ein verstärktes Gesäß, zwei Seitentaschen und eine Gesäßtasche ohne Klappen.

Links: Hauptmann der Fern-
meldetruppe im Dienstanzug
mit Schibluse und Keilhose
sowie Bergschuhen (WS)

Kampfanzug Tarndruck M1955

Basierend auf den Erfahrungen des Zweiten Weltkrieges hatte man einen speziellen Kampfanzug entwickelt, der mit einem Tarnmuster bedruckt war. Das Flecktarnmuster hatte große Ähnlichkeit mit dem sogenannten Splittermuster der Zeltplane des Heeres der Wehrmacht. Die Jacke wurde vorne herunter mit einem stabilen Reißverschluss geschlossen, der unter einer Verdeckleiste mit sechs Druckknöpfen saß. Auf der Brust und den Schößen waren auf jeder Seite Balgtaschen mit Klappen angebracht, die ebenfalls mit Druckknöpfen zu schließen waren. Der Umlegekragen war relativ groß und konnte hochgeschlagen mittels eines Riegels geschlossen werden. Die Rücken- und Schulterpartie war mit einem gummierten Baumwollgewebe gefüttert, um ein Durchnässen zu verhindern. Innen waren auf beiden Brustseiten noch Taschen für Papiere etc. eingearbeitet. Da anfänglich keine Munitionstaschen vorgesehen waren, sollte die Reservemunition in den großen Brusttaschen verstaut werden. Die Ärmel waren mit Bündchen verschließbar und ein Schnurzug gestattete es, die Jacke nach unten zuzuziehen. Auf den Achseln saßen spitz zulaufende Schulterklappen. Die Kapuze diente auch als Tasche für die Zeltplane, sie konnte mit Knöpfen am Kragen befestigt werden. Gewebte Dienstgradabzeichen bzw. Balken und Winkel wurden auf den Oberarmen aufgenäht. Zum Kampfanzug gehörte eine Hose im gleichen Material, die im Schnitt mit der Hose des Arbeitsanzugs identisch war. Einziger Unterschied, unter dem Knie und an der Hinterseite der Beintaschen befand sich ein Riegel mit Druckknopf, der es erlaubte, das Hosenbein enger zu machen. Zur Hose gehörte ein Textilgürtel aus gleichem Stoff und ein Paar Hosenträger, die der Hose erst den richtigen Halt verliehen.

Oben: Jacke des Kampfanzugs Tarndruck mit Kapuze eines Stabsunteroffiziers (GMS BW1192/1)

Links: Hose zum Kampfanzug Tarndruck (GMS BW1342/1)

Rechts: Riegel zur Verstellung der Weite der Hosenbeine

Oben: Plüschanzug als Kälteschutz, bestehend aus Jacke und Hose (GMS BW1192/4)

Links unten: Panzergrenadiere mit Feldanzug Tarndruck

Unten: Drei Infanteristen mit amerikanischem Carabine M1 bewaffnet. Unter dem Kampfanzug das graue Hemd mit Krawatte. (GMS BS)

Der Kampfanzug kam erst im Herbst 1956 zur Truppe und es dauerte, bis vorläufige Ergebnisse über die Verwendbarkeit des Anzugs unter verschiedenen Klimaverhältnissen vorlagen. Sehr schnell hatte man erkannt, dass der etwas steife, imprägnierte Baumwollstoff eine hohe Geräuschentwicklung hatte. Auch das Öffnen und Schließen eines Reißverschlusses war nicht lautlos möglich. Der Stoff war zwar weitgehend winddicht, wasserabweisend und flammhemmend, ließ aber kaum Körperfeuchtigkeit nach außen und wärmte bei kalter Witterung ungenügend.

Für den Winter hatte man ab Juli 1956 einen Unterziehanzug aus olivfarbenem Teddyplüsch ausgegeben, der mit angenähten Bändern geschlossen wurde. Jacke und Hose konnten unter dem Arbeitsanzug oder dem Kampfanzug getragen werden. Als Winterausrüstung für die Gebirgstruppe war diese Lösung jedoch ungenügend und man plante schwere Winterbekleidung, die jedoch nicht mehr realisiert wurde. Die Erfahrungen der Herbstmanöver 1957 führten zu dem Entschluss, einen völlig neuen Feldanzug zu entwickeln. Ab Einführung des neuen jagdmelierten Kampfanzugs 1959 wurde der bisherige aufgetragen, was teilweise bis 1970 geschah.

Arbeitsanzug M1955

Neben dem grauen Dienstanzug gehörte zur ersten Grundausstattung der neuen Bundeswehr der olivfarbene Arbeitsanzug. Dies war ein neuer Anzug, den es in der ehemaligen Wehrmacht nicht gegeben hatte. Anfänglich dienten die Kleidungsstücke bis zur Ausrüstung mit dem tarndruckfarbigen Kampfanzug auch für den Wach- und Felddienst.

Der Arbeitsanzug war aus in Fischgrätstruktur gewebter Baumwolle gefertigt. Die Jacke war mit fünf Kunststoffknöpfen unter verdeckter Knopfleiste geschlossen, hatte zwei aufgesetzte Brusttaschen mit geschweiften Klappen. Der Kragen konnte geschlossen oder offen getragen werden. Die Ärmelbünde waren mit einem Riegel und zwei Knöpfen geschlossen. Schulterklappen liefen spitz zu, trugen anfänglich Dienstgradabzeichen aus Metall (Winkel, Kopfwinkel, Sterne, Eichenlaub), die von gewebten Aufschiebeschlaufen abgelöst wurden. Mannschaften und Unteroffiziere o.P. waren durch hellgraue Streifen oder Winkel auf den Oberarmen gekennzeichnet. Die ursprünglich auch auf dem Kragen des Arbeitsanzugs getragenen Waffengattungsabzeichen aus Metall fielen mit deren Abschaffung ersatzlos fort.

Die zugehörige Hose war auffallend weit geschnitten und besaß auf den Oberschenkeln große, aufgesetzte Taschen mit Klappen sowie eine Gesäßtasche und senkrecht eingeschnittene Hosentaschen, die nicht verschließbar waren. Die Beinöffnungen hatten einen Hohlsaum mit Senkelzug, um die Hose als Überfallhose zu tragen. In der Regel wurde die Jacke in der Hose getragen, was sich allerdings oft als schwierig erwies, weil die Jacke mit der Hose nicht verbunden werden konnte und deshalb aus dieser herausrutschte.

Da der Stoff nicht genügend nässefest war und einen raschen Verschleiß zeigte sowie leicht einlief, wurde der Arbeitsanzug ab 1959 aufgetragen und ersetzt.

Oben: Jacke zum Arbeitsanzug aus Baumwollköper (GMS BW1193/1)

Unten rechts: Die sehr weit geschnittene Hose mit zwei großen Beintaschen (GMS BW134/55/1)

Unten links: Charakteristisch für den Arbeitsanzug war das gewebte Fischgrätmuster

185

Kampfanzug jagdmeliert 1958

Der Kampfanzug Tarndruck lief erst ab 1956 der Tuppe zu und zeigte bald seine Unzulänglichkeiten. Geräuschentwicklung, langsames Trocknen, ungenügende Ventilation und Temperaturisolation etc. Man änderte das Konzept und führte ab 1958 Trageversuche mit einem einfarbigen, bräunlich-olivfarbenen Kampfanzug durch, der aus einem Mischgewebe aus 90% Schurwolle und 10% Polyamid bestand. Im Schulterbereich der Feldbluse war eine Kunststoffeinlage eingearbeitet, um ein Durchnässen zu verhindern. Die Ärmel waren an den Ellenbogen verstärkt, auf der Brust saßen zwei mit einer Klappe verschließbare Taschen mit Quetschfalte. Unter einer verdeckten Knopfleiste waren vier Kunststoffknöpfe angebracht, die die Feldbluse schlossen. Eine neue Vorrichtung bestand aus zwei vorne aufgenähten Streifen mit Laschen, mit denen man die in die Hose geschobene Jacke mit dieser fest verbinden konnte. Die Jacke konnte aber auch über der Hose getragen werden.

Das wohl unbeliebteste Kleidungsstück der Bundeswehr war dieser Kampfanzug jagdmeliert, der allgemein unter der Bezeichnung „Filzlaus" in die Geschichte einging. Er konnte nur mit langer Unterwäsche getragen werden, da der Stoff sehr kratzte, andererseits war er dann im Sommer wieder zu warm.

Die einzige Änderung, die die Feldbluse in ihrer Tragezeit erfuhr, war die Änderung der spitz zulaufenden Schulterklappen in runde, wie dies an allen Uniformstücken im November 1962 geschah. Die Dienstgradabzeichen bestanden aus gewebten Aufschüben auf den Schulterklappen bzw. für Mannschaften und Unteroffiziere o.P. aus Streifen und Winkeln, die auf den Oberarmen aufgenäht waren.

Bei der Gebirgstruppe war zum Kampfanzug jagdmeliert eine Kniebundhose aus dem gleichen Wollstoff eingeführt worden. Neben den beiden Hosentaschen waren an den Oberschenkeln noch große Taschen mit Quetschfalte angebracht, sowie eine Gesäßtasche. Zu der Kletterhose wurden lange olivfarbene Wollstrümpfe und Bergschuhe getragen. Die Wollstrümpfe verursachten allerdings bei den Trägern auch großen Juckreiz. Einzig das Schiffchen aus Schurwolle blieb den Gebirgstruppen erspart, sie trugen die Bergmütze oder die bisherige Feldmütze des Arbeitsanzugs.

Schon im Laufe der 1960er Jahre wurde die „Filzlaus" vom Moleskinanzug abgelöst und nur noch im Winter getragen, bis sie ab 1976 ganz aus der Truppe verschwand bzw. bei den Mob-Reservisten liegen blieb.

Oben: Feldbluse zum Kampfanzug jagdmeliert eines Hauptfeldwebels, in der ersten Form mit spitzen Schulterklappen (GMS BW190/58/1)

Links: Kniebundhose der Gebirgstruppe zum Kampfanzug jagdmeliert (GMS BW134/58G/1)

Feldjacke (Kampfjacke, Parka) 1960

Wegen der unzureichenden Bekleidung bei Kälte kam 1960 ein entsprechendes Bekleidungsstück zur Einführung: die Feldjacke, ursprünglich Kampfjacke, besser bekannt unter der Bezeichnung Parka. Vorbild war eine Wetterjacke der US-Armee mit einknöpfbarem Futter und Kapuze, etwas länger als der graue Viertaschenrock. Verschlossen wurde der Parka durch einen Reißverschluss und eine darübergeschlagene Blende mit fünf Knöpfen. Das Futter bestand beim ersten Modell aus einem wattierten Steppfutter aus Kunstseide. Das zweite Modell mit runden Schulterklappen hatte ein Wirkplüschfutter, das ebenfalls ausknöpfbar war.

Der Parka hatte zwei eingearbeitete Brusttaschen mit Klappen und eine Innentasche sowie zwei große, schräg eingeschnittene Hüfttaschen, die ebenfalls mit einer Klappe verschließbar waren. An Abzeichen wurden nur am Oberarm das Nationalitätenabzeichen getragen und die gewebten Dienstgradaufschübe auf den Schulterklappen.

Die ausgesonderten Parkas waren in den 1960/70er Jahren die begehrtesten Kleidungsstücke der zivilen Jugend geworden.

Heeresbergführeranorak

Als leichtes Kleidungsstück gegen Wind und Regen erhielten die Angehörigen der Hochgebirgszüge und Bergführer eine Jacke aus einem dichten Baumwollgewebe mit Kapuze. Geschlossen wurde der Anorak mit einem Reißverschluss, der Bund und die Kapuze konnten mit Senkeln zugezogen werden. Auf der Brust waren zwei Taschen mit Quetschfalte und zuknöpfbarer Klappe aufgesetzt. Die Ärmel konnten am Handgelenk mit einem Bändchen und einem Klemmwalzenmechanismus zugezogen werden. Innen waren noch Bänder und Knöpfe angenäht, mit denen man den Anorak im Schritt fixieren konnte, um ein Hochrutschen zu vermeiden. Offensichtlich gab es leichte Varianten im Schnitt und im Material.

Da der Anorak keine Schulterklappen besaß, wurden die Dienstgradabzeichen auf den Ärmeln unter dem Nationalitätenzeichen aufgenäht.

Oben: Parka, 2. Typ mit olivfarbenem Webpelzfutter (BAM 544/74).

Unten: Bergführeranorak eines Oberstabsfeldwebels (GMS BW110/4)

Feldanzug Moleskin M1963

Der jagdmelierte Kampfanzug war zwar wärmer als der alte Flecktarnanzug mit darunter getragenem Arbeitsanzug, konnte aber wenig Sympathien gewinnen. Zunächst als Arbeitsanzug kam ab 1963 der Anzug aus Baumwoll-Moleskin zur Einführung. Im Schnitt glich er der „Filzlaus", ließ aber in der Kombination mit Unterhemd, Feldhemd, Pullover und Feldjacke (Parka) eine temperaturangepasste Trageweise zu. So löste der Moleskinanzug ab 1976 den jagdmelierten Feldanzug ab.

In den fast 40 Jahren, in denen dieser Anzug Standardbekleidung war, fanden natürlich einige Modifikationen statt. Die beiden an der Vorderseite aufgenähten Schlaufenbänder, an denen man die Jacke mit der Hose verbinden konnte, fielen in den 1990er Jahren weg. Die beiden Brusttaschen wurden etwas größer und bekamen Blasebalgform und eine geänderte Klappenform, ebenso waren in den 1980er Jahren die Ellbogenverstärkungen weggefallen.

Rangabzeichen wurden wie am jagdmelierten Feldanzug in Form von olivfarbenen Aufschüben auf den Schulterklappen getragen. Die grau-weiß gewebten (Generale gelb) Abzeichen wurden in den 1980er Jahren oft von schwarz gewebten abgelöst. Am Ärmelansatz der Schulterklappen zeigten farbige Baumwolllitzen die Zugehörigkeit zur

Oben: Feldbluse, Moleskin, 2. Typ ohne Ärmelverstärkung und Taschenquetschfalten. Hauptfeldwebels des Gebirgsartillerie-Bataillons 81 (GMS BW119/80/1)

Links: Feldbluse Moleskin, 3. Typ ohne Ärmelverstärker und Hosenbefestigungsband sowie größeren Brusttaschen. Hauptmann der Fernmeldetruppe (GMS BW119/90/1)

Rechts: Kniebundhose zum Moleskinanzug der Gebirgstruppen (GMS BW134/63G/1)

Waffengattung an. Ansonsten wurden Auszeichnungen und Tätigkeitsabzeichen in maschinengestickter oder gewebter Form getragen.

Die Hose hatte ursprünglich den weiten Schnitt des Feldanzugs, der im Laufe der 1970er Jahre zugunsten einer enger geschnittenen Hose, ohne Seitentaschenklappen mit kleineren Beintaschen ersetzt wurde. So verlor die Hose im Laufe der Jahre auch die Gesäßdoppelung und den Knopf zum Verschließen der Hosentaschen.

Neben der langen Hose, die mittels eines Schnurzugs als Überfallhose getragen wurde, war bei der Gebirgstruppe die Kniebundhose im Gebrauch. Der Bund war anfänglich mittels einer Messingschnalle verstellbar, später durch Klettverschlussband. Dazu wurden die Bergschuhe und lange graue Wollstrümpfe und gegebenenfalls Nässeschutzgamaschen getragen. Die Kniebundhose in Verbindung mit der grauen Bergmütze schuf das typische Bild des Soldaten der Gebirgsdivision.

Oben: Hose zum Moleskinanzug in der 1. Form mit großer Beintasche (GMS BW134/63/1)

Unten: Hose zum Moleskinanzug in der letzten Form (GMS BW134/70/1)

Rechts: Soldaten des GebFlaBtl 8 angetreten mit Kniebundhose und Kletterstrümpfen zum Moleskinanzug. Foto 1979, Traunstein.

Feldanzug Tarndruck

Mit dem Bekleidungssystem 90 wurde ein Bekleidungssystem entwickelt und eingeführt, das auf dem Zwiebelschalenprinzip basierte. Mehrere Bekleidungsschichten in variierender Zusammenstellung erlauben eine optimale Abstimmung auf die klimatischen Erfordernisse. Über der langen (Winter) oder kurzen (Sommer) Unterwäsche wird der Feldanzug getragen, der als Kälteschutz mit einer Unterziehjacke und -hose kombiniert wird. Darüber die Feldjacke und gegebenenfalls die Unterjacke/-hose als Nässeschutz.

Das neue Bekleidungssystem brachte auch äußerlich mit der 5-Farb-Flecktarnung ein völlig neues Aussehen der Truppe mit sich. Die neuen Textilien, bei denen man stark Wert auf die physiologischen Eigenschaften legte, wurden in einem fünffarbigen Flecktarnmuster konzipiert. Durch die neuen Aufgaben der Bundeswehr nach der Wiedervereinigung besteht auch die Forderung, in anderen als mitteleuropäischen Klimabereichen einsatzfähig zu sein. Ergänzend dazu wird in heiß/trockenen Regionen ein helleres dreifarbiges Tarnmuster verwendet, wobei die Stoffqualitäten auch leichter sind. Die Feldbluse besteht aus 65% Baumwolle und 35% Polyester und übernahm den letzten Schnitt der Moleskinjacke, nur der Frontreißverschluss und die Druckknöpfe der Knopfleiste sind neu. Die Feldbluse Tropen besteht aus einem Gewebe aus 80% Baumwolle und 20% Polyester.

Oben: Feldbluse im 5-Farb-Tarndruck eines Oberstabsfeldwebels (Kompaniefeldwebel) der Sanitätstruppe (BAM 329/10)

Links: Feldbluse und Hose im 3-Farb-Tarndruck für Klimazone heiß/trocken (BAM)

Feldjacke, Kälteschutz, Nässeschutz

Der klassische Parka von 1960 erhielt in der Feldjacke Tarndruck seinen Nachfolger. Geschlossen wird diese mit einem Reißverschluss und Druckknöpfen. Er besitzt eine angenähte Kapuze, jeweils zwei Brust- und Seitentaschen sowie eine Ärmeltasche für Kompass und Schreibzeug. Als Material kommt ein 300 g/qm Mischgewebe aus 65% Baumwolle und 35% Polyester zur Verwendung. Die Ausführung für heiß/trockene Gebiete mit 3-Flecktarnung entspricht in der Materialqualität der Feldjacke Tarndruck mit 5-Farb-Tarndruck. Dienstgradabzeichen werden auf den Oberärmeln unter dem Nationalitätenzeichen mit Klettband befestigt.

Hatte der frühere Parka ein einknöpfbares Futter, so trägt man heute als Kälteschutz eine Unterziehjacke und Hose aus dreilagigem Steppmaterial mit Strickkragen und Strickärmelbündchen. Bei der Hose ist der Bund an den Nieren besonders weit hochgezogen. Die Unterziehjacke Kälteschutz wird zwischen Feldjacke und Feldbluse angezogen. Die dazugehörige Kälteschutzhose wird unter der Nässeschutzhose getragen.

Neben der Feldjacke mit dem Kälteschutzanzug kam mit dem Bekleidungssystem 90 auch eine Nässeschutzjacke mit entsprechender Hose zur Einführung. Der Schnitt der Jacke entspricht dem der Feldjacke, ist aber aus einem dreilagigen Laminat mit einem Flächengewicht von 200 g/qm mit speziellen bekleidungsphysiologischen Eigenschaften gefertigt und weitgehend wasserdicht.

Oben: Feldjacke in Dreifarb-Flecktarnung für trocken/ heiße Klimabereiche (Brig 23)

Oben rechts: Feldjacke Tarndruck (Brig 23)

Rechts: Unterziehjacke und Hose Kälteschutz (Brig 23)

191

Schneetarnbekleidung

Da es zu Beginn der Bundeswehr keine Kleidungsstücke gab, die man als Wendetarnanzüge mit einer weißen Seite nutzen konnte, wurde nach einer Erprobungsphase ein Schneetarnumhang eingeführt, der so weit geschnitten war, dass er den Mann samt Ausrüstung einhüllte. Mit eingenähten Bändern wurde er um den Leib fixiert. Eine Kapuze war fest angenäht. Der Mantel hatte eine rein weiße Seite und eine solche mit grünen Flecken, die an Nadelholzzweige erinnerten. Da der 150 x 200 cm große Poncho sehr hinderlich war, kam bald ein zweiteiliger Schneetarnanzug zur Truppe.

Das Material war etwas fester, aber auch mit beiden Seiten zu verwenden. Die weit geschnittene Jacke war über der Brust doppellagig mit weißen Kaseinknöpfen verschlossen. Auf der Brust befand sich eine aufgesetzte Balgtasche mit Klappe, ansonsten waren Taschendurchgriffe und Schlitze zur Durchführung der Gepäckgurte eingearbeitet. Die Kapuze war anknöpfbar. Die Hose war entsprechend mit Bändern an den Knöcheln festzubinden. Um 1985 kam ein neues, etwas längeres Modell mit Reißverschluss und angearbeiteter Kapuze.

Die modernen Schneetarnanzüge bestehen aus reinweißem Spinnvliesgewebe mit hohem UV-Reflexionsvermögen und IR-Absorbtion. Für den Truppengebrauch außerhalb von Spezialeinheiten hat man heute billige Reinraum-Overalls aus einem papierartigen Material eingeführt, die den Tarnzweck im allgemeinen auch erfüllen.

*Links: Schneetarnanzug
1. Modell mit Knöpfen
(GMS BW1192/W1)*

Unten: Gebirgsjäger in Wintertarnung mit Gepäck

*Links unten: Schneetarnanzug 2. Modell
(GMS BW1192/W2)*

Stiefel

War es bei der Gründung der Bundeswehr zu heftigen Diskussionen über die Form des Stahlhelms gekommen, so fand man auch beim Schuhwerk ein Thema, das die Gemüter erhitzte. Die halbhohen Stiefel, die seit Kaiser Wilhelms Zeiten – als Knobelbecher bezeichnet – das Bild des deutschen Soldaten prägten, wollte man nicht in einer demokratischen Armee. Mit den Knobelbechern assoziierte man den preußisch-deutschen Militarismus. Wesentlich demokratischer empfand man Schnürstiefel, wie sie bei den Amerikanern getragen wurden. So kam ein hoher Schnürstiefel zur Einführung, der aber über dem Knöchel in einer angenähten Gamasche endete. Diese Hybridkonstruktion hatte man schon seit 1863 in Bayern gekannt und damit mehr oder minder gut die Feldzüge von 1866 und 1870/71 absolviert. Auch in der ehemaligen Wehrmacht hatte dieser Stiefel schon einen erfolglosen Truppenversuch hinter sich. Der als "Knorpelschnürstiefel" bezeichnete Schuh zeigte sich aber auch in der Bundeswehr sehr schnell als Fehlkonstruktion. Die Beschaffung wurde im Frühjahr 1956 eingestellt und es begann eine neue Phase von Truppenversuchen. Inzwischen trug man geschnürte Halbstiefel mit Ledergamaschen zum Dienstanzug oder mit olivfarbenen Segeltuchgamaschen zum Arbeits- und Kampfanzug. Diese Kombination konnte jedoch nur eine Übergangslösung sein.

Links: Pionieroffizier im Arbeitsanzug, 1955, mit dem ersten Muster des Kampfstiefels mit angenähten Ledergamaschen (GMS BS)

Rechts oben: Schnürhalbstiefel mit Ledergamaschen (GMS BW291/1-294)

Rechts mitte: Schnürschuh mit Segeltuchgamaschen zum Arbeitsanzug (GMS BW291/1-295)

Rechts unten: Bei der Schießausbildung um 1956. Segeltuchgamaschen zum Arbeitsanzug (GMS BS)

Unbestritten waren die guten Erfahrungen während des 2. Weltkriegs mit dem Knobelbecher. Nach umfangreichen Truppenversuchen kam deshalb im Sommer 1957 der wadenhohe Schaftstiefel wieder ins deutsche Heer. Um jedoch einen Unterschied zum "faschistischen" Knobelbecher zu haben, war der neue nicht genagelt sondern hatte eine Gummiprofilsohle und besaß am Oberrand eine Lasche mit Zugschnalle, die jedoch ohne Funktion war. Sie erhielt deshalb die Bezeichnung "Demokratenschnalle". Bei der Truppe erfreute sich der Stiefel großer Beliebtheit und selbst lange über die offizielle Austragzeit nach 1971 sah man den Knobelbecher oftmals bei Reservedienstleistenden im Gebrauch.

Doch mit dem 24. Mai 1971 hatte die Knobelbecherära auch ihr Ende gefunden. Ein hoher Schnürstiefel, in der Art des Fallschirmspringerstiefels, kam zur Truppe. Das Besondere dieses Stiefels war die braune Farbe, die eine günstigere Infrarotsignatur gewährleisten sollte. Probleme hatte man diesmal nicht mit den Trageeigenschaften, sondern mit der Pflege: Weder braune Schuhcreme noch passende Bürsten waren bei der Truppe vorhanden.

Als man sich bewusst wurde, dass die Infraroteigenschaften des Schuhwerks nicht gefechtsentscheidend sein konnten, kam ein neuer Kampfstiefel zur Einführung. Ab März 1977 waren die Stiefel wieder schwarz und in der Schnittform optimiert. 1993 wurde das bis dahin bewährte Modell durch eine nochmals überarbeitete Version abgelöst. Eine weitere Verbesserung erfolgte durch einen voll gefütterten Schaft sowie eine Dehnfalte über dem Fersenbereich und offene Schnürhaken. 2006 kam ein erneut modifiziertes Modell mit angespritzter Gummisohle zur Truppe.

Oben: Der Knobelbecher mit der überflüssigen Dornschnalle (GMS BW292/1)

Mitte: Der braune Schnürstiefel von 1971 (GMS BW292/2)

Unten: Ab 1977 eingeführter Kampfstiefel, hier die zweite Version (GMS BW292/3)

Unten links: Für den Einsatz in heiß-trockenen Tropeeinsatzgebieten wurde ein eigener Stiefel entwickelt. (BAM)

Berg- und Schischuhe

Gerade bei der Gebirgstruppe spielt die Anpassung der Ausrüstung und Bekleidung an die Gelände- und Klimabedingungen der Einsatzgebiete eine besondere Rolle. So war von Anfang an gerade das Schuhwerk im Zentrum des Interesses gestanden. Mit der Ausrüstung der Gebirgstruppen kam mit Schibluse, Keilhose und Kletterhose der Bergschuh zu den entsprechenden Verbänden. Generell konnte man Muster aus dem zivilen Alpinismus verwenden. Die anfänglich schweren eisenbeschlagenen Lederschuhe mussten sowohl als Bergschuh, als auch als Schischuh verwendet werden.

Neben Klettern und Schifahren in Eis und Schnee sind gerade Gebirgsverbände in Operationen in außereuropäschen Länder mit extremen, auch tropischen Klimata eingesetzt. Für extreme Kälte im Temperaturbereich bis –54°C kam der Mukluk, ein kanadischer Kälteschutzstiefel fallweise zur Verwendung.

Die durch den Alpinsport sich rasant entwickelnden Schuhe mit neuen Materialien bescherten der Truppe den zweiteiligen Berg-Schischuh und den Bergschuh, leicht, der auch gerne bei anderen Verbänden getragen wird.

Oben: Bergstiefel aus der Anfangszeit der Bundeswehr (BAM)

Mitte links: Bergstiefel zur Verwendung als Schischuh für Kandaharbindung aus den 1960er Jahren. (BAM)

Mitte rechts: Bergstiefel (GMS)

Unten links: Der zweiteilige Berg-Schischuh, dessen Innenschuh auch als Hüttenschuh verwendet werden kann. (BAM)

Unten rechts: Leichter Bergschuh aus schwarzem Waterproofleder mit einem vierlagigen Membranfutter (BAM)

Gamaschen, Strümpfe

Die Kniebundhose des Feldanzugs der Gebirgstruppe erforderte im Hochgebirge oder bei Schnee die Verwendung von Gamaschen. Dazu erhielten Heeresbergführer und die Hochgebirgszüge spezielle Segeltuchgamaschen mit Lederberiemung, die bis zum Wadenansatz hinaufreichten.

Um den Nässe- und Schneeschutz zu verbessern, bekamen die Gebirgstruppen hohe bis zum Knie reichende Gamaschen, zunächst aus steingrau-olivfarbenem Segeltuch. In den 1970er Jahren wechselte das Material zu wasserdichtem Gummimaterial. Ein Manko war allerdings, dass die Gamaschen als Schlauch gefertigt waren und nicht mit angezogenen Schuhen zu wechseln waren. Darauf folgten Gamaschen aus gefüttertem Polyamidgewebe, die seitlich durch Reißverschluss und Klettband geöffnet werden konnten. Für das Bekleidungssystem 90 wurden die Gamaschen im Flecktarnmuster ausgegeben.

Wenn nicht die Keilhose getragen wurde, war zum Arbeits- und Feldanzug eine Kniebundhose verbindlich, zu der graue, später olivfarbene, gestrickte Kletterstrümpfe gehörten. Zur grauen Kniebundhose des Dienstanzugs der Heeresbergführer bzw. Hochgebirgszüge standen steingraue Kletterstrümpfe auf dem Bekleidungssoll.

Zu den Kampfschuhen wurden halblange graue Stiefelsocken getragen, deren Qualität anfänglich eher bescheiden war.

Zu den hier nicht weiter beschriebenen Halbschuhen des Dienstanzuges gehören seit Beginn der Bundeswehr schwarze Socken, für die Sportschuhe weiße Sportsocken, die in der ersten Ausführung zwei blaue Ringe um den Bund zeigten.

Oben: Halbgamaschen aus Segeltuch für die Heeresbergführer und Hochgebirgszüge (GMS BW2942/1)

Mitte: Nässeschutzgamaschen aus Polyamidgewebe, die später auch im Fünffarbtarndruck ausgegeben wurden, mit Reißverschluss und Klettverschluss (GMS BW2941/8)

Unten: Lange Strümpfe für die Kniebundhose und graue Stiefelsocken (GMS)

Links: Segeltuchgamasche und Polyestergamasche in Schlauchform (BAM 731/82)

Handschuhe, Kälteschutz

Zur Erstausstattung des Heeres wurden graue Strickhandschuhe mit angestricktem Pulswärmer ausgegeben. Naturgemäß waren die Wollhandschuhe zwar warm, aber unbefriedigend strapazierfähig. Zur Verrichtung von Arbeiten an Waffen oder technischem Gerät zeigten sie sich auch nicht gerade geeignet. Auch das Nachfolgemodell, das sich an amerikanischen Strickhandschuhen orientierte, war nicht befriedigend. Unteroffiziere und Offiziere beschafften Wildleder- oder graue Nappalederhandschuhe, die zum Dienst- oder Ausgehanzug getragen wurden. Für Mannschaften kamen graue Lederhandschuhe, gefüttert und ungefüttert zur Ausgabe, wobei die gefütterten zum Feldanzug zu verwenden waren.

Zum ersten Flecktarnkampfanzug gehörten Fausthandschuhe mit separatem Zeigefinger, die aus Tarnstoff und grauem Leder gefertigt waren. Dieses Muster blieb der Truppe als Überhandschuh bis in die heutige Zeit erhalten, jedoch aus wechselnden Materialen wie steingrauolivem Stoff, Parkastoff, oder 5-Farb-Flecktarnstoff.

Zur Zusatzausstattung von Gebirgseinheiten zählt ein spezieller Überhandschuh Winter, der mit einem dreilagigen wasserdampfdurchlässigen Laminat gefüttert ist und zusammen mit einem Lederhandschuh bis -25°C Schutz bietet.

Nach Wegfall des zweiteiligen Helmes 1957 wurde die im Winter darunter zu tragende Mütze durch einen grauen, schlauchförmigen Kopfwärmer ersetzt. Eine Kopfhaube aus Strickgewebe in unterschiedlichen Farben – grünlich, grau oder weiß gehörte ab den 1990er Jahren zur Sonderausstattung.

Gelegentlich behalfen sich Soldaten in kalten Wintern mit Kälteschutzgesichtsmasken, wie sie in der US-Armee im Gebrauch sind. Ab Mitte der 1990er Jahre kam ein Kopf- und Gesichtsschutz zur Flecktarnbekleidung der Truppe. Er schützt als Ergänzung zum Feldanzug oder zur Panzerkombi Gesicht, Ohren, Hals und Nacken vor Kälte. Er ist aus 50% Schurwolle und 50% Viskosefasern gestrickt, flammhemmend und wendbar mit einer steingrau-oliven und einer weißen Seite.

Ein dunkelgrauer Wollschal mit jeweils einem dunkelblauen Streifen an den Enden der meist zum Mantel getragen wurde, gehörte 1956 zur Ausstattung. Jeder Soldat besaß das steingrauolivfarbene Dreieckshalstuch, das seit ca. 1960 zum Ausstattungssoll gehört und auch in Flecktarndruck ausgegeben wird. Bei den Einsätzen im heiß-trockenen Klima, wie in Afghanistan, hatte sich das Palästinensertuch – kurz "Shemag"- als

Oben: Fausthandschuhe mit Schießfinger aus Leder und Tarndruckstoff (BAM1165/93)

Mitte: Dreifingerhandschuhe steingrauoliv (BAM)

Unten: Wildlederhandschuhe für Offiziere, Strickhandschuh und Nappalederhandschuhe, ungefüttert (GMS div.)

Oben, von links: Kampfhandschuh gefüttert, Kampfhandschuh, Überhandschuh Winter (Brig 23)

Mitte links: Wollene Kopfhaube aus olivfarbenem Strickgewebe (GMS BW)

Mitte rechts: Knie- und Ellbogenwärmer aus weißer Wolle, grauer Schal, Baumwollhalstuch in Oliv und Shemag zur Dreifarb-Flecktarnbekleidung (GMS BW div.)

Links: Kälteschutzmaske aus PVC mit Filzfutter (GMS BW)

Schutz gegen Wind, Sand und Sonne bewährt und kann seitdem zum 3-Farb-Tarndruck-Kampfanzug getragen werden.
Die anhaltend unzureichende Winterbekleidung erforderte wollene Knie- und Leibwärmer, die in den sehr kalten Wintern noch bis Mitte der 1990er Jahre mit der Moleskinbekleidung in Gebrauch waren und dann aber mit dem wesentlich verbesserten Bekleidungssystem 90 endgültig ausgemustert wurden.

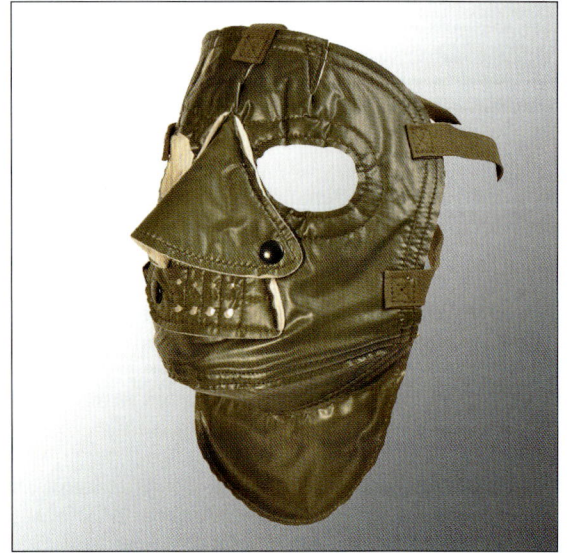

Kampfmesser

Anfang der 1970er Jahre wurde als Zusatzausstattung ein Kappmesser mit einer 14 cm langen Rückenklinge eingeführt. Der olivgrün gespritzte Metallgriff hatte eine Öse zur Befestigung einer Fangschnur und eine Parierstange. Die ebenfalls olivgrüne Metallscheide war mit einer Lederschlaufe versehen, die eine Befestigung am Koppel ermöglichte.

Eine völlige Neuentwicklung für die Infanterie ist das Kampfmesser 2000, das eine geschwärzte Klinge von 170 mm Länge mit Tantospitze und Wellenschliff besitzt. Der Griffknauf ist als Schlagfläche ausgebildet. Die massive Scheide kann mittels eines Koppelschuhs aus schwarzem Webmaterial in unterschiedlichster Weise an der Trageausrüstung oder Bekleidung angebracht werden. Da dieses Messer nicht nur als Werkzeug, sondern explizit auch als Waffe eingesetzt werden kann, ist die offizielle Bezeichnung „Kampfmesser".

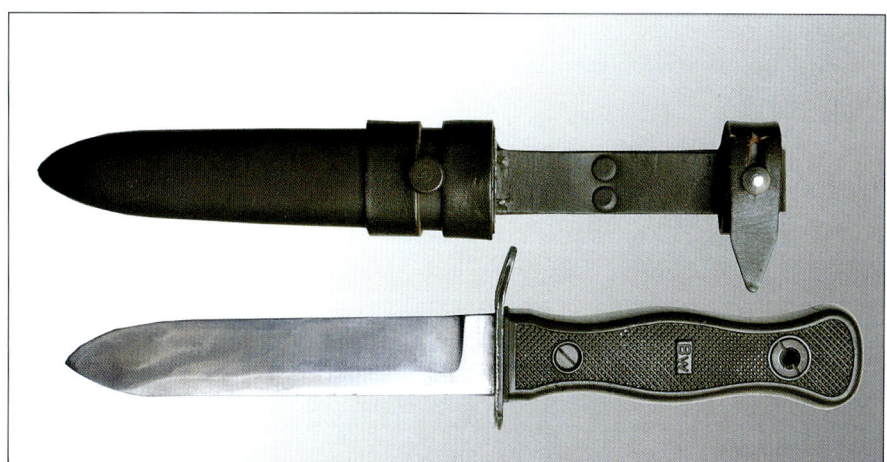

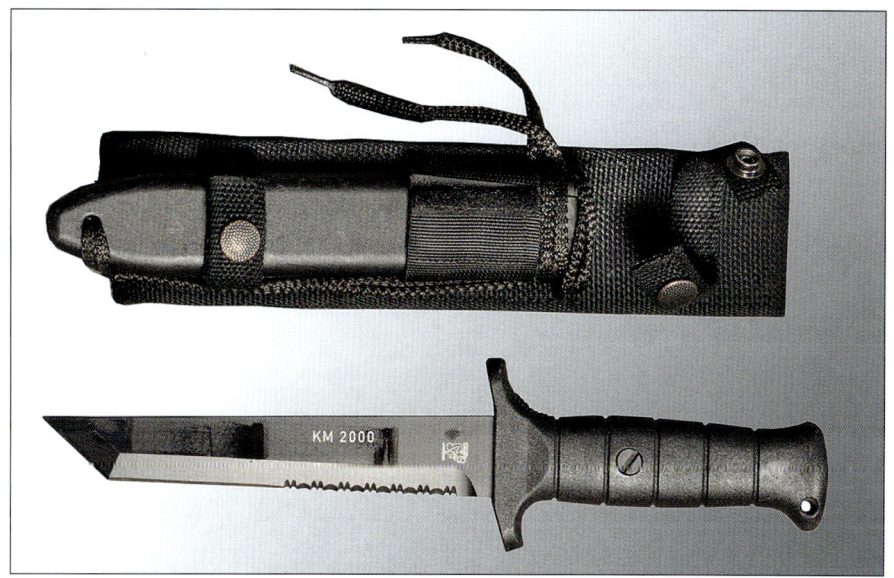

Schutzbrille

Schon in der Wehrmacht waren Staub- und Sonnenschutzbrillen aus Acetatfolie und Textilbändern in Verwendung. Bei der Bundeswehr waren diese unter der Bezeichnung Nato-BH bekannt. Zu Beginn der 1990er Jahre begann die Entwicklung einer Gefechtsbrille. Als Augenschutz ist bei der Gebirgstruppe seit kurzem eine Brille Modell „Revision Sawfly" eingeführt. Das Gestell besteht aus schwarzem Kunststoff, in das drei verschiedene Kunststoffscheiben eingesetzt werden können. Eine klare Scheibe als Augenschutz vor Fremdkörpern, eine orangefarbene zur Kontrasterhöhung im Gelände und eine braune Scheibe als Sonnen- und Blendschutz. Optisch geschliffene Gläser können ebenfalls eingesetzt werden.

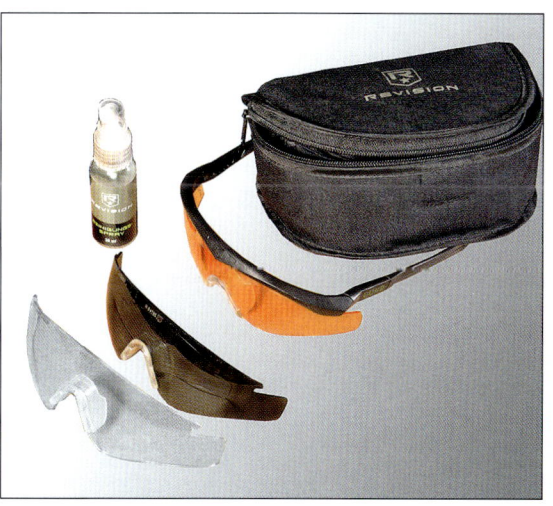

Oben: Kappmesser 1970 mit Scheide (GMS BW 327/1)

Mitte: Kampfmesser 2000 mit Scheide (Brig 23)

Rechts: Schutzbrille mit wechselbaren Gläsern, Reinigungsflüssigkeit und Aufbewahrungstasche (Brig 23)

Schi, Schneeschuhe

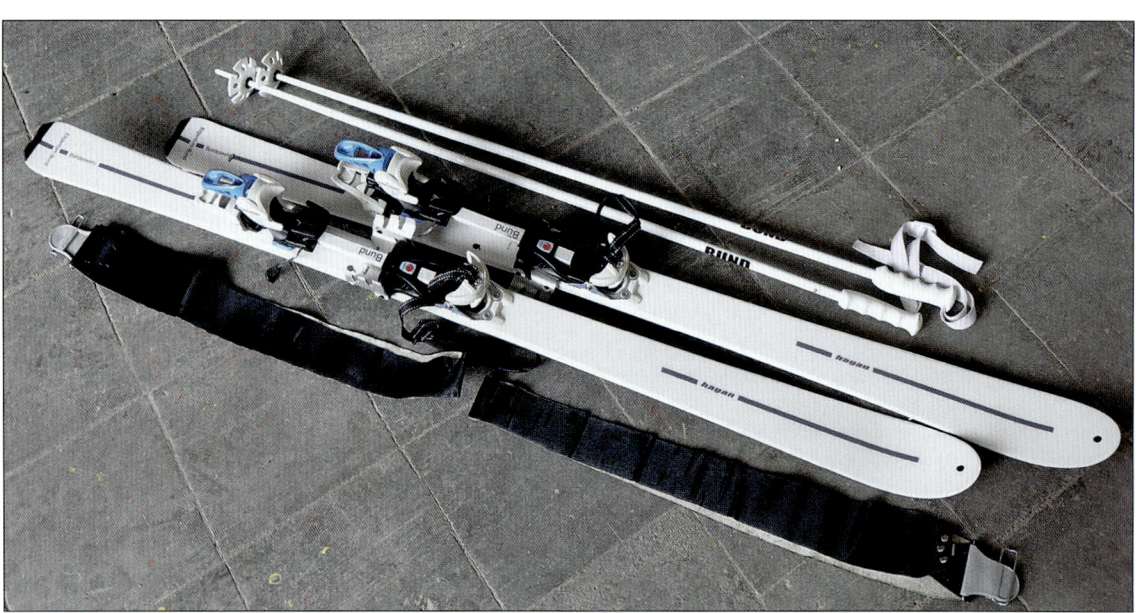

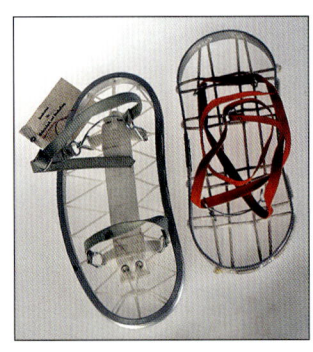

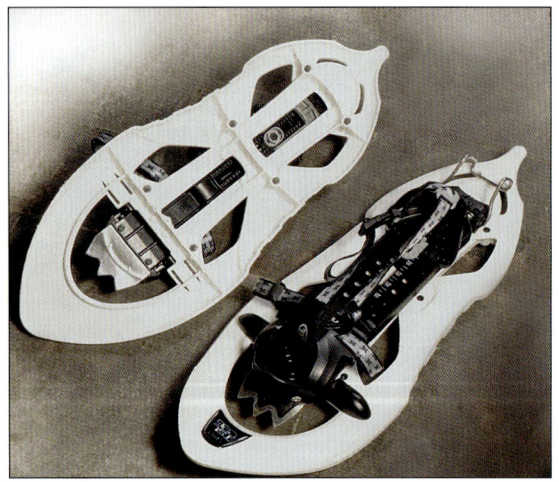

Die Beweglichkeit der Infanterie im Gebirge wird unter anderem durch das Schifahren gewährleistet. Seit Aufstellung der Gebirgsverbände wurde daher Wert auf die Schiausbildung gelegt. Wie die Entwicklung im zivilen Bereich wurde das Material immer moderner. Neben den Schiern werden seit Beginn auch Schneeschuhe von der Truppe verwendet. Anfangs aus Holz und Schnüren, dann mit Aluminiumrahmen und neuerdings aus Kunststoff haben sie sich zu HighTech-Geräten entwickelt. Das letzte Modell stammt vom Hersteller Rando und ist mit hochklappbarer Steighilfe und einer modernen Bindung ausgestattet.

Oben: Moderne Schiausrüstung mit Stöcken und Steigfellen (Brig 23)

Mitte links: Schneeschuhe Typ Rando TSL 226 (Brig 23)

Mitte rechts: Verschiedene Schneeschuhmodelle mit Aluminiumrahmen um 1980 (BAM)

Links: Gebirgsjäger um 1960

Rechts: Gebirgsjäger mit Kletter- und Kampfausrüstung, 2005.